깨어나라 대한민국

주체사상에 현혹된 대한민국의 정체성
깨어나라 대한민국

지은이 | 정동섭
만든이 | 하경숙
만든곳 | 글마당
책임 편집디자인 | 정다희

(등록 제02-1-253호, 1995. 6. 23)

만든 날 | 2021년 3월 10일
펴낸 날 | 2021년 3월 25일

주소 | 서울시 송파구 송파대로 28길 32
전화 | 02. 451. 1227
팩스 | 02. 6280. 9003
홈페이지 | www.gulmadang.com
이메일 | vincent@gulmadang.com

ISBN 979-11-90244-18-3(03300)   값 15,000원

◈ 허락없이 부분게재나 무단 인용은 저작권법의 저촉을 받습니다.
◈ 잘못된 책은 바꾸어 드립니다.

깨어나라! 대한민국

"주체사상에 현혹된 대한민국의 정체성"

정 동 섭 지음

현재 우리나라는 주사파 정권 아래서 체제 전쟁의 소용돌이를 겪고 있다.
이승만이 시작한 자유민주주의 체제와 김일성의 인민민주주의 공산주의체제,
남한의 기독교 세계관과 북한의 주체사상 사교 신정체제
진실과 거짓 사이에 치열한 갈등이 벌어지고 있다.
이 책은 종교사회학적 관점에서 나라가 처해있는 현실을 독자에게
알려주어 올바른 선택을 하도록 도와주자는 취지에서 쓰여졌다.

문재인이 한반도를 비핵화한다고 미쳐 날뛸 때 알아 봤다.
미친짓 이라는 것을, 한반도 비핵화, 종전선언 한다고 국민들의 혈세를
이 핑계, 저 핑계로 물쓰듯 북한으로 퍼주며 목매단 문재인, 최악의
실업과 불경기로 극심한 고통의 자국민들은 관심 없고오직
김정은이에게 미쳐버린 문재인. 문재인은 손자뻘 되는 정은이에게 실컷
이용만 당한것 이외 건진 게 없다.

▲ 애국심은 국가공동체의 이해와 나의 이해가 합치될 때 생겨나는 것이다.

▲ 당시 신생국 대한민국은 6·25전쟁의 폐허 속에서 잿더미가 된 상태였다.
하지만 아시아 신생국의 지도자인 이승만은 세계 최강대국의 정치인들을 앞에 앉혀 놓고 이런저런 훈수를 두며 가르침을 선사한다. 이승만은 열렬한 애국자였다.

▲ 문재인 정권이 만드는 공수처라는 조직은 결국 북조선의 보위부와 같은 역할을 하게 될 것이라는 우려가 나오고 있다.

▶ 건국을 부정하면 좌도, 우도 아니다. 그냥 '반국가세력'이지. 대한민국 건국은 좌우합작이었다. 조봉암이 대표적 '건국에 참여한 좌파'이다.

◀ 구엔 카오키 수상(왼쪽 세 번째)과 함께 퀴논에 주둔하고 있는 맹호부대를 찾았다.
뒤에 채명신 사령관이 서 있다.
1966년 10월 21일

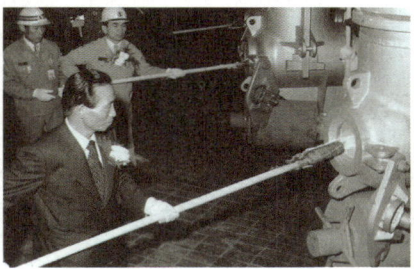

▲ 포항제철 제2고로 화입식에 참석 하여 태양열로 잡은 원화(元火)를 넣어 불을 당기는 박 대통령. 1976년 5월 31일

▲ 문재인 대통령은13일 베이징 도착 후재중국 한국인 간담회를 갖으며중국일정을 시작했습니다.이어 문 대통령은 한국 경제인들과 함께 라운드테이블에 참석한 후 댜오위다오(조어대)에서 열리는 한·중 비즈니스 포럼에서 연설을 하였습니다.

◀ 문재인 정권의 폭압정치에 항의하는 그리스도인들이 청와대 앞 도로에서 여러 달째 철야기도를 이어가는 가운데 항의농성을 벌이고 있다

▲ 바로 중국의 '중화사상'이라는 국수주의가 민주화와 인류 보편적 가치의 정상국가화에 최대 장애라는 것을 볼 수 있다.

▲ 박근혜가 공천 개입을 했다고 징역 2년이 플러스 되었다. 한국당 김기현을 떨어뜨리고 자신의 절친을 당선시키도록 교사한 문재인은 어떻게 될까?

▲ 우리가 가는 곳마다 고아들이 가득했다. 그런데 우리가 방문할 때면 병들고 죽어가는 아이들은 숨겨놓는다. 자기들이 보기에도 너무 민망하기 때문이다.

▲ 2014년 세월호사건이 발생한 지 1년후 울릉도 기독교연합회 주관으로 '세월호 배후 구원파의 실체와 대응책'이라는 주제의 세미나가 열렸다.

◀ 북한의 고아들이 꼭 예수님 같다는 생각이 든 적도 있다. 예수님이 고아의 모습으로 내게 찾아오신 것 같았다. 그래서 그들을 더 사랑했다.

▲ '연동형 비례제'는 심상정(정의당)의, 심상정(정의당)에 의한, 심상정(정의당)을 위한 선거제도라고 불리운다.

▲ 문희상 국회의장이 지난 4월 패스트트랙 추진에 항의하는 자유한국당 의원들과 설전을 벌이고 있다.

▲ 중국 내 일본영사관에 진입하다 끌려나오는 탈북 여성

▲ 윤석열 총장은 박근혜정부 때 국정원 비리를 수사했다가 좌천을 당했고, 그 때문에 이 정권에서 중용되어 기존 적폐청산에 힘을 쏟아왔다.

▲ 문재인 일당은 가짜 평화쇼로 국민과 동맹을 속여 왔지만 북한 핵 위협은 문재인 정권 출범 이전보다 오히려 더 가중되었다.

성평등합법화 저지를 위한 연합대성회
10일 / 목포실내체육관

▲ 성평등 합법화 저지를 위한 연합대성회가 목포기독교교회연합회, 목포성시화운동본부, 목포연합장로회, 범사회문제대책운동본부, 전남기독교총연합회가 공동주최로 개최됐습니다.
목포지역 2,000여 성도들이 함께한 가운데 예장합동 부총회장 소강석 목사는 "문화 사회적 병리현상이 극심해지는 가운데 사회를 위해 깨어 기도하는 목회자와 깨어있는 성도 한 명 한 명이 중요하다"며

▲ 한국기독교총연합회 대표회장 전광훈 목사가 24일 오후 서울 종로구 광화문광장에서 열린 '2019 자유 대한민국 전국 연합 성탄축제'에 참석해 발언하고 있다.

▲ 소득주도성장정책은 마차(고용)를 움직여 말(경제)을 움직인다는 희한한 발상으로 세계적인 웃음거리가 되었다.

▶ 문재인이 한반도 비핵화 한다고 미쳐 날뛸때 알아 봤다. 미친짓 이라는 것을. 한반도 비핵화, 종전선언 한다고 국민들의 혈세를 이핑계, 저핑계로 물쓰듯 북한으로 퍼주며 목매단 문재인, 최악의 실업과 불경기로 극심한 고통의 자국민들은 관심없고 오직 김정은이에게 미쳐버린 문재인. 문재인은 손자뻘 되는 정은이에게 실컷 이용만 당한것 이외 건진게 없다.

▲ 종북좌파 정권은 대통령자리 차지하고 내로남불? 대한민국 안보와 경제는 관심도 없고...오로지 북한돼지 김정은 대변인 역활만 충실히...문재인 퇴진! 문재인 탄핵! 종북좌파 척결하자! 문재인OUT! 정당한 불복종이 전국에서 들불처럼 일어나자!

▲ 황교안 대표도 조국 사태 거치면서 이낙연에게 큰 차이로 대권후보 지지율이 뒤지고 총선 승리 가능성을 높이지 못해 리더십 실패로 결론이 났다.

▲ 문재인의 모교 경희대 전병관 교수님과 순천향의대 교수님들의 한번도 경험하지못한 나라 라고 설파하는 시국선언문 낭독. 2020 01 15

우리나라의 정체성에 대한 종교사회적 분석과 처방

들어가는 말

긍정심리학이 발달하면서 회복탄력성(resilience)이라는 단어가 주목을 받고 있다. 우리의 삶은 늘 크고 작은 시련과 역경과 어려움으로 가득 차 있다. 세상에는 행복한 일도 있지만 그 보다는 힘든 일, 슬픈 일, 어려운 일, 가슴 아픈 일이 더 많다. 회복탄력성은 자신에게 닥치는 온갖 역경과 어려움을 오히려 도약의 발판으로 삼는 힘이다. 넘어져도 다시 일어나는 힘이다.

우리나라는 역사적으로 수많은 외침을 당하고 가난과 갖가지 사고와 역경을 겪어왔지만, 그 때마다 회복탄력성을 발휘해 산업화와 민주화를 동시에 이룬 경제대국으로 성장하였다. 그러나 주사파 정권이 집권한 이후 우리나라는 전 방위적으로 총체적 난국을 맞고 있다. 안보, 외교, 경제, 노동, 교육, 등 모든 분야가 무너지고 흔들리고 있다.

이 때 우리에게 필요한 것은 원인분석력과 자기조절능력, 즉 회복탄력성이다. 우리나라가 현재 겪고 있는 총체적 난국의 원인은 어디에 있는가? 사회과학자인 필자가 볼 때는 주체사상과 주체사상에 물든 주사파가 사회주의 정책으로 나라를 운용하고 있는 데 그 원인이 있다. 경제전에서는 북한을 압도하고 있는데, 사상전에서 우리가 밀리고 있는 셈이다. 친북, 친중, 반미, 반일 정책은 그 뿌리가 주체사상이라는 이단사상에 있다고 본다.

김태우 수사관이 문재인 정권의 핵심부 청와대에 근무하면서 여러 가지 비리가 행해지는 것을 목격하고 뛰쳐나와 '내부 고발자'로서 유재수 감찰 무마 의혹과 울산 시장 하명 선거개입 의혹, 등에 대해 진실을 폭로하였듯이, 김경률 전 참여연대 공동 집행위원장도 내부 고발자로 세력의 거짓과 기만을 고발했다.

나는 세월호사건의 배후로 지목된 구원파(기독교복음침례회)의 교주 유병언의 통역비서로 활동하다가 탈퇴하여 '구원파 저격수'로 구원파의 실체를 알리는 '내부고발자' 역할을 한 적이 있다. 북한의 황장엽은 주체사상 입안자로서 '개혁개방'을 제안했다가 김정일 눈 밖에 나게 되어 북한을 탈출, 귀순해 북한의 내부 실상을 고발하였다.

나는 주체사상을 직접 체험하고 우리나라로 귀순한 태영호, 고영환, 안찬일, 김명세, 강명도, 강철환, 정성산, 이애란, 류혜란 등 여러 '내부 고발자들'의 증언, 무엇보다 24년간 주사파 진영에서 옥고까지 치르며 투쟁하다 전향한 김문수 전 경기도 지사의 고백을 토대로 주체사상이 우리나라의 자유민주주의 체제에 어떤 영향을 미쳤는가를 다 각도로 분석하였다. 주체사상이 우리나라의 정치, 경제, 문화, 교육에 어떤 영향을 미치고 있는가를 분석한 후에, 우리가 좌파독재에 어떻게 대응해야 자랑스러운 나라의 모습을 되찾을 수 있는가를 처방하고 있다.

나는 우리 국민이 이 부패한 좌파정권을 극복하고 자유 민주주의 대한민국의 명예를 회복할 수 있다고 믿는다. 공산주의자, 사회주의자, 주체사상파의 기본철학은 '목적은 수단을 정당화한다'(The end justifies the means)는 것이다. 혁명가 교리문답은 말한다. "혁명가는 법률, 도덕, 인습에 매여서는 안 된다. 부도덕과 범죄를 주저해서도 안 된다."

전 법무부 장관 조국 사태를 보라. 울산시장 선거개입 사건을 보라. 유재수 감찰 무마 사건을 보라. 거짓, 사기, 선전, 선동 등 부정, 불의한 방법을 사용해도 괜찮다는 것을 보여주고 있다. 문 대통령은 "반칙과 특권, 부정부패를 일소하는 대청소를 하자"고 했었다. 정의·균등·진리·도덕을 내세웠던 정권이 어떻게 그들이 매도했던 '구 적폐'보다 더 심한 '신 적폐'를 이렇게 많이 만들어 내고 있을까?

기독교에 10계명이 있듯이 북한에는 주체사상 10대 원칙이라는 것이 있다. "김일성 동지를 절대화해야 한다. 김일성 교시를 지상명령으로 여기고 그 심려를 덜어드리는 것을 신성한 의무로 삼아야 한다." 혁명을 위해서는, 수령 김정은을 기쁘게 하기 위해서는 무슨 짓이든 다 해도 좋다는 것이다. 이러한 사상에 물든 386세대와 586세대가 정권을 쟁취해 자유민주주의 체제를 사회주의 체제로 개조하려 시도하고 있다. 하나님은 우리에게 '자유의지'와 '선택의 힘'이라는 위대한 선물을 주셨다. 진실과 거짓, 자유와 평등, 창조와 진화, 민주주의와 사회주의의 대결이 벌어지고 있다. 어쩌면 지금 한반도에는 기독교, 불교, 천주교와 같은 보편 종교와 주체사상이라는 사이비종교와의 종교전쟁, 사상 전쟁이 벌어지고 있다고 보아도 틀린 말이 아닐 것이다.

북한학 박사 조평세(2019)는 우리나라에서 일어나고 있는 체제형태의 변화를 두고 다음과 같이 진단하고 있다. "대한민국은 미국의 건국 정신과 공화국 체제형태를 본 따 세운 자유민주공화국이지만, 지난 수십 년 간 우리가 가진 자유를 틈타 들어온 거짓 세력들에 의해 현재 무신론적 사회주의의 길로 빠르게 폭주하고 있다."

우리는 우리 자신과 후손을 위해 '모든 인간은 동등하게 창조되었으며, 그들은 창조주로부터 생명과 자유와 행복의 추구와 같은 양도불가능한 일정한 권리들을 부여받았다'는 자명한 진리들(self-evident truths)을 지켜내야 한다.

나는 행복학자, 심리학자, 교육학자로서 우리 국민에게 우리가 처한 현실을 '의식화'할 목적으로 이 책을 썼다. 사람이 책을 만들고 책이 사람을 만든다는 말이 있다. 이 책이 당신의 국가관과 역사관에 변화를 가져올 수 있기를 바란다. 독자 한 분 한 분에게 나의 현실진단이 상황을 제대로 파악하는데 도움이 되기를 바라는 마음 간절하다. 우리 다 함께 회복탄력성을 발휘해 친북, 친중, 반미반체제세력을 물리치고 다시 한 번 우리나라가 자랑스런 자유 대한민국의 명예를 되찾을 수 있게 되기를 바라마지 않는다.

2020년 1월

정 동 섭 교수(가족관계연구소장 : 사이비종교피해대책연맹 총재; 국회 위즈덤교육포럼 행복위원회 부위원장: Ph.D.)

성경은 '진리(truth)의 영'과 '미혹(falsehood)의 영'이 있다고 말한다. 기독교는 진리의 종교다. 그러나 주체사상은 김일성(김정일, 김정은)이 하나님이며 민족의 아버지라고 사기를 치는 사이비종교다. 주사파는 주체사상을 따르는 운동권 세력이다.'거짓의 영'에, 이단교리에 사로잡힌 사람들이 대한민국을 경영하고 있다. 지금 한 반도에서는 자유민주주의와 인민민주주의 두 체제 사이의 전쟁이 벌어지고 있다.한미 동맹은 안보, 가치동맹이다. 거짓된 이단사상을 따라 반미, 반일, 친북, 친중 정책을 펴고 있다. 이것은 정상이 아니다.
　좌익의 특성은 딱 한마디로 표현하면'거짓말'이다. 북한의 '조선민주주의인민공화국'이라는 명칭 자체가 거짓말의 나열이다. 좌익 주체사상 이데올로기 자체가 거짓의 체계이며 그 행위도 거짓과 기만으로 점철된다. 그렇게 하라고 배웠기 때문이다.
　레닌은 말했다. '공산주의자는 법률위반, 거짓말, 속임수, 사실은폐 따위를 예사로 해치우지 않으면 안 된다.'불법이 드러나면 시정잡배도 부끄러워할 줄을 안다. 그러나 좌파 주사파들에게는 수오지심이 없다. 몰염치하다. 내로남불, 적반하장, 후안무치, 전대미문, 막무가내다. 노무현 정권에 노란불이 들어왔는데, 문재인 정권에는 빨간 불이 들어왔다.
　더불어 민주당 이름이 참 좋다. 민주정치는 대화와 타협, 협치가 중요하다고 말한다. 공평무사, 보편타당성, 정의와 진실, 공정, 원칙, 반칙 없는 세상을 말한다. 이 정권의 지난 3년간의 언행을 보라. 모든 걸 반대로 했다. 건강하고 합리적인 좌익 같은 것은 없다.
　국정의 안보, 경제, 교육, 외교 전 영역이 엉망진창이다. 나라가 완전히 절단 나고 있다. '선출된 포퓰리즘 독재자들'이 유사 전체주의 통치를 하고 있다. 주사파가 장악한 청와대가 행정, 입법, 사법, 언론을 장악하고 일방적 권력을 행사하고 있다. 과거의 권위주의 정권 뺨칠 수준이다. 야당과 국민의 음성에는 귀를 막고 있다. 죄책감도 부끄러움도 모른다.
　바로 눈앞에서 벌어진 일의 본질을 정반대로 색칠하는 선전술, 흑과 백을 뒤

바꿔놓는 논리, 역사를 입맛대로 좌편향적으로 윤색하는 좌파 이론가들의 책략은 교묘하고 집요하다. 그들은 정치적 목적을 위해 현존하는 법과 제도를 짓뭉개는 걸 아무렇지도 않게 여긴다. 선거법개악과 북한(보위부)과 중국(국가감찰위원회)에나 있는 공수처법을 어거지로 통과시켜 전체주의체제 수립을 향해 가고 있다. 문재인 정권은 망나니 정권이다.

대한민국의 탄생과 이룩한 성취를 모두 부정한다. 1948년 건국을 부정하고 김일성의 공산정권이 유일한 합법성을 지닌 것처럼 오도하고 있다. 검찰개혁을 명분으로 검찰을 무력화시키고 수사대상자들이 그 혐의를 덮기 위해 법과 절차를 짓밟고 수사검사를 자리에서 쫓아내는 상상조차 할 수 없는 일이 벌어지고 있다.

판사, 검사, 변호사, 외교관, 장군, 교수, 지식인들이 이래로 가면 우리나라는 망한다고 경고음을 울리고 있다. 이번 선거에서는 '무조건 문재인 정권거부'를 기치로 전선을 형성해야 한다. 정권의 반헌법성과 부도덕성을 심판해야 한다. 4·15 총선은 자유민주주의를 지켜낼 수 있는 마지막 기회다. 참과 거짓 싸울 때에 어느 편에 설 건가?

추천의 글

하나님께서는 인간을 하나님보다 높이는 사상과 하나님을 아는 것을 대적하는 것을 무너뜨리라고 말씀하신다. 이 책에서 저자는 주체사상이 인간을 하나님 자리에 놓아 믿는 종교라고 말한다. 그러므로 이 책을 읽는 독자는 주체사상이 왜 하나님을 대적하는 것이며 함께 할 수 없는지, 기독교를 적으로 생각하는 이유와 자유민주주의를 파괴하고 기독교를 무너뜨리는 방법을 알게 됨으로써 이 시대를 살아가는 우리에게 큰 깨달음을 던진다.

2020년 1월

진 영 정 교수 대신대학교 실천신학 (Psy. D.; D. Min. 심리학 박사)

| 目次 |

12 목차
16 들어가는 말

01 종교와 문화와 세계관
23
25　1. 종교의 렌즈를 통해 본 주체사상
25　　　세계 종교의 현황
26　　　문화와 종교와 세계관
27　　　세계관이란 무엇인가?
28　　　기독교세계관이란 무엇인가?
32　　　행복과 신앙(종교)은 어떤 상관관계가 있는가?
35　　　행복의 조건으로서의 종교
36　　　김일성 주체사상
38　　　주체사상은 2세대 이단이다
39　　　사상전의 관점에서 본 우리나라의 현실
40　2. 지도자의 종교가 나라의 운명을 좌우한다
41　　　비정상의 정상화
42　　　좌파의 기획에 의해 탄핵된 박근혜 대통령
46　3. 대통령 문재인의 종교와 사상 : 문재인은 공산주의자인가?
53　　　유병언과 문재인

02 문재인 정권은 어떻게 주사파 정권이 되었는가?
55
55　1. 3명의 문화권력의 영향
59　　　문재인 정권은 '얼치기 친북 친중 좌파'
61　　　좌파 문화권력을 청산해야 나라가 산다
65　　　민중사학
67　　　친일청산에 대한 엇갈리는 시각
79　2. 일부 개신교와 천주교는 종북주사파의 소굴이 되었다
71　3. 교회 지도자들이 왜 좌파 앞잡이가 되어야 하는가?
72　　　그리스도인이 왜 좌익을 지지하는 것일까?
74　　　교회 지도자들이 깨어나야 대한민국이 산다

78	**03 자유 민주주의 체제 vs 주체사상 사회주의 체제**
79	1. 보수 자유민주주의에서 사회주의로
80	자유파 vs 주사파
81	좌파와 우파
82	자유파와 주사파는 현대사를 완전히 다르게 해석하고 있다
83	현대사 돌아보기
85	박정희의 사상전환
90	2. 사회주의란 무엇인가?
91	유럽식 사회주의
92	사회주의와 전체주의
93	한국은 사회주의 시험 중
94	사회주의는 모두 실패했다
95	하나님과 민족을 반역한 배도자 김일성의 실체
96	한미동맹을 버리고 중국을 가까이하는 것은 어리석은 선택이다
98	북한에서는 종교를 어떻게 보고 있나?
102	북한의 기독교 실태와 종교현실
104	주최사상이 나오게 된 배경
109	3. 주체사상이란 무엇인가?
114	영생의 수여자, 수령
116	민족의 시조, 수령
118	수령숭배를 제도화하다
122	10계명 vs 10대 원칙
123	국가종교(국교)로서의 주체사상
126	국가종교로서의 주체사상의 특성을 요약하면 다음과 같다
128	4. 주체사상은 변형된 기독교로서 김일성 수령제일주의 이단사상이다.
128	기독교와 주체사상 : 절대로 공존할 수 없다
147	유독 기독교를 적대시하는 북한
148	5. 공산주의(사회주의)는 어떤 전략으로 나라를 망하게 하는가?
150	5가지 사기수법
152	선악 이분법과 피해의식

153	공산주의와의 싸움은 정치적 갈등이며, 종교적, 영적 전쟁이다
155	사회주의는 모두 실패했다
156	살아있는 순교자 임현수 목사
157	자유 vs 평등
162	정상을 비정상화 하다.
167	6. 주체사상은 북한주민에게 얼마나 영향을 미치고 있는가?
169	주체사상이라는 종교
171	마르크스-레닌주의로부터 조선민족주의로
173	주체사상과 기독교
176	김정은 우상화

179 **04 대한민국과 주체사상**

179	1. 현대사를 보는 시각이 서로 다르다
185	2. 남한에서 좌파 주사파 세력이 등장한 배경
187	민주화 운동
189	주사파가 대한민국 권력을 장악했다
190	이 정권에도 '언더조직'이 있는가
190	전대협
191	민주사회를 위한 변호사 모임
192	민주노총
193	전교조
194	전교조는 어떤 집단인가?
198	좌편향 역사 교과서
199	자사고, 외국어고, 특목고는 유지되어야 한다
201	언론노조
202	참여연대
203	충성맹세
205	수령론
208	주사파
211	386운동권의 전향
213	문재인 주사파 정권의 언론 통제와 탄압

216	3. 북한의 주체사상 비판 : 무엇이 문제인가?
218	주사파의 3대 역사적 과오
221	좌파와 우파
224	4. 주사파가 성을 왜곡하고 결혼/가정을 무너뜨리려 한다
225	동성애 합법화 운동

05 대한민국의 현실진단

229	1. 우리나라는 총체적 난국을 맞고 있다
232	2. 문재인 정권은 국가주의 포퓰리즘 독재다
237	3. 반미(反美), 반기독교(反基督教) 사상으로?
239	강남좌파
240	주사파 운동가의들의 방향전환
241	4. 미국을 멀리하고 중국을 가까이
246	5. 대통령 임기 반환점에 서서: 경제가 옳은 방향으로 가고 있다?
247	6. 북한은 우리가 해방시켜야 할 지구상의 가장 불행한 조폭, 노예국가다

06 우리는 어디로 가야 하는가?

253	1. 친북으로 가야만 하나?
258	2. 대한민국의 자유민주주의와 법치를 지켜내야 한다
262	3. 그래도 우리나라 앞날은 희망적이다
263	기독교보수주의를 표방하는 트루스포럼(Truth Forum).
265	정교모(사회정의를 바라는 전국교수모임)가 나섰다.
266	4. 연방제 통일은 바람직한가?
270	5. 울분사회, 대한민국: 이대로 지속 가능한가?
277	6. 역사의 시간은 기다리지 않는다
279	문재인 정권의 국민과 소통
280	7. 선택해야 할 시간이 다가오고 있다
284	8. 역사를 바로 알고 애국하자
288	좌파 정권이 교과서를 통해 역사를 좌편향으로 바꾸려 시도하고 있다.
289	9. 나라의 운명이 당신의 선택에 달려있다
298	**참고도서**

01
종교와 문화와 세계관

깨어나라! 대한민국

✱

> 종교가 우리 삶의 기초가 아니라면, 아무 것도 아니다. 당신의 종교가 당신을 변화시키지 않았다면, 당신의 종교를 바꾸는 게 좋을 것이다. Robert Thornton

종교는 인간의 궁극적 관심사(ultimate concern)다. 종교는 삶의 방향과 목적과 의미를 좌우하기 때문이다. 옛날 사람이나 지금 사람이나 다 종교성을 가지고 있다. 인간은 종교적인 존재다. 세계 인구의 84%가 종교인이라는 사실이 말해주듯이, 인간에게 햇빛, 칼슘, 사랑이 필요한 것과 똑같이, 사람에게는 삶의 철학, 종교 또는 종교대용물이 필요하다. 사람은 누구나 "나는 누구인가? 나는 어디서 와서 무엇을 위해 살다가 어디로 가는가?"라는 근원적 의문을 갖는다. 이런 의미에서 종교성이 없는 사람은 아무도 없다.

종교는 관계를 암시하며 종교는 공동체를 떠나서 존재할 수 없다. 따라서 종교는 사회적 성격을 지닌다. 종교심리학자 오츠(Oates, 1994)는 종교란 정상적으로 (1)윤리적 억제와 승화의 욕구, (2)부모와 형제의 비중을 줄이려는 욕구, (3)고립되지 않으려는 욕구, (4)인류 공동체의 일원이 되려는 욕구 등 네 가지 중요한 욕구를 기초로 해서 형성된다고 하였다. 종교사회학자 이원규(2000)가 지적한 것처럼, 종교가 하나의 사회적 역동성을 지니게 될 때, 그것은 사회구조,

사회제도, 사회변동, 사회문제에 지대한 영향을 끼치게 된다.

사람들은 자신의 욕구를 충족시키기 위해 행동한다. 사람들은 왜 종교를 믿는가? 심리학자 게리 콜린스(Gary Collins, 2000)는 인간에게는 (1)자신보다 더 큰 대상을 믿고 싶은 욕구; (2)우주를 이해하고 해석하고 싶어 하는 욕구; (3)수용과 인정을 받고 싶어 하는 욕구; (4)불안한 상황을 통제하고 싶어 하는 욕구가 있다고 하였다. 이러한 욕구를 충족시켜주는 것이 바로 종교다. 특히 기독교는 이러한 인간의 욕구를 온전히 채워준다.

인간은 종교적 동물이다. 종교는 결코 소멸되지 않을 것이다. 종교는 인간의 본성, 즉 종교성에 뿌리를 두고 있기 때문이다. 사람들은 무엇인가를 의지하고 믿어야 하는 존재로 지음을 받았다. 사람들은 창조주 하나님을 믿는 일을 중단할 때 아무 것도 믿지 않게 되는 것이 아니라 아무 것이나 믿게 된다(G. K. Chesterton).

유사종교 전문가 김재성(2000)은 사람은 참 신 대신에 해와 달과 별들, 식물, 동물, 암석, 산악, 물, 불, 토템, 조상, 역사적 인물, 마리아, 불상 등 우상을 숭배하기도 한다. "이단(사이비종교)은 초인적 지도자를 동경하는 인간심리를 충족시켜 준다"(Hans Loffelman). 현재 어떤 형태로든 종교를 믿는 사람은 전 세계 인구의 80%에 이르고 있다. 한편 무종교인은 9억 2천만 명으로 세계 인구의 14%로 나타나고 있다(이원규, 2012).

2000년 전 사도 바울은 아테네 사람들에게 설교했다. "너희를 보니 범사에 종교성이 많도다"(you are very religious: 행 17:22). 기독교인, 천주교인, 불교인, 불가지론자, 무신론자, 주사파 모두가 종교적이다.

성경은 말한다. "썩어지지 아니하는 하나님의 영광을 썩어질 사람과 금수와 버러지 형상의 우상으로 바꾸었느니라"(롬 1:23). "이는 저희가 하나님의 진리를 거짓 것으로 바꾸어 피조물을 조물주보다 더 경배하고 섬김이라. 주는 곧 영원히 찬송할 이시로다. 아멘"(롬 1:25).

1. 종교의 렌즈를 통해 본 주체사상

계몽주의와 실증주의 사상의 영향을 받은 19세기의 많은 사회과학자들은 머지않아 종교가 사라지게 될 것이라고 대담하게 예언했다. 인간의 과학과 지식이 발달하면서 사회는 종교의 시대에서 과학의 시대로 진화할 것이며, 결과적으로 종교는 자연스럽게 역사의 무대에서 사라지게 될 것이라고 주장했다.

종교의 몰락을 예견한 또 하나의 관점은 칼 마르크스(Karl Marx)로 대표되는 유물론 사상(materialism)이다. 마르크스의 경제결정론에 의하면 종교는 계급구조의 모순으로 생겨나는 하나의 부수현상이며, 종교가 지배계급에 의해서 만들어진 거짓된 이념으로 노동자계급의 착취를 정당화하는 '인민의 아편'과 같은 것이라고 선동했다.

계몽의 시대, 과학의 시대에도 종교는 사라지지 않았고 오히려 성장하고 있다. 하비 콕스(Harvey Cox)가 진단한대로, "종교가 어느 때보다 부흥하고 있으며 활기가 넘친다." 유럽의 기독교는 몰락하고 있으나 그 이외의 지역에서는 오르막길에 있다. 힌두교, 이슬람교, 불교가 굳게 자리잡고 있던 아시아의 일부 지역에서도 기독교는 급성장하고 있다. 기독교 세계의 중심축은 아프리카, 라틴 아메리카, 아시아로 옮겨지고 있다. 이성, 지성, 합리성이 종교의 핵심이 될 것이라 생각했지만, 오히려 감성, 신비, 초자연, 영성, 경험의 종교성이 활기를 되찾고 있다(이원규, 2012).

세계 종교의 현황

세계종교, 전통종교, 역사종교, 기성종교, 보편종교라고 불리우는 기독교, 이슬람교, 불교, 힌두교는 문화적으로나 정치적, 사회적으로 가장 커다란 영향을 세계 여러 지역에 미치고 있다. 세계 237개국 가운데서 기독교 국가는 164개국, 이슬람 국가가 50개국, 불교국가는 12개국, 힌두교 국가는 3개국이다.

하나님은 인간이 하나님, 그 분 자신을 영화롭게 하고 그 분을 영원토록 즐거워 하도록 창조하셨다. 삼위일체 하나님은 인간과 인격적 관계를 누리기를 원하신다. 기독교는 관계다. 하나님과 나의 수직적 관계와 나와 이웃과의 관계다. 신구약의 계명은 하나님과 자기 자신, 그리고 이웃을 자신과 같이 사랑하라는 것이다.

기독교 세계관을 형성하는 핵심개념은 삼위일체 하나님, 예수 그리스도, 성령, 칭의, 대속, 부활, 영생, 죄, 회개, 십자가 등이다. 기독교에서 전하는 복음은 "사람들이 회개하고 예수 그리스도를 믿어 죄사함을 받고, 죄와 사망의 권세에서 놓임을 받아 자유를 얻게 하는 구원의 기쁜 소식이다." 오늘날 세계 개신교인의 61%가 복음주의자로 분류되며, 그 숫자는 2억 1천만 명으로 추산되고 있다. 기독교는 진리되신 그리스도를 따르는 신념 체계이다. 세계적으로 복음주의 개신교인은 늘어나는 추세이다. 제3세계는 복음주의의 보고이기도 하다. 현대 기독교는 머리의 종교에서 가슴의 종교로, 성령운동을 하는 교회가 급성장하는 추세를 보이고 있다.

문화와 종교와 세계관

모든 사람에게는 어릴 때부터 어느 한 사회에 살면서 어떤 상황에서는 어떻게 하고, 다른 상황에서는 어떻게 하는가 하는 잠재적 행동들에 대한 정신프로그램이 내장되어 있다. 이 프로그램은 처음에 가족 안에서 주입되기 시작하다가 자라나면서 같은 문화를 가진 이웃, 학교, 직장에서 강화된다.

문화는 행동양식과 가치체계 그리고 세계관 세층으로 이루어져 있다(안점식, 2008). 대한민국은 여러 종교가 공존하는 종교다원주의 문화이고, 북한은 주체사상이라는 '국교'(국가종교)만 허용되는 주체사상 문화다. 우리 모두는 특정 문화 속에 살아가며 문화를 만들어 간다. 우리는 언어라는 상징체계를 통해 문화를 만든다. 문화는 사람들의 활동형태, 인간관계 형태, 세계관, 그리고 자아인식에 많은 영향을 미친다. 모든 문화적 창조에는 어디에나 궁극적 관심이

깃들어 있다. 종교는 문화의 실체이며, 문화는 종교의 형식(외양)이다. 문화차이의 밑바탕에는 종교의 영향이 절대적이다. 한국인의 문화는 종교로 읽을 수 있다.

종교란 인간의 삶의 방향성을 결정해주는 세계관에 대한 믿음과 그로부터 도출되는 의식과 행위의 총화이다(성인경, 2004). 중요한 것은 종교의 핵심이다. 불교는 인간이 그 존재에서 해탈하여 열반에 이르는 것을 종교의 핵심으로 삼았고, 유교는 매우 고차원적인 도덕성을 개발하는 것을 종교의 핵심으로 삼고 있다. 회교도들은 다섯 가지 종교적인 의무 준수가 그들을 신 앞에 나아가게 한다고 말한다. 김일성 일가의 주체사상도 10대 원칙을 지켜 행함으로 사람이 사회-정치적 영생에 이르게 된다고 가르친다.

모든 종교는 인간이 사다리를 타고 신에게로 올라가라고 가르친다. 그러나 기독교의 복음은 한 가지 메시지 위에 세워져 있다. 기독교는 '좋은 견해'(good views)가 아니라 '좋은 소식'(good news)이다. "하나님이 세상을 이처럼 사랑하사 독생자를 주셨으니 누구든지 저를 믿으면 멸망치 않고 영생을 얻게 하려 하심이라"(요 3:16)는 말씀처럼, 기독교는 하나님께서 예수님을 통해 이루어 놓으신 구원을 믿으면 된다고 한다.

세계관이란 무엇인가?

종교의 핵이 되는 세계관은 마치 '마음의 안경'과 같은 것이다. 사람이라면 누구나 갖고 있는 사물과 세상을 보는 관점을 말한다. 사고방식이나 이론의 틀 또는 기본원리를 이르는 말로 사용되기도 한다.

세계관은 전제(前提: presupposition)라고도 할 수 있다. 전제는 일반적으로 '다음 단계의 판단으로 나아가기 전에 갖고 있는 선입관'이다. 의식적으로든 무의식적으로든 사람마다 갖고 있는 선입관과 전제가 세계관이라 할 수 있는데, 이것은 철학, 상식, 신념, 신앙, 등과 불가분의 관계가 있다(성인경, 2004).

성경에는 '세계관'이라는 말이나 '전제' 또는 '신념체계'라는 말이 문자적으로 기록되지는 않았지만, '하나님의 뜻,' 진리,' '율법,' '말씀,' '그리스도의 마음,' '십자가의 도' '진리의 말씀 곧 너희 구원의 복음' 등 세계관을 의미하는 말로 쓰이고 있다.

우리나라는 종교의 자유를 보장하고 있는 자유민주주의 국가다. 따라서 다양한 종교가 공존하고 있는 종교다원주의 사회다. 문화관광부(1999)의 집계에 따르면, 한국문화의 주류를 이루고 있는 대표적인 종교에는 불교, 개신교, 천주교, 유교, 천도교, 원불교, 대종교가 있다. 그 외에 무수히 많은 '문제성 종교'(사이비종교)가 있다.

종교에는 고등종교(보편 종교)와 하등종교(문제성 종교)가 있다. 천주교, 불교, 개신교, 이슬람과 같이 보편적으로 퍼져있는 고등종교도 있고, 통일교, 천부교, 김일성주의 주체사상, 여호와의 증인, 신천지, 하나님의교회 안상홍증인회, JMS, 만민중앙교회, 은혜로교회, 단월드, 동반번개(전능신교), 대순진리회, 증산도와 같이 사회적 문제를 야기하는 하등종교, 사이비종교도 있다.

이단(사이비종교)은 특정 지도자의 잘못된 성경해석을 중심으로 형성된 종교집단이다. 교주와 교리(가르침)과 추종자들이 있다. 사이비종교(문제성 종교)를 사회적으로 정의할 때, 독재적인 지도유형, 충성과 서약구조들, 생활양식상의 특징들(탈선하는 신도에 대한 규제), 통제 형태들, 추종자들의 특징들이 포함된다. 따라서 북한의 주체교는 김일성 3세대 교주가 설파한 주체사상 교리를 따르는 25,00만 명의 '신자'를 거느린 (사이비)종교라 할 수 있다.

기독교세계관이란 무엇인가?

기독교 세계관이란 하나님의 말씀대로 사물을 보고 분별하는 영적 진리이며, 성경적인 신념체계라 할 수 있다. 즉 성경이 제시하는 우주의 기원과 목적, 인간의 기원과 본질, 인생의 목적, 이 세상 안에 있는 죽음, 고통, 악의 기원과 극복가능성 등을 실재로서 또는 사실로서 받아들이는 것이다. 기독교 복음에는 능력이 있다. 복음의 능력은 영혼 구원에 그치지 않고 인간이 본래 가졌던 가치관과 세계관을 회복하게 해준다.

　기독교 세계관의 핵심은 "사람은 예수 그리스도를 믿음으로 구원을 받는다는 것이다. 하지만 믿음과 행위(삶)가 균형을 이루어야 한다. 우리가 믿음으로 구원받는다고 하지만 늘 죄를 짓고 때를 묻힌다. 건강한 신앙인이 되기 위해서는 믿음을 행동으로 노력해야 한다"는 것이다.

　복음은 현실 사회에서 사람이 누리는 정치적 자유를 비롯한 여러 다른 자유들과 평등, 인권 등에 눈을 뜨게 해준다. 나는 그리스도인으로서 기독교세계관에 입각해 주체사상을 비판할 것이다.

　선교신학자 안점식(2008)이 지적한 것처럼, 진리, 즉 옳음의 기본은 관계적 옳음이다. 따라서 모든 진리는 관계적 옳음에서 시작된다. 관계적 옳음은 인식의 옳음을 가져오고 인식의 옳음은 행위의 옳음을 가져온다. 그러므로 존재적인 옳음, 즉 관계적 옳음이 인식론적 옳음과 윤리적 옳음에 선행한다. 존재는 항상 관계 속에 있기 때문에 관계적 옳음이 있을 때에 비로소 내 존재 상태는 바르게 된다. 사랑은 내가 올바른 관계 속에 있음을 나타내며 올바른 존재 상태에 있는 것을 뜻한다. 따라서 인간은 사랑으로써 진리를 알고 진리를 행하게 된다. 참 진리는 인격적이며 절대적이다.

　필자는 진리와 행복을 찾아 방황하는 과정에서 하등종교(이단)와 고등종교(기독교)를 두루 경험하였다. 20대 중반까지는 무신론자로 살다가 청년시절을 구원파(기독교복음침례회), 지방교회 등 하등종교를 전전하며 불행한 우울증 환자로 생활하다가 34세 되던 해에 고 옥한흠 목사의 사역을 통해 예수 그리스도를 만나 회심함으로 정통 신앙인으로 돌아와 그리스도인으로 기쁨과 감사와 평안을 누리며 자족하는 법을 배우며 살아가고 있다(정동섭, 1996).

　나는 가정사역자이며 크리스천 상담심리학자, 종교심리학자, 그리고 이단전문가로서 이 글을 쓰고 있다. 나는 사회과학자이며 종교문제 전문가라 할 수 있다. 현재 사이비종교피해대책연맹 총재로 한국교회를 섬기고 있다. 2014년 세월호 참사가 일어났을 때는 JTBC, KBS, MBC, TV조선, MBN, 채널A, YTN,

CNN 등에 출연하여 '구원파 저격수'로서 유병언과 구원파의 실체에 대해 증언하기도 하였다.

　태영호 공사가 북한체제를 경험한 사람으로서 내부고발자(whisleblower)의 입장에서 「3층 서기실의 암호」를 썼고, 김태우 수사관이 청와대에서 비리수사를 하다가 해고돼 내부고발자 입장에서 유재수를 둘러싼 실상을 폭로하였다. 필자도 8년간 사이비기독교 구원파의 교주 유병언의 통역비서 역할을 했던 경험을 배경으로 「구원파를 왜 이단이라 하는가」를 저술한 바 있다. 나는 주체사상의 나라 북한을 경험하고 탈북귀화한 '내부고발자'들의 '고백'을 종합해 국민들에게 보고하는 심정으로 이 책을 쓰고 있다. 무엇보다 나는 조국 대한민국과 하나님의 교회를 사랑하는 사이비종교전문가로서 이 책을 쓰고 있다. 이 책은 나의 조국 대한민국에 대한 나의 사랑, 곧 나의 애국심의 표현이다.

　내가 사회과학자, 상담심리학자, 종교심리학자, 교육학자로서 배운 것이 있다면, 그것은 "사람에게 생각(믿음)을 심으면 행위를 거두고, 행위를 심으면 습관을 거두고, 습관을 심으면 인격을 거둔다"는 사실이다. 성경은 말한다. "비록 아이라도 자기의 동작으로 자기 행함이 청결한 여부와 정직한 여부를 나타내느니라"(잠 20:11). 상담이론을 거론하지 않는다 해도, 일반적으로 사람들은 (1)사고는 감정과 행동에 영향을 미치고, (2)행동양식은 사고패턴과 감정에 영향을 미친다는 전제를 받아들인다(Wright, Basco, Thase, 2006). 사람은 그의 종교적 신념과 세계관을 따라 행동한다. 사람의 사상은 그의 말과 행동으로 드러나게 마련이다.

　전 법무장관 조국은 사회주의자라고 자신의 정체를 밝힌 적이 있다. 한 때 법무부 장관으로서 온 국민에게 분노와 좌절감과 우울감을 촉발했던 조국 교수와 그의 가족의 행태를 보면 사상(생각)은 행동(삶)으로 드러나게 된다는 것이 진실된 사실이라는 것을 공감할 수 있을 것이다.

　우리는 건강(well-being)해야 한다. 건강은 전인격적이고 다차원적인 개념이다. 육체적으로, 정신적으로, 정서적으로, 도덕적으로, 사회적으로, 영적으로 건강해야 한다. 무엇보다 우리는 영적으로, 종교적으로 건강해야 한다. "대저 그 사람의 생각이 어떠하면 그 위인도 그러하다"(잠 23:7)고 했다.

일찍이 막스 베버(Max Weber)는 "사상은 결과를 낳는다"(Ideas have consequences)고 했다. 이 말은 마르크스가 말한 "의식이 존재를 결정하는 것이 아니라 존재가 의식을 결정한다"는 유물론적 세계관에 대립되는 말이다. 공산주의 이론가 레닌(Lenin)도 "사상이 인민을 장악할 때, 그것은 힘으로 전화(轉化)한다"고 하지 않았는가!

전 법무장관 조국의 경우를 보라. 젊은 시절 사노맹(남한사회주의노동자동맹) 출신으로 그가 학습했던 사회주의 사상은 그의 언행으로 그대로 표출되었다. 그의 인성은 거짓과 위선과 사기의 열매로 나타난다. 사상은 결과를 가져온다.

사도 바울은 일찍이 "저희가 하나님을 시인(고백)하나 행위로는 부인하니 가증한 자요 복종치 아니하는 자요 모든 선한 일을 버리는 자니라"(딛 1:16)고 이단(사이비종교)의 행태를 지적한 적이 있다. 이슬람교의 수니파도 시아파도 하나님을 시인하지만 서로 다른 하나님을 믿고 있다. 통일교의 문선명도, 천부교의 박태선도, 신천지의 이만희도, JMS의 정명석도, 하나님의교회 안증회의 장길자도, 주사파의 김일성도 모두 자신이 하나님이라고 주장하고 있다. 누구를 하나님이라고 믿느냐 하는 것은 그 추종자들의 삶에 '행위의 열매'로 나타나게 되어 있다. 사도들이 믿고 전했던 예수와 "다른 예수"(different Jesus)와 "다른 복음"(different gospel)이 있다고 바울은 증언하고 있다.

잘못된 철학이나 이론, 그리고 종교적 신념은 나쁜 행위의 열매로 나타나게 되어 있다. 현 정권을 주사파 정권이라고 한다. 주사파 지도자들이 갖고 있는 주체사상이 갖가지 정책적 열매로 나타나고 있다. 잘못된 교리(이론: 다른 교훈: false doctrine)는 나쁜 행위(삶)의 열매를 맺는다(마 7:7-13; 엡 4:20-24).

주사파 리더로 좌우파 정부에서 국정원 북한담당기획관을 역임한 구해우(2019) 미래전략연구원장은 말한다. "한반도 분단체제에서 이념(사상)이 미치는 영향은 결코 적지 않다. 나라의 운명과 직결되는 것이다. 이를 따져 묻는 것은 '색깔론'이 아니다."

행복과 신앙(종교)은 어떤 상관관계가 있는가?

저명한 정신분석학자 롤로 메이(Rollo May)는 종교가 우리에게 주는 도움을 멋지게 표현했다. "종교는 인간의 존엄성과 가치를 강화시키고, 인생의 가치를 찾아 인간 자신의 윤리의식과 자유와 책임감을 발휘하고 발전할 수 있도록 자신감을 키워준다는 점에서 건설적이다."

종교는 행복과 정신건강에 도움이 되는 것으로 알려져 있다. 건전한 종교가 행복에 미치는 순기능은 크게 다섯 가지로 나누어볼 수 있다(권석만, 2008).

1. **삶에 의미와 목적을 제시한다.** 종교는 사람들에게 인생을 바라보는 관점을 갖게 하며, 인간의 경험에 가장 광범위하게 적용할 수 있는, 중대한 삶의 뼈대를 제시한다(Kenneth Pargament). 인생의 의미는 가족, 사랑, 직업, 종교, 개인적 성취 등 다양한 원천으로부터 도출될 수 있다. 19세기 폴란드 시인 씨프리안 노위드(Cyprian Norwid)에 의하면, "행복을 위해서는 ① **삶을 위한 수단** ② **살아야 할 이유** ③ **목숨 바칠만한 가치**가 있어야 한다. 이중 하나가 부족하면 드라마가 되고, 둘이 부족하면 비극이 된다"고 말했다.

종교가 인생의 의미와 목적을 제공함으로써 삶에 방향성과 일관성을 부여하는 것이 행복과 정신건강을 증진하는 가장 중요한 역할이다. 너희 중에 고난당하는 자가 있느냐? 그는 기도할 것이요. 즐거워하는 자가 있느냐? 그는 찬송할지니라(야고보서 5:13). 가장 행복한 부부는 함께 기도하는 부부다. 자주 함께 기도하는 부부는 그렇지 않은 부부보다 그들의 결혼을 극히 낭만적으로 묘사할 가능성이 두 배나 높다. 그들은 또한 상당히 높은 성적인 만족과 더 많은 성적인 환희를 이야기했다(Andrew Greeley).

2. **종교는 사회적 지지를 제공한다.** "두 세 사람이 모이는 자리에 나도 함께

한다." 종교(religion)는 라틴어 religio에서 파생된 말인데, "하나로 묶는다"는 뜻이다. 종교는 개인적이며 사적인 현상이기도 하지만 사회적 특성을 지닌다. 많은 사람이 자신이 속한 종교단체를 사회적 네트워크로 여긴다. 우리는 교회에서 사람들과 교제하면서 자아수용을 경험하고, 나 아닌 다른 사람들에게 관심을 보이는 법을 배운다. 이러한 사교활동과 친교가 삶의 만족도를 높이는 온천수 구실을 한다. 개인주의와 의미의 상실이 현대인의 우울증 증가에 한 몫을 하고 있다(Martin Seligman).

"네 이웃을 네 자신과 같이 사랑하라(마 19:19)." "우리가 말과 혀로만 사랑하지 말고 행함과 진실함으로 하자"(요일 3:18).

종교는 소속되고픈 욕구, 포함되고 싶은 욕구를 충족시켜준다. 동료의식이라는 유대감, 서로를 묶어주는 사랑이 있어, 아미시 공동체에는 우울증이 거의 전무하다. "우리는 서로를 기뻐해야 하고, 타인의 처지를 내 처지로 받아들여야 하며, 함께 기뻐하고, 슬퍼하고, 일하고, 고생하면서, 공동체를 항상 생각하며 서로를 한 몸에 속한 팔다리로 여겨야 한다"(John Winsrop).

건강한 종교심은 우리를 이타적이 되게 하고 불행한 사람들을 돌아보게 한다. 정말로 고통당하는 사람들에게 자비의 손길을 뻗는 것보다 우리를 행복하게 해주는 일은 없다. 하나님께서는 남을 위해서 좋은 일을 하면 내가 그만큼 기분이 좋아지게 만드셨다(벧전 4:10).

신앙은 다른 사람을 사랑하게 도와줄 뿐 아니라 영원의 시각에서 사물을 바라보게 도와준다. 내세에 대한 확신과 소망을 준다. 빌리 그레이엄(1975)이 말한 것처럼, 진정으로 죽을 준비가 되어 있는 사람만이 살 준비가 되어 있는 것이다. 기독교신앙은 종말론적 관점에서 현실에 충실하게 하는 특징이 있다.

3. **종교는 심리적 성숙과 통합을 증진한다.** 자기이해와 성격통합, 갈등해소에 도움을 준다. "하나님이 당신을 있는 모습 그대로 사랑한다는 종교적 메시지는 자존감을 확고하고 지속적으로 유지하는 심리적 기초가 된다"(Paul Tillich).

하나님의 은혜를 믿는 사람들, 그러니까 하나님은 사랑과 인정과 보살핌으로 우리를 구원하는 존재라고 생각하는 사람들은 자존감이 높을 뿐 아니라 결혼생활도 더 행복한 것으로 나타났다. 하나님에 대한 생각이 자아에 대한 생각에 영향을 미친다(Andrew Greeley).

기독교인의 경우, 하나님을 어떤 존재로 인식하느냐에 따라 행복과의 관계가 달랐다. 하나님을 사랑이 많고 관대하며 따뜻한 존재로 인식하는 사람들은 행복도가 높았다. 반면에 하나님을 엄격하고 처벌적인 두려운 존재로 인식하는 사람들은 심리적 스트레스 정도가 높았다(권석만, 2008).

4. **종교는 인생의 고통과 역경에 대한 독특한 대처방법을 제공한다.** 공포(고통과 죽음)와 환란에 대처하게 도와준다. "영원을 사모하는 마음." 사후의 삶에 대한 믿음은 정신건강에 직접적으로 일관되게 긍정적 영향을 미쳤다. 무신론자 리처드 도킨스는 "우주에는 악도 없고 선도 없으며 단지 맹목적이고 냉정한 무관심만 있을 뿐이다."고 주장했다. 고통에는 뜻이 있다. 기독교는 결국에는 "모든 것이 잘 될 것이다. 만사가 잘 될 것이다"라는 희망을 제시한다. 하나님을 사랑하는 자에게는 모든 것이 합력하여 선을 이루기 때문이다(롬 8:28).

수치심과 죄책감과 같은 부정적 감정을 감소시키고, 사랑, 배려, 희망과 같은 긍정적 감정으로 역경에 대처하게 한다. 눈물과 슬픔은 인생의 일부다. 고통으로 눈물을 흘리면서도 행복을 경험하는 것이 바로 인생이다. 하나님의 침묵은 냉담이나 무관심을 의미하지 않는다. 우리는 고생을 각오해야 한다. 신앙을 통한 '행복'이란 고통이 수반되어 완성되는 '걸작'이다.

5. **건전한 종교는 건강한 생활방식을 제시한다.** 일상생활에서 해야 할 것과 하지 말아야 할 것들을 계율의 형태로 제시한다. 자기조절, 인간관계, 사회적 봉사, 종교적 헌신에 대한 내용을 포함하고 있다. 술, 담배를 덜 소비하게 한다.

종교인은 비종교인보다 더 사회 친화적이고, 자의식도 더 긍정적이며, 시간을 좀 더 긍정적으로 사용하고, 충동적 욕구를 만족하기보다 장기적 계획을 세운다. 또 매순간 더 행복하고, 적극적이고, 사교적이며, 활기차고, 참여도도 높다(칙센트미하이).

그러나 주체사상과 같은 사이비종교는 사람들에게 마땅치 않은 것을 가르쳐 거짓된 확신을 심어주고 가정을 무너뜨리며 사회공동체에 여러 가지 부작용을 가져다준다(딛 1:11).

행복의 조건으로서의 종교

우리나라는 자유 민주주의국가이다. 대한민국 헌법은 "모든 국민은 인간으로서의 존엄과 가치를 지니며, 행복을 추구할 권리를 가진다"고 선언하고 있다. 행복이란 "생활의 만족과 삶의 보람을 느끼는 흐뭇한 상태"다. 행복은 주관적 자기만족으로 감사와 평안, 기쁨을 누리는 흐뭇한 상태다. 자족하는 마음상태(빌 4:11)라고 할 수 있다. 행복학자 서은국(2015)은 한국인의 행복을 사진 한 장에 담는다면 "좋아하는 사람과 대화하면서 식사하는 모습"이라고 하였다.

행복의 필수조건은 밥과 사람(관계), 건전한 신앙(sound faith), 봉사하는 일, 대화(의사소통)라고 한다. 이 모든 것에 선행되는 조건은 자유다. 자유는 창조주 하나님께서 우리에게 주신 기본적 가치이다. 서울대 최인철 교수는 "자유와 유능감(효능감)과 관계"를 행복의 세 가지 조건으로 제시하였다. 무엇보다 행복한 삶은 의미 있는 삶이다. 의미는 정체성(identity)과 관련이 있다. 자신의 행위가 자신이 누구이며 어디로 와서 어디로 가고 있는지에 대한 대답과 연결되어 있을 때, 즉 자신의 정체성과 밀접하게 연결되어 있을 때 사람들은 의미를 경험한다. 의미는 과거와 현재와 미래를 연결하여 주는 접착제 역할을 한다(최인철, 2019).

우리나라 헌법은 자유권적 기본권을 보장하고 있다. 우리 국민은 북한인민과는 다르게 "신체의 자유, 거주-이전의 자유, 직업선택의 자유, 거주의 자유, 사생활의 자유, 종교의 자유, 언론-출판-집회-결사의 자유, 학문과 예술의 자유를 갖는다." 무엇보다도 인간의 존엄성은 종교선택의 자유, 언어선택의 자유, 직업선택의 자유, 배우자 선택의 자유, 정치적 대표자 선출의 자유, 국적선택의 자유, 보람 있고 가치 있는 일과 여과활동, 사회적·인격적으로 존중받을 자유에 있다.

긍정심리학자 최인철(2018)은 초월과 영혼에 대한 관심, 즉 종교의 중요성을 다음과 같이 진술한 적이 있다. "영혼에 대한 관심은 단순히 종교를 갖는 것만을 의미하지 않는다. 신과 친밀한 관계를 갖는 것, 초월적 존재를 의식하며 살아가는 것, 영적인 삶을 사는 사람들과 공동체를 이루며 사는 것, 그리고 우주의 기원과 질서에 대하여 경외감을 갖고 사는 것까지를 포함한다. 한마디로 '성스러운 것'(the sacred) 자체에 대한 예민한 의식을 갖고 사는 삶이다."

무엇이 있으면 행복한가? "우리는 몸과 마음의 건강, 재정적 안정, 삶의 의미와 목적을 제시하는 종교적 신앙, 몰입(봉사)할 수 있는 일, 가족관계와 우정을 비롯한 사랑하는 관계를 균형 있게 갖추었을 때 만족과 행복을 누릴 수 있다"(정동섭, 2016).

김일성 주체사상

이데올로기란 "집단 혹은 공동의 신념, 생각, 태도, 특징의 집합체"로 정의할 수 있다. 현실을 해석하고 현실을 보는 눈이라고 하면 이해가 빠를 것이다. 철학이나 이론과 다른 점은 이데올로기(이념)은 목표정향성(goal-oriented)과 행동 지향성(action-oriented)를 갖고 있는 점이다(송원근, 2015).

이념이란 정치적 관점이 절대적인 진리로 둔갑해서 종교적인 확신으로 변질된 것이다. '이념'은 중독성이 있다. 이념중독은 그것의 옳음에 대한 확신이 강하기 때문에 그것이 잘못된 것임이 아주 분명하게 드러나기 전에는 쉽게 벗어나지 못한다. 이념중독이 왜 일어나는가? 옳아 보이는 정치이념을 따르는데 절제하지 못하기 때문에 일어난다(손봉호, 2018).

이데올로기(ideology)로서 공산주의는 프로레타리아 혁명을 행동강령으로 제시한다. 종교는 이데올로기보다 한 걸음 더 나아간다. 종교는 세계를 이해하고 해석하는 틀뿐 아니라 행동강령을 제공하며, 나아가서 종교의식(ritual)도 제공한다.

기독교사상이 문화와 일상생활에 영향을 미치는 것처럼, 북한의 주체사상도 북한의 모든 생활문화에 영향을 끼치고 있다. 북한문화의 핵을 이루고 있는 이념은 주체사상이다.

북한의 주체사상은 북한 주민들에게 통일된 세계관을 부여하고 그 세계관으로 현실을 분석하고 판단할 수 있게 한다. 또 동시에 추구해야 할 목표를 설정하고, 이를 이루기 위한 행동을 직접 동기화한다. 이데올로기는 대중에게 정당화와 동원의 기능을 한다(박재규, 2005).

이데올로기도 매우 강력하지만 종교의 힘에는 미치지 못한다. 이 책의 주제 '주체사상'은 기독교와 마르크스-레닌주의(공산주의 이데올로기)를 혼합해 놓은 종교다. '주체사상'(Juche Ideology)이라는 정치종교, 국가종교(state religion)가 한반도에서 지난 70년 동안 남북한 국민(인민)들의 삶에 엄청난 영향을 미치고 있다. 지난 80, 90년대 우리나라의 대학가 주사파 운동권을 통해 전수된 주체사상은 2000년대 현재 우리나라에 문화적으로, 정치적으로, 경제적으로, 사회적으로 엄청난 영향을 행사하고 있다.

'북에서 남파한 고정간첩'으로 양쪽체제를 두루 경험한 박성엽(2019)은 "북한의 조직체계는 한 마디로 변형된 기독교이며, 일종의 사이비 우상종교"라고 말한다. 주체사상을 직접 창안한 황장엽은 북한 정권을 '수령절대주의' 혹은 유교적 '봉건주의'라고 표현하였다. 수령절대주의 사상이란 수령을 무조건 숭배하는 사상이다. 김정일은 말하기를 '당성이란 자기 운명을 책임지고 보살펴주며 빛내주는 자기 수령, 자기 지도자에 대한 절대적이고 무조건적인 숭배사상'이라고 말한다. 주체사상은 김일성 일가를 교주로 섬기는 "사이비기독교 이단"이다. 기독교는 이념(주체사상)과 근본적으로 다르다. 이념은 인간의 산물이고, 계시는 하나님의 지혜이기 때문이다. 하나님의 말씀 외에 모든 것을 상대화해야 하는 그리스도인은 세상지혜가 절대적인 것으로 제시하는 이념도 상대화하고 절제하며 따라야 우상숭배를 피할 수 있다(손봉호, 2019).

북한출신 목회자 심주일(2016)은 말한다. "인간은 종교적 속성을 가진 존재이다. 이러한 속성을 이용하여 신격화된 수령, 나아가 종교화된 수령, 즉 '신'이 된 수령 앞에 맹종 맹동하는 우상숭배의 도구로 모든 북한 주민을 전락시킨 것이 바로 주체사상이다."

이 책은 북한사회(북조선)를 지난 70년간 지배해 왔고 80년대 이후 남한의 주사파들이 숭앙하며 따르고 있는 주체사상(김일성주의)을 중심주제로 다룬다. 주체사상이란 무엇인가, 그리고 그 주체사상이라는 종교가 북한동포의 삶과 우리나라의 안보, 외교, 정치, 경제, 문화, 교육, 언론에 어떤 영향을 미치고 있는가? 우리는 문재인 정권을 흔히 '주사파 정권'이라고 한다. 현 정권의 정책방향을 가늠하기 위해서는 북한의 사회주의 체제 속에 형성된 주체사상의 이데올로기를 이해하지 않으면 안 된다.

"북한 인민들은 주체사상으로 교육을 받아왔고 주체사상 속에서 세대가 바뀌고, 주체사상 아래서 북한의 영혼들은 태어나고 있다. 사이비 종교인 주체사상은 북한인민에게 있어 복음이며 김일성의 교시나 어록은 교리이고, 주체사상은 성서로 받아들여지고 있다"(심주일, 2016). 이 책의 목적은 주체사상이라는 이 특수(하등)종교가 어떻게 사람의 삶을 파괴하며 어떻게 국가공동체에 파괴적이고 부정적인 영향을 미치는가를 살펴보는 데 있다.

주체사상은 2세대 이단이다

종교란 무엇인가? 1993년에 발간된 북한의 조선말 대사전에서도 종교를 "초자연적이고 초인간적인 존재에 대한 절대적인 신앙 또는 믿음을 설교하는 교리에 기초하고 있는 세계관"이라고 정의하고 있다. 북한의 사전에서도 종교의 실체를 인정하고 있다.

이단이란 무엇인가? "성경과 역사적 정통교회가 믿는 교리를 변질시키고 바꾼 다른 복음을 말한다." 그러므로 성경을 왜곡하고 정통기독교가 믿는 교리를 왜곡하여 가르치는 집단이다. 이런 의미에서 북한은 주체사상이라는 교리로 전체 주민을 세뇌시킨 대표적인 이단집단 중 하나이다(현문근, 2019).

종교의 기원을 보면 하늘 아래 새 것이 없는 것 같다. 모든 사상과 종교에는 계보가 있다. 우리나라에서 사회적으로 많은 문제를 촉발하고 있는 이단집단을 보자. 신천지는 박태선의 천부교와 유재열의 장막성전에서 파생되었고, 정명석의 JMS는 문선명의 통일교에 뿌리를 두고 있으며, 유병언, 박옥수, 이요한의 구원파는 (언약주의 개혁신학이 아닌) 세대주의 신학(dispensationalism)에 기반을 둔 배타적 형제교회(Closed Brethren Church)와 지방교회에 그 사상적 뿌리를 두고 있다. 놀랍게도 북한의 수령제일주의 주체사상은 그 뿌리를 기독교에 두고 있다.

주체사상교의 교주 김일성이 기독교 가정에서 성장한 것은 널리 알려져 있는 사실이다. 김일성은 기독교를 차용, 표절하였다. 어릴 때 배운 하나님 사상을 자기 우상화에 악용한 것이다. 따라서 주체사상은 기독교에서 파생된 종교라 할 수 있다. 이단전문가 탁지일(2014)에 의하면, 김일성의 주체사상은 2세대 이단이라 할 수 있다. 주체사상은 기독교를 표절하고 벤취마킹 했기 때문이다.

사상전의 관점에서 본 우리나라의 현실

한국은 경제적으로 북한보다 50배는 더 잘 사는 나라가 되었다. 북한은 아사하는 사람이 많은 지구상 가장 불행한 '지상낙원'이다. 주사파에서 전향한 미래전략연구원장 구해우(2019)는 말한다.

"한국은 경제적으로만 앞서 있을 뿐 군사・외교적으로 '핵 국가' 북한에 추월 당했다. 배부른 돼지와 굶주린 늑대의 경쟁으로 비유될 수 있다. 한반도의 주인은 문재인이 아니라 김정은이고, 김정은은 문재인의 국정운영에 영향력을 행사하고 있다."

주사파에서 전향해 자유파의 대표적 지도자로 활동하고 있는 김문수(2020)

전 경기도 지사는 현 시국을 이렇게 진단하고 있다. "지금 집권하고 있는 문재인 대통령과 이해찬 대표, 이인영 원내대표, 심상정 정의당 대표 등 운동권 출신 대부분과 함께 활동하고 같은 시대를 꿈꾸고 투쟁해왔다...대한민국은 이미 종북 주사파와 좌파 연합에 넘어갔다고 판단된다. 현재의 정세는 문재인+김정은 주사파 공동체가 사상이념 권력의 고지를 점령했다. 자유대한민국은 주사파의 수십년 전복전략에 의해 점령 됐다.

자유파와 주사파는 적대적 관계로서, 박근혜 대통령 탄핵 이후, 지금은 사상이념 체제투쟁에서 주사파가 승리하고 집권하고 있다. 주사파는 군사력과 무기를 쓰지 않고 촛불집회로 승기를 잡았다."

종북주사파집단이 추대한 문재인 대통령이 집권한 이후, 촛불혁명 정부는 대한민국 자유민주주의세력을 적폐세력으로 몰아서 마구잡이로 구속하고 있다. 지금은 특히 김정은만 집권하고 있을 뿐 아니라, 남한에서도 문재인이 집권하고 있어, 남과 북이 '우리민족끼리' 내놓고 서로 협력하고 있다. 문재인 정권은 종북 주사파 정권이며, 김정은과 연방제 통일을 하는 것이 1차 목표이다.

2. 지도자의 종교가 나라의 운명을 좌우한다

성경은 말한다."여호와를 자기 하나님으로 삼은 나라 곧 하나님의 기업으로 선택된 백성은 복이 있도다. 여호와께서 하늘에서 굽어보사 모든 인생을 살피심이여...세상의 모든 거민들을 굽어살피시는도다. 그는 그들 모두의 마음을 지으시며 그들이 하는 일을 굽어살피시는 이로다"(시 33:12-15). 우리나라 애국가는"하느님이 보우하사 우리나라 만세"라고 노래한다.

종교는 우리의 궁극적 관심사로서 삶의 의미와 목적과 방향을 좌우한다. 종교는 개인에게, 특히 한 나라를 다스리는 대통령에게는 더욱 중요하다. 박근혜 전 대통령은 왜 비참하게 탄핵으로 임기를 마쳤어야 했는가? (현 시점에서 좌

• 인간은 종교적 속성을 가지고 있다. 종교의 자유는 모든 인간이 누려야 하는 기본적 자유다.
현재 한국에서 벌어지고 있는 갈등은 기독교를 비롯한 친종교세력과 종교를 탄압하는 사회주의 세력간의 싸움이다.

파 세력의 기획에 의해 이뤄진 일로 평가되고 있지만: 채명성 변호사(2019)의 〈탄핵 인사이드아웃〉을 보라). 역사학자 김동길(2014) 박사는 박근혜 대통령이 94년에 죽은 영세교 교주 최태민과 그의 딸 최순실과 영적으로 엮인 것이 문제였다고 진단했다. 무당이나 다름없었던 최태민이 고 육영수 여사가 사망했을 때, 박근혜에 최면을 걸어 "슬퍼하지 말라. 어머니는 돌아가신 것이 아니라 네가 대통령이 될 수 있게 하기 위해 자리를 내준 것이다"라고 의미를 부여함으로, 그를 사로잡아서 평생 "영적 부부" 역할을 하였던 것으로 알려져 있다. 영세교 칙사 최태민 목사(?)가 죽은 후에는 최순실(최서원)이 인사에까지 개입하며 그 '국정농단'에 관여하였다. 박근혜 대통령이 건전한 보편종교를 신앙하였다면, 역사는 다르게 전개되지 않았을까!

신흥종교 및 이단종교 연구가 탁명환 소장이 지적한 것처럼, 박근혜 전 대통령이 불교와 기독교, 천도교를 통합했다고 주장하던 종교 사기꾼 최태민 영세교 칙사만 만나지 않았다면 우리나라 역사는 다르게 전개되었을 것이다. 하지만 박근혜 대통령은 종북 주사파로부터 대한민국의 자랑스런 역사를 지켜내고, 자유민주주의와 시장경제의 가치를 지켜내려 애쓴 대통령이었다.

비정상의 정상화

2013년 취임당시 박근혜 대통령은 "경제부흥, 국민행복, 문화융성"을 국정 3대 지표로 천명하며 "부강하고 국민이 행복한 대한민국을 만드는데 모든 것을

• 기획된시위가 나라의 운명을 바꿀 수 있다. 세월호 사건'을 정치적으로 조작, 선동해 주사파는 민노총, 전교조, 언론노조 등을 동원해 촛불시위를 통해 박근혜를 탄핵하고 정권을 탈취하는데 성공했다.

바치겠다"고 다짐했다. 취임직후 그는 수석비서관회의에서 "종북세력이 문화계를 15년간 장악했다. 비정상의 정상화가 무엇보다 중요한 국정과제다." 그러기 위해서는 비뚤어져 기울대로 기운 나라를 정상화하는 일이 선결과제였다. 정치 외교, 경제, 사회, 문화의 모든 분야에서 좌편향된 현실을 바로잡으려 했다. 박근혜 정부 4년은 뿌리 채 썩어 가던 나라를 되살려보려 악전고투한 시기였다.

박근혜 정부는 자유민주주의의 가치를 지키고 대한민국의 정체성을 확립하려는 노력의 일환으로 '전교조 법외노조화'(2013), '통합진보당 해산'(2014), '역사교과서 국정화'(2015) 등을 추진해 성과를 올렸다. 2016년에는 국회에서 '북한인권법'과 '테러방지법'이 통과되었다. 어떤 정치평론가는 박근혜 여성 대통령이 어떤 유약한 남자 대통령에 비해 (개성공단 폐쇄, 전교조 법외노조화 등과 같이) 10배나 더 대담한 결정을 하였다고 평가하였다.

좌파의 기획에 의해 탄핵된 박근혜 대통령

좌파세력들은 최초의 여성 대통령을 잔인한 가짜 뉴스로 선동했고 대한민국을 마비시켰으며 헌정을 중단시켰다. 촛불쿠데타로 권력을 잡은 문재인 좌파 독재정권은 이른바 주사파(주체사상파)를 중심으로 하는 386운동권들로 대한민국을 순식간에 참사공화국으로 만들었다.

2016년 12월 9일 국회의 박근혜 대통령 탄핵소추, 2017년 3월 10일 헌법재판소의 대통령 파면 결정 --- 이후 3년 가까운 시간이 흘렀다. 그 사이 문제인 정권 3년차를 맞으며 전직 대통령 2명이 구속되어 재판을 받았다.

'적폐청산'이라는 미명 하에 자행되는 인적 청산은 국정원, 군, 검찰, 언론에 이어 법원에까지 이어지고 있다. 그 과정에서 국정원 소속 두 변호사가 스스로 목숨을 끊었고, 이재수 전 기무사령관이 투신 자살했다. 경제는 무너지고 안보는 위태롭다. 대한민국은 사회주의화되어가고 있다. 이념대립은 이전보다 더욱 격화되었다. 이 모든 일들이 약 3년 전 박근혜 대통령 탄핵에서부터 시작되었다.

탄핵은 정치적 책임이 아닌 헌법 또는 법률 위반을 이유로 법적 책임을 지는 절차다. 박근혜 대통령에 대한 탄핵사태는 '기획'된 것으로 밝혀지고 있다. 대통령 탄핵이 철저하게 '기획'된 것임은 탄핵정국 당시 더불어민주당 원내대표였던 우상호 의원의 「시사IN」(2017. 11.6) 인터뷰 '이제는 말할 수 있다: 탄핵안 가결 막전막후'를 통해 이미 어느 정도 밝혀진 바다. 우상호 원내대표는 2016년 8월 중순부터 조응천, 손혜원, 도종환 의원 등과 비공개로 '최순실 TF'를 꾸렸다고 밝혔다.

탄핵사태의 기획자들은 '최순실 TF'를 만들고 이를 실행한 일부 정치, 언론 세력들과 북한, 북한추종세력들이었다. 북한은 앞서 그해 4월부터 본격적으로 탄핵을 주장했고, 6월부터 난수방송을 재개했다. 김정은은 남한의 '진보 세력은 적진에 있는 우리들의 동지'라며 그들이 '선거를 통해 여당과 야당의 핵심 위치까지 진입해야 한다. 북한인권법을 통과시킨 만고역적 박근혜는 민족의 이름으로 처단되는 첫 번째 대상이 될 것이다'고 부추겼다. 2016년 11월 통일부는 '최근 북한의 대남 선전 선동 공세'라는 보도자료를 내고 "북한이 '최순실 게이트'와 연계시켜 한국정부의 대북정책 신뢰성을 훼손시키려 시도하고 있다"고 지적했다.

박근혜 정권을 가장 많이 흔든 것은 '세월호 사건'이었다. 박근혜 대통령의 탄핵은 언론이 만든 '여론탄핵'이었고 정치권과 사법부가 절차적으로 종결지었다고 본다(성창경, 2018). 탄핵심판 법률대리인이었던 조원룡(2019) 변호사는 「거대한 음모, 세월호 사건」에서 세월호 사건이 '북한이나 좌익세력의 공작에 의한 거대한 음모'라는 주장을 제기하고 있다.

세월호 침몰을 시작으로 계속된 종북좌파 세력의 선전·선동적 정치과정에서 박근혜 정부는 탄핵이라는 핵폭탄을 맞아 침몰하고 말았다.

탄핵 후 대통령이 된 문재인은 바로 팽목항으로 달려가 사망한 아이들에게 '미안하다, 고맙다'는 방명록을 남겨 국민들은 이 사건에 의혹을 품기 시작하였다. '세월호 7시간'으로 박근혜 대통령을 모함하여 대통령이 되었으므로 아이들에게 '고맙다'는 말을 할 수는 있겠으나, '미안하다'는 말은 도대체 무슨 의미인가? 너희들을 죽게 해서 미안하다는 말인가? 세월호의 실제 주인 유병언과 문재인은 사업상 공생관계 또는 공동체 관계였기 때문에, 문재인이 세월호 선주 청해진해운과 짜고 벌인 기획침몰이었다는 의혹을 불러일으킬 수 있는 발언이었다.

무엇보다 해상 사고를 정치적으로 이용한 집단들로 인해 대한민국은 혼돈으로 치달았고 급기야 투표로 당선된 대통령이 탄핵된, 언젠가는 반드시 재조명되어야 할 숙제이기도 하다. 2017년 1월 7일자 〈인터넷 미주통일신문〉에는 단원고 전교조 선생의 양심선언이 올라와 있다. 세월호 침몰은 박근혜 정부를 멸살하기 위하여 북의 지령에 따라 세월호를 침몰시키게 된 것으로 전교조뿐 아니라 해경까지도 관여된 북한에 의한 기획 침몰이라는 것이다. 이 제보자의 말이 어디까지가 사실인지는 앞으로 밝혀져야 하겠지만, 충분히 그럴만한 개연성을 발견할 수 있다(조원룡, 2019).

최순실과 관련해 JTBC 태블릿PC 보도가 있은 후 갖가지 루머가 퍼져나갔다. '세월호 7시간'이라는 터무니없는 유언비어는 박근혜를 탄핵하는 지렛대로 사용되었다. 태블릿 PC 보도 이후 우리 언론은 마치 '오보면책 특권'을 보장받기라도 한 듯 오보를 마구 쏟아냈다. 세월호 사고 당일 미용 시술을 받거나 프로포폴 주사를 맞았다는 루머, 세월호 당일 정윤회씨를 만났다는 루머, 세월호 사고 당일 굿을 했다는 루머, 청와대 침대 중 하나가 최서원의 것이라거나 '통일대박'이 최서원의 아이디어라는 루머, 최서원의 숨겨진 재산이 300조원이라는 루머, 대통령이 최서원의 아바타라는 루머, 최태민 목사(최서원 아버지)가 대통령의 심신을 지배했다는 루머, 섹스 테이프가 존재한다는 루머 등 셀 수 없을 만큼 많은 루머들이 언론을 통해 확대재생산 되었다. 정유라가 박근혜의 숨겨진 딸이라는 황당한 보도도 있었다. 취재원에 상관없이 '카더라'식 보도가 줄을 이었다. 종편이 선도했지만 신문이라고 크게 다를 바가 없었다.

박근혜 정부의 '마지막 비서관' 천영식(2019)의 증언대로, 정직한 기자들이 도리어 손해를 보는 세상이 되었다. 많은 기자가 오보를 냈지만 그보다 더 많은 기자들이 오보를 낸 동료기자들을 비난하곤 했다. 그럼에도 결국엔 오보(가짜뉴스)가 승리했다. 북한체제에 우호적인 민주노총과 전교조를 비롯한 각종 시민단체들이 탄핵정국에서 촛불집회 등을 통해 핵심적인 역할을 했다.

"시간이 흐른 다음 충분히 재평가를 받을 수 있으니 상황을 길게 보고 가야 합니다. 순간의 승부에 올인하는 것은 불리할 수 있습니다. 마음을 굳게 먹고 호흡을 길게 가져야 합니다." 천영식 비서관이 박 대통령에게 조언했다고 한다. 현 시점에서 되돌아보면 후회막급하지만, 지금이라도 진실이 수면위로 떠

• 좌파의 기획에 의해 탄핵된 박근혜 대통령
좌파세력들은 최초의 여성 대통령을 잔인한 가짜뉴스로 선동했고 대한민국을 마비시켰으며 헌정을 중단시켰다. 촛불쿠데타로 권력을 잡은 문재인 좌파 독재정권은 이른 바 주사파(주체사상파)를 중심으로 하는 386운동권들로 대한민국을 순식간에 참사공화국으로 만들었다.

오르는 것은 다행스런 일이라고 생각한다.

　이후 많은 사실이 추가로 드러났다. 탄핵 정국 당시부터 인력과 매크로 프로그램을 동원하여 인터넷 뉴스 댓글 조작으로 여론을 왜곡한 혐의로 김경수 경남도지사와 '드루킹'(김동원)에 대해 하급심에서 잇따라 유죄가 선고되었다.

　가장 중요한 탄핵 사유였던 '미르재단을 통한 뇌물죄'는 이후 형사재판에서 무죄가 선고되었다. 탄핵되기 전 박근혜 대통령은 「정규재 TV」와의 인터뷰에서 "쭉 진행 과정을 추적해 보면 뭔가 오래전부터 기획된 것이 아닌가 하는 느낌을 지울 수가 없다"고 했다. 여론이 조작되고, 국회가 헌법을 어기고, 검찰과 특검, 헌법재판소가 순차로 굴복하는 과정을 거치며 대한민국의 법치는 무너졌다. 그 결과가 지금의 대한민국이 된 것이다.

　대통령 탄핵을 위해서는 대통령이 헌법과 법률을 중대하게 위반했음이 입증되어야 하지만, 국회는 이에 대한 제대로 된 조사조차 없이 언론 기사와 검찰의 공소장만으로 탄핵소추안을 의결했다. 언론은 루머와 오보를 사실처럼 포장했다. 정치권은 끊임없이 헌법재판소를 압박했다. 헌법재판소는 법과 원칙을 무시하고 절차를 운용했고 정치적으로 결정을 내렸다. 그것으로 끝이 아니었다. 탄핵으로도 모자라 대통령을 기소하고 구속했다. 32년 형이 나왔고, 대통령은 아직도 감옥에 있다. 정권은 적폐 청산이라는 미명 하에 대통령을 끊임없이 조리돌림하고 있다(채명성, 2019).

　법조전문가 류여해, 정준길(2019)은 "속아서 든 촛불": 「탄핵은 무효다」라고 선언하고 있다. 지나간 박 대통령의 탄핵사태는 본격적인 '체제전쟁'의 서막이었다.

3. 대통령 문재인의 종교와 사상 : 문재인은 공산주의자인가?

　사람의 정체성은 그의 언행으로 드러나게 되어 있다. 사람의 사상은 그의 말과 행동으로 나타나게 마련이다. 문 대통령은 노무현 전 대통령 시절 청와대 민정수석, 시민사회수석과 비서실장을 지냈다. 그는 대통령이 되기 전부터 국가보안법 폐지, 미북 평화협정체결과 연방제 통일을 일관되게 주장해왔다. 2012년 고 김대중 대통령 3주기 추도식에서도 "김 대통령께서 꿈꾸셨던 국가연합 또는 낮은 단계 연방제 정도는 다음 정부 때 정권교체를 통해서 반드시 이루겠다"고 했다. 그는 국가정보원 해체를 주장했고, 국가전복을 기도하는 통합진보당과 한총련을 옹호했다. 탄핵 정국에서는 '탄핵이 기각되면 혁명밖에 없다'며 민중혁명에 의한 국가전복을 부추기는 발언을 하기도 했다. 국정철학을 함께 하는 문재인 정부와 여당 인사들은 한미동맹 파기, 과격한 토지공개념을 주장하고 있고, '자유'를 삭제하는 개헌을 시도하기도 했다.

취임 이후 문 대통령은 청와대 비서실과 정책실, 안보실의 비서관급 이상 참모 중 전국대학생대표자협의회(전대협)나 대학 총학생회장 등 운동권 출신이나 각종 시민단체 출신은 전체 64명 중 23명(임종석, 신동호, 백원우, 한병도, 유행렬, 윤건영, 송인배, 조국)이었다. 임종석 비서실장이 관장하는 비서관급 이상 31명만 대상으로 좁히면 운동권·시민단체 출신은 전체의 61%(19명)에 달한다. 동아일보(11월 30일)는 해리 해리스 주한 미국대사가 우리나라 여야의원들을 만난 자리에서 "문재인 대통령이 종북 좌파에 둘러싸여 있다는 얘기가 있는 것 같다"고 보도했다. 우리나라 대통령이 종북 주사파에 둘러싸여 있는 것은 객관적인 사실이다.

문 대통령은 2018년 2월 평창동계올림픽 개회식 환영사에서 김일성주의자 간첩 신영복 교수를 "존경하는 한국의 사상가"라고 소개하였다. 문재인 대통령은 명목상 천주교인으로 알려져 있는 사회주의자다. 2013년 방송문화진흥회 이사장 고영주 변호사는 "문재인 후보는 공산주의자이고 이 사람이 대통령이 되면 우리나라가 적화되는 것은 그야말로 시간문제라고 확신한다"고 발언하였다는 이유로 2017년 문 대통령 당선 후 명예훼손 혐의로 피소되었으나 무죄판결을 받은 바 있다(채명성, 2019).

2년 전인 2016년 신영복 교수의 빈소에서 "신 선생님은 우리 당에 '더불어'라는 이름을 주고 가셨다"며 고인과의 추억을 떠올리고, "선생님의 '더불어' 정신, 공존과 연대의 정신을 늘 간직하면서 실천하겠다"고 말했다. 신영복 교수는 1968년 북한 노동당의 지령과 자금을 받아 움직이던 '통일혁명당' 사건에 연루돼 무기징역을 선고받은 간첩이었다.
   대한민국 수호 천주교인 모임(대수천) 상임대표이며, 전 양천고동학교 교장 이계성(2019)은 문재인과 정의구현사제단은 김정은에 충성맹세를 한 친북좌파 세력이라고 폭로하였다. 한편 문 대통령은 좌파 성향 변호사 단체 '민주화를 위한변화사모임'(민변)에 오랫동안 소속되어 있으면서 보수 정권과 줄곧 대척점에서 싸워왔다. 민변은 좌파세력의 결집체로 알려져 있다.
   미국의 변호사 고든 창(Gordon Chang)은 그를 북한의 간첩이라고 공언하고 있으며, "문 대통령은 자유와 민주주의, 그리고 대한민국의 적임을 스스로 드러냈다"고 비판했다. 미국의 블룸버그 통신은 문 대통령을 '김정은의 수석 대변인'이라고 보도한 적이 있다. 지난 2년 반 동안의 그의 행보는 그가 친북 좌파 진영의 가치를 대변하고 있음을 보여주고 있다.
   대통령의 부인 김정숙 여사는 친북 작곡가 윤이상의 무덤에 찾아가 그의 고향을 상징하는 동백나무를 심고 이렇게 말했다고 한다. "선생은 통영 근처 바다까지 왔다가 막상 고향 땅은 밟지 못했다는 이야기를 듣고 많이 울었어요. 그래서 조국 독립과 민주화를 염원한 선생을 위해 동백나무를 가져왔어요." 북한 정권에 평생 부역했던 사람에 대한 존경심을 공개적으로 드러냈다.
   선거로 정권을 잡았음에도 촛불혁명으로 집권한 것처럼 선전하고 대한민국 대통령으로 뽑혀놓고 민족반역자 앞에 가서 '남쪽 대통령'이라고 스스로를 비하하는 것은 국민과의 약속 위반이다. 그는 김일성주의 집단, 즉 주사파 운동가 출신들로 둘러싸여 있다는 의심을 사지만, 적극적으로 해명하지 않아 그런 의심을 사실로 추인하고 있다(조갑제, 2019).
   더구나 그런 그가 사회주의자 중에서도 골수 레닌주의자, 즉 공산폭력혁명주의자 조국을 법무장관에 임명한 것은 북한로동당 정권과 제휴하거나 그들의 도움을 받아 대한민국의 자유민주주의를 변조하거나 뒤엎고 연방제 통일, 즉 공산통일로 나아가겠다는 의도를 드러낸 것으로 이해하는 데 무리가 없을 것이다.

문 대통령은 2019년 현충일 추념사에서는 북한 정권 수립에 공헌하고 대한민국 전복에 앞장선 김원봉을 대한민국 국군 창설의 뿌리가 되고 나아가 한미동맹의 토대가 되었다고 추켜세웠다. 이런 김원봉을 칭송하는 것은 대한민국의 정체성을 훼손하는 반헌법적인 행위이다(채명성, 2019). 무엇보다 문재인은 친북주의자이다. 지난 대통령 선거 토론회에서 문재인 후보는 북한을 주적으로 규정하는 것은 대통령으로서 할 일이 아니라는 입장을 밝힌 바 있다. 2018년 국방백서에서 "북한=주적"이라는 용어를 삭제하였다. 이 백서는 '대북한유화정책'의 연속선상에서 나온 것이다.

지난 11월 29일 전국의 애국 기독교 지도자들은 시국선언에서 문 대통령에게 묻고 있다. "당신이 월남 패망의 소식에 희열을 느꼈고, 대통령이 된 후에도 공개적으로 신영복, 윤이상과 같은 간첩들을 존경한다고 천명함과, 현충일 추

• 문재인 정권의 내로남불, 후안무치, 적반하장, 전대미문 막무가내 정치에 분노하는 국민들 수십만명이 10월 3일 이후 주사파 정권의 퇴진을 요구하기 위해 매주 수요일과 토요일 이승만 광장(광화문)을 메우고 있다.

념식에서 6.25 전범 김원봉을 국군 창설의 뿌리라 함은 당신이 골수까지 공산주의자임을 자처하는 것이 아닌가?"

　대한민국의 현대사는 세계가 경이롭게 바라보는 성취의 역사였다. 식민지의 고통과 전쟁의 폐허를 뚫고 세계에서 가장 가난한 나라를 단기간에 선진국 문턱까지 밀어올린 산업화 성공의 유례없는 모델이었다. 산업화와 민주화를 동시에 달성한 나라였다. 그럼에도 불구하고 문재인 대통령은 대한민국의 역사적 성취를 부정하고 있다. "청산하지 못한 친일세력이 독재세력으로 이어지고 민주공화국을 숙주로 삼아왔다. 대한민국은 미국을 등에 업은 자본주의 분열세력이 세웠다." 이런 역사관은 80년대 주사파 운동권의 역사관에 뿌리를 두고 있다. 그는 북한친화적인 역사관을 갖고 있다. 자기 나라의 역사를 부정하는 사람이 국가 지도자가 되는 것이 옳은지 묻지 않을 수 없다.

　할렐루야교회 김상복 원로목사는 2019년 10월 27일 주일예배 설교 시간에 "북한과 가깝게 지내는 문재인 대통령이 우려 된다"고 말했다. 자유와 진리가 없는 북한은 끊임없이 남한을 위협해 왔다면서, 가나안의 '거인'처럼 느껴진다고 했다. 북한이 먼저 변하기 전에 손잡고 '연방국가'를 만들겠다는 생각은 잘못됐다고 말했다.

　김상복 목사는 "우리 지도자가 존경하는 사람이 베트남의 호치민, 김일성을 존경한다고 그런다. 사상가 신영복, 리영희를 존경한다고 공언하고 북한 장군 김원봉을 우리 국군의 뿌리라고 한다. (김원봉은 의열단 단장으로 독립운동을 했던 분이기도 하지만 북한으로 넘어가 김일성 내각에서 검열상과 최고인민회의 부위원장을 역임한 공산주의자였다). 이건 아니다. 대한민국 대통령이 이러면 안 된다"고 했다. 김 목사는 "41% 지지밖에 못 받은 대통령이지만, 59%가 찬성하지 않지만 나라를 잘 이끌어 주길 바란다. 그런데 시간이 갈수록 가나안 땅의 거인처럼 보인다. 두려움을 주고 염려를 일으킨다"고 했다.

　김 목사는 "북한 정부가 거인같이 보이고, 남한 사회주의자들이 거인처럼 보이고 두려움을 일으킨다. 정치 지도자는 두려움을 주고 염려와 낙심을 일으키면 안 된다. 희망과 용기를 줘야 한다. (중략) 설령 59%가 찬성 안 했어도 그들도 이 나라 민족이다. 그분들도 끌어안고 하나로 만들어야 한다"고 말했다.

오늘날처럼 사회가 갈라진 모습을 본 적도 없다고 했다. 과거에는 여당과 야당이 문제였다면, 이제는 북한과 사회주의가 문제라고 지적했다. 김상복 목사는 "(북한) 이념을 가지고 (남한을) 해석하니까 모든 걸 나쁜 게 생각한다. 고생, 수고, 눈물, 땀으로 세운 대한민국의 국민을 불안하게 하고 있다"고 했다.

극복하는 길은 믿음뿐이라며, 믿음으로만 거인을 극복할 수 있다고 말했다. 김 목사는 "10명만 있으면 소돔과 고모라가 망하지 않았다. 이 나라를 반드시 우리가 꼭 지켜 내야 한다. 믿음으로 해석하고, 더 강건해지는 대한민국이 되길 바란다"고 이야기했다.

2018년 평창동계올림픽 개막식 리셉션에서 문재인은 세계 지도자들 앞에서 "제가 존경하는 한국의 사상가 신영복 선생"이라고 밝혔다. 신영복은 통일혁명당 핵심당원으로 반정부, 반미 시위를 주도했던 북한의 간첩이었다. 자신의 정체를 선명하게 드러낸 것이 아닌가! 최근에 현 KBS 이사인 조우석(2019)도 "문재인은 공산주의자가 확실하다"고 발언한 적이 있다. 대통령이 되기 전 TV토론에서 문재인은 북한은 우리의 주적(主敵)이냐는 질문을 받았는데 끝내 대답하지 않았다. "우리 민족끼리"는 있어도 주적은 없다고 하였다.

주사파 문재인 정권은 우리민족끼리 평화경제를 내세우며, 낮은 단계 연방제 통일을 추진하고 있다. 대학시절 김일성 사상에 빠진 운동권 출신으로 전향 후 보수정치인이 된 김문수 지사는 유튜브 방송에서 말했다. "신영복은 김일성의 지시에 따라 대한민국을 전복시키려 했던 인물이다. 한국의 대통령이 이런 사람을 존경한다니 어떻게 해야 좋을는지 밤잠을 설친다."

"청와대에 포진한 인사들이 '주체사상'(김일성주의)으로부터 전향했다거나 공개적으로 과거를 반성했다는 이야기는 들어본 적이 없다. 문 대통령의 대북정책은 주체혁명 실현이 아니냐는 합리적 우려가 있다"(이상철, 2019). 문재인 정권의 핵심세력은 김일성주의와 레닌주의로 무장, 스스로를 '촛불혁명 정권'

으로 규정, 안으로는 '계급투쟁론적 민주주의'를 '정의'라고 우기면서 국가의 정통성과 정체성과 법치를 허물고, 북한 정권과는 '종족주의적 민족주의'로 결탁, 이른바 '민족공조' 노선으로 안보에 구멍을 내고 있다.

무엇보다 문재인 대통령은 거짓말쟁이이다. 국민 앞에 약속한 것을 지키지 않고 약속을 어긴 것에 대해 사과하지 않는다. 국가지도자는 무엇보다 정직해야 한다. 그러나 그는 별 다른 가책 없이 거짓말을 한다.

문 대통령은 2017년 취임사에서 "감히 약속드린다. 이날은 진정한 국민통합이 시작된 날로 역사에 기록될 것이다. 오늘부터 저를 지지하지 않았던 분도 진심으로 우리 국민으로 섬기겠다. 분열과 갈등의 정치를 바꾸겠다. 보수와 진보의 갈등은 끝나야 한다. 야당은 국정운영의 동반자이고 대화를 정례화하겠다. 대통령의 제왕적 권력을 최대한 나누겠다. 권력기관은 정치로부터 완전히 독립시키겠다. 능력과 적재적소를 인사 대원칙으로 삼겠다. 저에 대한 지지 여부와 상관없이 유능한 인사를 삼고 초려해 일을 맡기겠다. 특권과 반칙이 없는 세상을 만들겠다. 국민과 수시로 소통하는 대통령이 되겠다. 퇴근길에는 시장에 들어 시민들과 대화를 나누겠다. 주요사안은 대통령이 직접 언론에 브리핑하겠다. 거듭 말씀드린다. 문재인 정부에서 기회는 평등하고, 과정은 공정하고, 결과는 정의로울 것이다."

2년 전 문 대통령의 취임사를 다시 읽다보면 배우가 무대에서 연극한 것 같다. 마차가 말을 끈다는 소득주도 성장과 무모한 탈원전을 밀어붙이면서 "불가능한 일을 하겠다고 큰 소리치지 않겠다"고 다짐했다. 분칠한 숫자로 국정실패를 덮으려하면서 "잘못한 것은 잘못했다고 하겠다"고 약속했다. 그는 부도덕한 파렴치범 조국을 법무장관에 임명함으로써 온 나라를 두 동강내 마비시켰으면서도 아직까지 국민에게 한 마디도 사과하지 않고 있다. 지난 2년간 대통령은 국민 앞에 한 약속을 모조리 어겼으며, 자기의 목적을 달성하기 위해서는 거짓말을 해도 괜찮다고 믿는 거짓말쟁이임을 몸소 보여주고 있다.

한반도 미래전략가 장성민(2019)은 "자유민주, 시장경제, 한미동맹 – 대한민국을 떠받치고 있는 이 세 개의 기둥이 흔들린다는 것은 국민들이 살고 있는 집이 무너질 위기에 처해 있다는 것이다"라고 현재 우리가 처해 있는 현실을 진단하고 있다.

경제정책은 소득주도 성장으로 대표되지만, 서로 상반되는 분배정책과 성장정책을 혼합했기 때문에 성과를 내지 못하고 있다. 소득주도성장 정책의 일환으로 최저임금 인상, 비정규직의 정규직화, 공공부문 일자리 창출 등은 중소상공인들에게 직격탄이 되어 오히려 성장이 뒷걸음질치고 있다(김충남, 2019).

문 대통령은 10월 22일 국회에서 2020년 예산안을 설명하는 시정연설을 했다. 시정연설의 핵심은 돈을 더 쓰겠다는 "세금주도 성장"을 도모할 테니 "재정확장정책"을 수용해달라는 것이었다. 문재인(2019) 대통령은 이번에도 거짓말을 남발했다. (1)재정과 경제력은 건전하다! (2)우리 경제는 건실하다. (3)취업자 수가 증가했다! (4)한반도 평화경제를 구축했다! (5)국민통합을 위해 많은 분야에서 노력을 했다! 국민은 상황을 반대로 인식하고 있는데, 뻔뻔스럽게 거짓말을 하고 있다. 아무래도 현실파악 능력이 없는 분 같다. 도대체 문 대통령이 국민통합을 위해 무슨 노력을 했다는 말인가? 아무리 생각해도 이해가 되지 않고 약속을 지킨 기억이 나지 않는다.

변호사 채명성(2019)은 '다가올 탄핵'은 '문재인 탄핵'이라고 예견하고 있다. 박찬종 변호사도 문 대통령이 탄핵사유를 계속 쌓아가고 있다고 경고했다. 문 대통령은 여적죄, 반역죄, 외환죄, 대역죄, 내란선동 혐의로 고발당한 상태이나 검찰은 1년째 수사를 않고 있다. 채명성은 최근 저서에서 문재인 대통령의 탄핵사유로 (1)대한민국의 계속성 침해; (2)국가안보의 무력화; (3)사법권 독립침해; (4)여론조작과 언론의 자유 침해; (5)반자유주의 경제정책; (6)블랙리스트 직권남용 행위; (7)두 명의 오징어잡이 귀순자를 사지로 돌려보낸 것을 들고 있다.

유병언과 문재인

제19대 대통령 선거과정에서 장성민 후보는 문재인 전 더불어민주당 대표가 유병언 전 세모 회장의 신세계종금채권 회수 책임자였으나 세모 그룹의 부채 1800억원을 탕감해줌으로써 유병언의 재기를 도와 세월호 사건이 일어나게 되는 단초를 제공하였다고 폭로하였다. 유병언과 (주)세모는 충분한 변제자금이나 회수 가능성이 있는 여력이 있는데도 받아내지 않았다고 지적했다. 경산의 저택은 본래 유병언의 저택이었다는 보도가 있었다. 하태경 의원은 문재인 전 대표가 청와대 비서실장으로 재직 시 유병언의 세모그룹의 부채 1800억 원을 탕감해 주었으며 이로 인해 유병언의 재기를 도와서 세월호 사건에 책임이 있다고 의혹을 제기하기도 하였다. 인권변호사라고 대중에게 널리 알려진 변호사가 악덕기업주와 짜고 법을 악용하거나 교묘하게 회피하여 이익을 취했다면 도덕적 비난을 받아 마땅할 것이다(조원룡, 2019).

대한민국 사법부는 구원파 교주 고 유병언을 오대양사건과 관련된 재판에서 8년을 선고하며 '종교를 빙자한 상습사기범'으로 규정한 바 있다. 각계 각층 국민들에게 묻고 싶다. 문 대통령은 취임사에서 여러 약속을 했으나 적폐청산에 대한 약속만 수행했을 뿐 다른 약속들을 거의 지키지 않고 있다. 대통령 문재인은 '정치를 빙자해 계속해서 거짓말을 반복하고 있는 상습사기범'이 아닌가!

• 유병언이 종교를 빙자한 상습사기범이었다면, 문재인은 정치를 빙자한 '상습사기범'이라 할 수 있을 것이다.

02
문재인 정권은 어떻게 주사파 정권이 되었는가?

깨어나라! 대한민국

*

사상은 반드시 결과를 낳는다. 특히 신앙과 삶과 문화에 결정적인 영향을 미친다. 그것이 어떤 사상이든지 모든 사상체계는 그것을 받아들이는 사람의 신앙뿐만 아니라 일상적인 삶을 바꾸거나 결정짓게 된다. 좋은 세계관은 선한 결과를 낳고 마르크스주의, 주체사상과 같이 나쁜 세계관은 악한 결과를 낳는다.

1. 3명의 문화권력의 영향

지난 30년 동안 한국 사회 교육 문화 언론을 지배해온 문화권력은 백낙청, 리영희, 조정래 세 사람이다. 이들이 바로 좌파 세계의 뿌리이자 몸통이다. 리영희 교수로부터 가장 영향을 받았다고 고백한 사람 중에는 전직 대통령 노무현이 있고, 현직 대통령 문재인도 있다(조우석, 2019).

1948년 우리나라가 건국된 이래 우리의 이념적 합의란 자유민주주의였다. 그러나 대한민국을 새로운 국가관과 역사관으로 의식화시킨 세 사람이 바로 백낙청 교수와 리영희 교수 그리고 조정래 작가다. 저들은 교육, 언론, 문화 3박자를 다 쥐고 있기 때문에 대한민국을 뒤에서 움직일 수 있고, 얼마든지 장난도

칠 수 있다. 이들은 국민들에게 이 나라는 "태어나서는 안 될 나라"라는 인식을 심어주었다. 종북지식인 1호 리영희는 죽는 날까지 북한과 김일성을 떠받드는 '북한 짝사랑의 원조'다. 자유민주주의에 대한 존중을 깨고 그걸 온통 좌파 사회주의 패러다임으로 뒤바꾸어 놓았다. 이들은 이탈리아 공산당 창시자 안토니오 그람시가 예견했던 '진지전'(陳地戰)을 한국에서 전개하고 있다. 삼인방의 의식화 교육에 따라 문학·음악·미술·연극·영화·출판 등 문화예술 각 장르는 물론 언론·교육이란 영역 역시 대한민국에 대한 증오심을 심어주는 좌파 진영에게 몽땅 내줬다. 어떤 교수의 진단대로, "대한민국은 지금 이념의 낙동강 전선에 서 있다."

원인이 없는 결과란 없다. 과연 누가 문화권력·지식권력을 손에 쥔 채 한국사회의 좌편향을 이끌어낸 것인가? 저들은 「창작과 비평」과 같은 문예지를 "주체사상 신봉자를 잉태하는 자궁"이라고 불렀다. KBS 이사를 역임한 문화평론가 조우석(2019)은 "백낙청이 문학을 중심으로 문화전반과 인문사회과학 등 학계에 두루 영향을 줬다면, 리영희는 마오쩌둥의 중국, 김일성의 북한 등과 관련해 기존 반공의식을 허물어버리고 운동권적 인식을 심어준 장본인이다. 조정래는 둘의 그런 좌파적 인식을 소설 장르를 통해 결정적으로 대중화했다."

리영희는 한국 좌파의 사상적 스승이 되었다. 그만큼 좌파로부터 폭넓게 존경을 받았던 이도 드물다. 백낙청이 문학을 중심으로 문화 전체에 영향을 드리웠던 문화권력이라면, 그는 사회과학을 중심으로 막강 영향력을 행세했다는 점이 다르다. 말하자면 역할분담을 했다고 할 수 있다.

대한민국은 이념적으로 왼쪽으로 기울어진 운동장이다. 2016년 한국정치학회에서 여의도 국회의원 300명을 대상으로 이념성향을 조사했다. 압도적 다수인 92.2%가 이른바 진보성향이나 중도성향으로 나타났다. 보수성향의 의원은 대체 얼마쯤 되었을까? 7.8%에 불과하다. 이것이 대한민국 이념시장의 현주소다.

이들은 우리나라 건국을 보는 시각부터 다르다. 이승만이 주도한 1948년 대한민국 건국이란 결국 민족사의 관점에서 보자면, 분단시대를 연 것뿐이고, 이제 근대국가의 완성을 위해 분단극복운동, 통일운동으로 나아가야 한다는 것이다. 당연히 김일성의 북한도 체제이념과 상관없이 김일성, 김정일, 김정은의 북한을 끌어안아야 할 혈육으로 바라본다.

이들은 마르크시즘 좌파 패러다임, 반공-반북을 때려 엎자는 이면(裏面)헌법 폐기론, 정전협정의 평화협정으로의 전환, 남북통일 연방제, 국가보안법 철폐, 주한미군철수를 [전환시대의 논리]와 같은 책과 [태백산맥]과 같은 소설을 통해 독자들에게 주입해왔다. [태백산맥]은 한국문화에 가장 부정적 영향을 미친 책으로 꼽힌다. 백낙청은 반공-반북이 대한민국의 사실상 헌법이고 이면헌법이니 그걸 갖다 버리고, "우리 마음에 그어진 38선은 우리 안을 갈라놓은 이념의 적대를 지울 때 함께 사라질 것"이라고 주장했다. 그의 민족문학론은 좌파 민족주의로 발전하고 '우리민족끼리'라는 암적 존재를 키웠다. 분단체제론 역시 대한민국은 반쪽에 불과하니 북한과 합쳐야 한다는 논리를 폈다.

역사학자이며 전 KBS 이사장을 역임한 서울대 명예교수 이인호(2019)는 1948년 대한민국 건국은 1776년 미국 건국혁명, 1789년 프랑스 혁명에 버금가는 인류사적 사건이라고 평가했다. 대한민국 건국은 세계사적 맥락의 정치혁명이었으며, 박정희를 중심으로 한 근대화는 위대한 산업혁명이다. 그리고 자유민주주의에 의한 통일의 과정에서 북한 전체주의란 괴물은 결국 극복-해체되어야 할 대상이다.

"분단 후 6.25전쟁을 거치면서 우리나라가 얼마나 힘들게 지켜졌는지 지금 국민들은 잘 모르고 있는 것 같아요. 특히 공산주의에 대해선 대단히 잘못된 생각이 만연해 있습니다. 공산주의는 민족이나 국가를 일시적인 방편으로 보지, 결코 절대적인 가치로 보는 체제가 아니에요. 진짜 공산주의를 이해하는 애국자들은 공산주의와는 타협이 불가능하다는 걸 알고 있어요. 그런데 그걸 모르고 공산주의가 평등한 사회를 추구하니까 좋지 않냐고 많이 들 착각합니다. 잘못된 인식으로 '대한민국은 태어나지 말았어야 하는 나라'라는 말을 하며 우리 국가를 부정해요. 안타깝게도 우리 문재인 대통령과 주변 386세대들이 이런 생각을 갖고 있는 것 같아요.

"현 서울시장 박원순은 "광화문 광장에서 김일성 만세를 부를 수 있어야 진정한 민주주의"라고 주장했다. 시인 고은은 우선 건국대통령 이승만부터 "나라의 불행을 잘 썼던 사람"으로 비난하고 있다. 소설가 조정래 역시 좌익은 순결하고 무죄인데 비해 우익은 더럽고 유죄라는 판박이 공식 하나로 작품 전체를 일관한다. 대한민국 건국에 앞장섰던 우익은 예외 없이 인간 말종이며, 좌익은 완전무결한 천사로 그려진다.

백낙청은 1960년대 이후 반세기가 넘는 지금까지 철옹성의 문화권력이고, 20세기 가장 성공한 현실권력이다. 해방이후 문학을 밑천으로 가장 출세한 인물이라는 평가가 있다. 그래서 그는 좌파의 숨은 신(神)과 같은 존재가 되었다. 대학가에는 「창작과 비판」이 백낙청이 오염시킨 운동권 세력이 이미 대세로 존재했지만, 조정래는 이미 준비된 운동권이었다.

한편 리영희는 1970년대 내내 '나 홀로 운동권'으로 활동하다가 드디어 1980년대 좌파운동권 개막에 선구자 역할을 했다. 그의 친북, 종북 패러다임은 보편화되었고 대중화되었으며, 사회과학 전반에 걸쳐 영향을 주었다. 그는 1950년대 "남한 사회는 오직 폭력, 무질서, 범죄, 사기, 약탈, 부정, 타락이 아무런 절제도 없이 난무하고 힘없는 자는 어디 가서 하소연할 곳도 없는 그야말로 반인간적 사회였다. 자본주의는 곧 악이라는 스테리오타입의 인식을 견지했다." 반면에 인민위원회가 개혁바람을 주도했고, 사람들은 "새로운 시대가 창조된다는 생각"으로 들떠 있었다.

1990년대부터는 모택동과 문화혁명을 미화하다가 돌연 북한과 김일성을 떠받드는 쪽으로 결정적 전환을 했다. 종북주의자 1호 리영희는 2010년 죽을 때까지 북한을 짝사랑했다. 그의 눈에는 공산국가 북한은 선하고, 자본국가 남한은 타락했다. 김일성에게 충성을 맹세한 그는 거의 광적으로 북한을 찬양했다.

북한찬양 발언 중 최악의 것은 "어쩌면 북한은 하나님 없이도 행복할지 모른다"는 발언이다. 이처럼 북한 찬양의 끝은 물론 김일성 숭배로 이어진다. "북한은 높은 민족적 자존과 사회구성원 간의 도덕적 생존양식, 그리고 동포애가 감도는 순박한 인간형의 사회, 지상낙원"이라는 식이다. 사이비종교집단의 교주 찬양도 이렇게 강렬하지는 않을 것이다. 그는 김일성의 인간성과 인민에 대한 사랑, 인민이 김일성 주석을 경애하는 마음이 있다는 것을 강조한다. 김정일 지도자에 대해서도 마찬가지라면서 그것은 민중의 마음을 사로잡는 것이 있기 때문이라는 것이다. 김일성 사망 전 경제는 5년 연속 마이너스 성장을 거듭했고, 직후 북한은 이른 바 고난의 행군 속에 300만 명 이상이 아사했다. 그래도 북한에 대한 그의 시각은 변하지 않았다. 문재인 대통령이 자기 책 「문재인의 운명」에서 리영희의 미국 패배와 월남 패망의 예고를 보고, 그게 현실에서 구현되는 '진실의 승리'를 확인하면서 "읽는 나 자신도 희열을 느꼈던 기억이 생생하다"고 고백했다. 리영희가 베트남의 미래는 물론 북한의 종국적 승리와 대한민국의 종말을 예측하고 있어 섬뜩할 정도다.

소설가 조정래는 백낙청, 리영희와 함께 좌파문화권력-지식 권력의 한 축을 이루고 있는 사람이다. 민족문학을 표방했던 백낙청이 뿌린 좌파 민족주의 씨앗이 조정래에게 영향을 줘 '민족사의 허리잇기'라는 고약한 대하소설이 만들어진 것이다. 조정래는 「태백산맥」에서 좌익은 순결하고 무죄지만, 우익은 더럽고 유죄라고 묘사한다. 인민군이 저지른 대민 피해나 학살 등에 대해서는 언급도 않고 우익은 하나도 예외 없이 천덕꾸러기에 패덕한 혹은 인간 말종으로 그려진다. 당연히 빨치산은 모범집단으로 그려진다. "미국 놈 몰아내고 조선민족의 꿈을 위해 최종 결전하자"고 선동했던 이석기와 1980-90년대 자라난 주사파 자체가 「태백산맥」과는 한 뿌리다. 우리 현대사를 부끄러운 것으로 인식하게 한 원조는 「전환시대의 논리」의 저자 리영희이지만, 그걸 소설로 대중화한 것은 조정래이다(조우석, 2019).

문재인 정권은 '얼치기 친북 친중 좌파'

"문재인 정권의 실세 90%가 '얼치기 친북, 친중 좌파'다." 구해우(2019)의 진단이다. 그는 고려대 법대 재학시절 1988년말-1991년 전대협(전국대학생대표자 협의회) 자민통(자유민주통일)의 리더로 활동했다. 대학운동권으로 '김일성주의'를 신봉한 주사파 리더였고 세 차례나 북한을 방문했다가 전향한 사람이다. 90년대 운동권 대다수는 사노맹으로 '나는 김일성 장군님을 평생 존경하며 따를 겁니다'라고 고백했다.

이들은 대학시절 '해방전후사', '전환시대의 논리' '태백산맥' 같은 책을 읽으며 주체사상을 익히며, 반미, 친북 사상을 키워나갔다. "나는 이들의 머릿속을 너무 잘 안다. 이들은 권력을 잡는 데는 수단과 방법 안 가리지만 국가 경영에는 전혀 준비가 안 돼 있다. 문제 해결 능력도 없다…주사파 조직 간에도 헤게모니 싸움이 있었다. 1987-1988년에는 안희정 전 충남지사가 2인자였던 '반미청년회'가 대학운동권을 지배했다. 이인영 원내대표, 우상호 의원, 임종석 전 청와대비서실장 등이 그 영향을 받았다. 1988년말 자민통이 반미청년회를 누르고 주사파 운동권의 주류가 됐다. 양정철 민주연구원장, 김경수 경남지사가 자민통 출신이다. 자민통이 배출한 전대협 의장 중에는 송갑석 의원이 있다."

"이들의 속성은 한마디로 '출세주의'다. '586 세대'는 우리 정치 사회를 왜곡시키는 패거리가 되었다. 이들은 김대중·노무현 정권을 거치면서 소위 '먹을거리'를 알게 되면서 자기들끼리 정치집단화 됐다. 정권을 잡기 위해 물불을 안 가리니 '울산시장 선거개입'도 일어난 것이다. 이들의 위선과 이중성, 조직폭력 배식 패거리주의가 나라를 망치고 있다. 거의 괴물처럼 됐다"(구해무, 조선일보, 2019. 12.16).

김영환(2019)은 1980년대 서울대 재학 시절 북한 단파 방송을 그대로 베낀 '강철 서신'을 유포해 '주사파 대부'로 떠오른 인물이다. 국보법 위반으로 2년간 수감생활을 했고 북한을 방문해 김일성을 접견 한 후 북한체제에 실망해 자유민주주의로 전향한 후 현재 북한 민주화운동에 힘쓰고 있다. 최근 김영환(56)씨가 일본 마이니치 신문과의 인터뷰에서 "문재인 정권의 주축은 '주사파 대부'로 불린 김씨의 동료 86세대에 의해 차지되고 있다"면서 "운동권 최대의 파벌이었던 NL 출신이 많기 때문에 보수 야당 등으로부터 주체사상파 투성이라고 지적받고 있다...젊은 시절 빠졌던 사상에 대한 향수는 좀처럼 사라지지 않는다"고 했다. 주사파의 사상은 여러 가지 사회주의 정책으로 표출되고 있다.

2019년 11월 선종한 박홍 신부는 1990년대 초 주사파의 실체를 폭로하였다. "주사파 뒤에는 사노맹이 있고, 사노맹 뒤에는 사로청, 사로청 뒤에는 김정일이 있다. 각계에 수많은 주사파가 침투해 있다. 북한 장학금을 받은 학생이 교수가 되었다." 그는 생전 인터뷰에서 "주사파의 실체를 사회에 고발한 것이 내 생애의 가장 큰 보람"이라고 말했다(조선일보, 2019. 11.11). 시인 김지하도 칼럼 "죽음의 굿판을 걷어치우라"를 통해 운동권을 압박했다. 그러나 박홍 총장과 김지하 시인이 당시 운동권의 대세를 바꿔놓을 수는 없었다.

우리나라 좌파 문화에 영향을 미친 문화권력 중 하나는 성공회대학이다. 이곳에서 출옥한 간첩 신영복이 교수하였고, 이재정 경기도 교육감, 조희연 교육감, 김재동, 탁현민 등이 배출된 것은 우연한 일이 아니다.

좌파 문화권력을 청산해야 나라가 산다

리영희, 백낙청, 조정래 세 명의 머리는 닮은 꼴이다. 공산주의를 짝사랑했고 자본주의는 증오하였다. 누군가 「공자가 죽어야 나라가 산다」고 외치며 유교문화 잔재를 지적한 적이 있지만, 평론가 조우석(2019)은 백낙청-리영희-조정래를 죽여야 우리 문화가 살고 지식사회가 정상화되며, 젊은이에게 새로운 비전을 보여줄 수 있다고 확신한다. 지난 반세기 이들이 한국사회에, 주사파 지도층에 기여한 것보다 해악을 끼친 것이 압도적으로 더 크기 때문이다.

좌파 학자 윤평중은 "리영희는 공이 일차적이고 과는 이차적이다. 공적이 하늘을 찌르는 것과 함께 그의 과실도 치명적이다"고 그의 공과를 평가하였다. 그는 역사의 흐름 속에 사라진 공산주의란 이름의 화석을 평생 끌어안고 살았던 '똑똑한 바보'였다.

김일성·김정일에게 질려서 망명을 감행한 주체사상의 창시자 황장엽 선생이 귀순한 지 얼마 되지 않아 리영희를 만났을 때, 리는 황장엽을 '변절자'라고 몰아붙였다. 천주교 정의구현사제단에서는 황장엽은 북으로 돌아가라는 성명을 내기도 하였다. 황장엽은 리에게 북한에 대한 환상을 깨도록 실상을 말해주었으나 그의 북한체제에 대한 짝사랑은 요지부동이었다.

북한은 지구상에 남아 있는 5개 공산주의 국가 중 하나다. 북한이 국제적 테러국으로 낙인되었고 자국민 수백만 명을 굶어 죽이는 최악의 체제라는 게 명백한데, 그런 체제는 빨리 붕괴시키는게 상책이라고 설득했으나 리영희는 황장엽을 '배신자'라며 '인간적으로 자아를 상실한 사람'이라고 응수했을 뿐이었다.

주체사상은 리영희에게 종교적 신념이 분명했다. 황장엽(1999)이 서울에서 남긴 10권이 넘는 저작은 그 자체로 훌륭하고 자유민주주의에 대한 공감을 담고 있지만, 초기 저술인 「나는 역사의 진리를 보았다」에서는 김일성에 대해 노골적 비판을 가하고 있다.

"개인숭배로 사람들의 자주의식을 극도로 마비시켜 (그가 사망했을 때) 전 인민이 땅을 치며 울도록 만든 그의 행적이 더욱 미워지는 것이었다. 북한주민을 자주의식이 없는 꼭두각시로 만든 걸 생각하면, (나는) 눈물은커녕 분노가 치밀었다."

조정래의 「태백산맥」은 반역소설, 반 대한민국소설이다. 리영희의 친북 주사파 사상을 대중화한 것이 이 소설이다. 좌익은 순결하고 무죄인데 비해, 우익은 더럽고 유죄라는 판박이 공식은 작품 전체를 관통하는 흐름이다. 6.25는 조선인민과 미국과의 전쟁이라는 자기 결론을 거침없이 토해낸다. "이승만 정권이야말로 반민주적이고 반민중적인 양키들의 모조정권이며, 6.25는 사회개혁의 혁명성을 가진 민족세력과 반민족세력 간의 전쟁"이라 주장하며 자신이 좌파민족주의의 포로임을 드러내고 있다. 이 대하소설은 '좌익을 위한 아름다운 정치동화'로 운동권에서 의식화 교재로 사용되었다고 한다.

독자들은 이 책을 읽고 대한민국에 대한 적개심을 키울 것이고, 이 나라 화약고에 불을 붙이고 싶은 충동을 느낄 것이다. 대한민국의 정통성은 인정할 수 없고, 정통성은 김일성의 북한에 부여할 수밖에 없게 되는 것이다. 이것이 현실로 등장한 것이 통진당의 이석기 사건이다. "미국 놈 몰아내고 조선민족의 꿈을 위해 최종결전하자"고 선동했던 이석기는 「태백산맥」에서 튀어나온 인물이다.

이석기를 포함한 386세대, 그 보다 윗세대인 문재인의 특보 문정인, 청와대 비서실장 임종석, 재미교포 종북주의자 신은미와 황선은 모두 조정래가 키웠다고 말해야 한다(조우석, 2019).

1997년 김대중 정부 이후 좌파민족주의가 한국의 지배적인 이념으로 자리잡았는데, 조정래는 훨씬 이전부터 그걸 토대로 작품활동을 했다. 이 나라에서 좌파민족주의의 원조는 백낙청이 이끄는 「창비」그룹이다. 조정래의 잘못된 신념을 만들고 강화해준 것도 역시 백낙청이다. 리영희, 백낙청, 조정래 등 3인방은 지금도 우리 국민에게 의식화 작업을 꾸준히 벌이고 있다.

친북 좌파 정치인 박원순(2019) 서울시장은 서울시청 지하 전시실에 "북한에 소풍가자며 아이들을 꼬시고 있다." 아무리 주사파라도 이러한 정책은 너무 나간 친북 정책이 아닐 수 없다.

「현대 한국의 사상흐름」(2000)은 한국지식인들의 이념 분포를 발표한 적이 있다. 국내유명 학자들은 다수가 좌파로 분류된다. 현 서울시 교육감 조희연, 국사학자 강만길 등은 진보적 민족주의자로 분류되며, 언론학자 강준만, 사회학자 한완상, 사회학자 송호근, 정치학자 최장집, 작가 유시민, 소설가 공지영 등도 모두 문화3인방의 아류로 왼쪽에 있는 사람들이다. 반면 우파로 분류되는 공병호, 복거일, 고성국, 김영호, 김지하, 이인호, 이문열, 장기표, 송복 등 실로 몇 안 되는 학자들이 있지만 좌파에 비해 10분의 1이 될까 말까 한 수준이다.

좌편향 동양철학자 도올 김용옥은 2019년 초 KBS에 출연해 "이승만을 국립묘지에서 파내야 한다"고 발언해 자신이 전형적 종북주의자임을 드러냈다. 김용옥은 "나의 의식세계 속에 조선민공화국은 환상적 이상향이었다. 북한이라는 조국의 순결, 그것은 나의 미래며, 나의 꿈이며 소망이었다"고 고백한 적이 있다. 김용옥(2019)은 최근 「통일, 청춘을 말한다」라는 책에서 "김정은 국무위원장은 내가 사랑하는 사람"이라고 했다. 좌경 주사파가 아니라면 할 수 없는 발언이다.

그러면서 김용옥은 김정은에게 "너 두 번 다시 문재인 같은 사람 못 만난다. 김정은 너무 순진해 문재인 같은 사람은 항상 있을 줄 안다"고 했다. 문재인 대통령을 찬양하는 내용 때문인지, 문재인은 그의 책을 국민에게 "국민 인식과 지혜를 넓혀주는 책"이라며 읽어 볼 것을 권유하고 있다(정우상, 2019).

한편 조국 사태 당시 무조건 조국을 비호하는 발언으로 좌충우돌하던 좌파 작가 (노무현재단이사장) 유시민은 "중요한 것은 김정은 위원장이 성장 과정에서 매우 소박하고 정상적 과정을 거쳤다는 뜻이군요"라며 김용옥 교수와 대담에서 보조를 맞추고 있다. 수령제일주의에 빠진 사람이 아니라면 어떻게 이런 말을 할 수 있을까!

영국의 맨북커문학상을 수상한 한 강도 "미국이 전쟁을 얘기할 때 한국은 몸서리친다"고 뉴욕타임스 칼럼을 쓰면서, "우리에게는 평화가 아닌 어떤 해결책도 의미가 없다"며 반미의 깃발을 들고 있다. 6.25는 김일성이 일으킨 침략전쟁이었는데, 한강은 수정주의적 현대사 인식을 드러내고 있다.

변형윤-정운찬-김상조는 성장보다 분배를 강조하는 경제민주화의 명분 아래 지역균형발전, 평준화 교육과 보편복지를 촉구하였다. 지금 우리가 겪는 고통은 오랜 뿌리가 있고 결국엔 문화권력 3인방의 그늘 아래 있음을 인식해야 한다.

지금의 국가위기는 주사파 운동권 때문이며, 훗날 평양이 붕괴된 뒤의 상황은 극적으로 개선될 거라고 믿는 순진한 이들이 적지 않다. 주사파란 암세포 덩이는 우리 몸 안에서 자라났다고 봐야 한다. 그것을 30년 넘게 방치하거나 키워온 한국인 다수가 주사파란 사교를 알게 모르게 내면화했다는 엄연한 사실을 이제 직면할 때가 되었다.

민중사학

고려대 교수 강만길(1978)이 발표한 「분단시대의 역사인식」이란 책에서 처음으로 제시되었는데, 이것은 좌파세력의 역사인식 도그마와 상식이 되었다.

항일투쟁과 건국과정의 정통성은 김일성이 더 있고, 근대화 작업의 공헌은 이승만·박정희가 더 있다. 좌편향된 학자들의 역사인식이다.

이승만이 주도한 1948년 대한민국 건국이란 결국 민족사의 관점에서 보자면, 절름발이에 불과한 분단시대를 연 것뿐이고, 때문에 근대국가의 완성을 위해 분단극복운동시대, 통일운동시대로 나아가야 한다는 것이다. 그 맥락에서 「태백산맥」이 표방하는 모토인 '민족사의 허리잇기'가 덜컥 등장한 것이다.

그는 8.15 직후 분단을 극복하려면 통일민족국가 수립운동은 반공과 분단을 내세운 미국과 이승만 세력에 의해 좌절됐다고 노무현의 귀에 속삭였다. 그런 인식은 좌파세력의 상식으로 자리 잡았고 드디어 문재인 정부로 이어진다. 당연히 그는 대한민국 정부수립 70주년 경축사에서 이승만의 이름조차 언급하지 않았다. 반(反) 이승만, 반(反) 대한민국이야말로 좌파가 공유하는 역사 코드라는 것을 재확인한 것이다.

보수주의 정치학자 양동안(1988) 교수는 「현대공론」(8월호)에 발표한 "우익은 죽었는가?"라는 글에서 우리사회가 처한 현실을 다음과 같이 진단하고 있다. "좌익세력은 대학을 장악하여, 대학 캠퍼스를 혁명의 요새로 만든 지 오래다. 그들은 각 대학의 학생회와 대학신문·대학방송국 등을 장악하여 학생들을 선동, 소요행위로 끌어넣고 있으며, 교수들을 겁주어 그들의 행위에 감히 맞서지 못하게 하고 있다. 그러는 통에 교수들 사회에서도 좌익교수들이 대학 좌익학생들의 조직적 지원을 받아 목소리를 높이고 있다."

대학만이 아니라 문화예술계, 언론출판계, 종교계, 교육계 등은 물론 정계와 법조계를 포함한 사회 각 부문에 좌익세력은 따리를 틀고, 민주주의자·민족주의자·양심인사로 자처하면서 반공의식을 약화시키고 반미 감정을 고조시키는 활동을 하고 있다.

지금 젊은 층은 물론 자연연령 60-70대를 포함해 대한민국의 거의 전 연령층은 이들 문화권력 3인방의 영향으로부터 자유롭지 못하다. 앞에서 살펴본 것처럼, 대한민국을 지금 이 상황으로 만든 문화권력 3인방 백낙청-리영희-조정래의 파괴적 영향력은 너무도 방대하고 치명적이고 위험천만하다. 대한민국 운명을 좌우하는 열쇠를 쥐고 있는 사람과 기관들 상당수가 문화권력 3인방으로부터 음으로 양으로 영향을 받았다. 지금 상황을 이대로 내버려 둘 경우 우리나라의 앞날에 과연 무슨 일이 벌어질까? 당연히 한국사회의 퇴행은 불가피하며 회복불능상태에 빠질 수도 있다.

친북 주사파는 자랑스런 우리 대한민국을 "태어나지 말았어야 할 나라"로 규정하고 있다. 이들은 김일성주의자들로서 대한민국을 부정하고 조선인민민주주의공화국이 한반도에서 정통성이 있는 국가로 생각한다. 이승만을 미국의 앞잡이로, 박정희는 쿠데타로 권력을 잡아서 반민중, 반민족, 반민주, 친일 친미 사대주의 정권을 운영하였다고 비방한다.

백낙청과 함께 문재인 대통령의 멘토 역할을 하는 학자 가운데 좌파 사회학자 한완상(2019)이 있다. 1948년 건국을 부인하는 한완상은 2019년 12월 13일 3.1운동 및 대한민국 임시정부 수립 100주년 기념사업 추진 위원 90명을 청와대로 초청하여 오찬을 함께 했다. 이때 한완상(84 · 전 교육부총리)은 "우리 문재인 대통령의 힘은 트럼프 대통령이 감히 흉내도 못 낼 인내와 착함의 지도력"이라며 칭송하였다.

이때 문재인은 그의 비뚤어진 역사관을 다시 피력하였다. "3.1 운동과 임시정부 수립을 기억해야 하는 이유는 대한민국의 뿌리이기 때문"이라며, "100년이 흐른 지금, 또 다른 특권의 정치가 이어지고 번영속의 심각한 경제 불평등이 신분과 차별을 만들고 있지 않은지 겸허이 되돌아봐야 할 때"라고 말했다.

그는 우리나라 근현대사의 주요사건을 열거하는 지도에서 이승만의 건국과 박정희의 산업화를 삭제하였다. 참으로 놀라운 역사관이다(조선일보, 2019.12.14.).

자유우파는 이승만 대통령은 대한민국의 건국의 아버지이고, 박정희 대통령은 한강의 기적을 만든 영웅이라고 생각한다. 지난 70년간 우리나라는 '안보의 기적' '산업화의 기적' '민주화의 기적'을 이룩해 개도국의 성공모델이 되고 있는 자랑스러운 나라다.

  문재인 정부와 집권연합세력(운동권과 x86세대)의 역사현실에 대한 이해는 북한 못지않게 편향되어 있다. 전교조는 이 왜곡된 역사를 자라나는 새싹들에게 전수하고 있다.

  문재인은 한국 현대사도 민주화운동도 지난 30여년의 정치과정도 전혀 모르는 완전히 외계인적 시각을 갖고 있다. 그는 대한민국이 친일청산을 제대로 하지 못해서, 민족정기를 바로 세우지 못해서, 대한민국의 온갖 악덕이 생겨났다고 믿는다. 그의 역사인식의 틀은 무엇인가? 친일−반공−산업화−군부독재−부패−위선−허위세력을 하나로 연결하고, 대한민국의 온갖 부조리, 특히 뒤틀린 사회정의의 원인을 이들을 척결, 청산, 심판, 교체하지 못한 데서 찾는다.

  최근 들어서는 친일−군부독재−부패−허위세력과 자유한국당으로 대표되는 보수를 연결한다. 청와대와 문재인의 역사현실 인식은 엄청난 무지와 비약과 견강부회가 뒤범벅되어 있다.

  이승만 등 건국을 주도했던 사람(민주당과 한국당 모두의 공통조상)들을 친일파로 싸잡아 매도하는 것은 어불성설이다. 문제는 2010년대에도 1980년대 주체사상에 물든 운동권의 도덕적 잣대로 역사를 재단하기 때문에 문재인 정권은 이전 정권을 온통 심판과 적폐의 대상으로 취급하고 있다는 것이다(김대호, 2020).

친일청산에 대한 엇갈리는 시각

  문재인 정부는 출범 때부터 역사를 바로잡겠다고 하며 중고등학교 역사교과서까지 교정하고 있다. 서울대 명예교수 이인호(2019)는 말한다. "뭘 어떻게 바로잡는지가 중요해요. 분단의 역사 속에서 남한에선 공산주의자들이, 북한에선 반공주의자들이 핍박을 많이 받았어요. 억울하게 당한 이들을 이제라도 돕는 것이 역사 바로잡기의 긍정적인 방향입니다. 그러나 마치 우리가 당시 반공을 외친 것 자체가 잘못됐다는 주장은 아주 잘못된 생각이에요. 또 하나 일제하에서 맹렬하게 독립운동 했던 이들 중 지배체제가 길어지면서 결국 일본과 타협해 친일파로 묶여온 이들이 많아요. 이들에 대해서도 평정심을 갖고 재평가를 해야 합니다. 무조건 그 때 사정도 고려하지 않고 오늘날 잣대로 다 때려잡아야 한다는 발상은 역사를 오히려 날조하는 것과 다름이 없습니다."

북한은 김일성을 비롯해 친일파를 청산한 민족주의 체제로 오해하고 있지만, 정권 수립과정에서 박헌영, 김원봉 등 일본군에 맞서 싸웠던 애국자들을 모조리 처형하였다는 것을 알아야 한다. 이승만 대통령도 당시 나라를 파괴하려는 공산주의자들과 싸우는 게 친일청산보다 우선이라 생각했었다. 정치적 결단이란 게 늘 최악을 피해 차악을 선택하는 게 아닌가!

인헌고 사태에서 드러났듯이 전교조 교사들은 왜곡된 역사관을 학생들에게 주입시켜왔다. 그 결과 역사는 존엄과 계승의 대상이 아니라 경멸과 청산의 대상이 되고 있다. 북한은 "조국통일은 조선혁명에서 주체사상을 구현하기 위한 투쟁"이라 규정하고 있다. 북한 친화적인 역사관을 갖고 있는 문재인 대통령은 툭하면 평화경제를 들먹이고 있다. 문 대통령은 어떤 대북정책과 통일정책을 펴려는 것인지 국민들의 궁금증이 커지고 있다. 북한 공산집단과 같은 역사관을 가진 사람이 청와대에 앉아 나라를 운영하고 있으니 나라의 앞날이 불안할 수밖에 없다.

무조건 통일이 아니라 모두에게 자유와 행복을 보장할 수 있는 통일이어야 한다. 그것은 북한이 인권과 자유가 보장되는 정상국가로 전환되는 것이 선행되어야 함을 의미한다. 우리는 평화적으로, 그리고 자유시장경제와 민주체제로 통일되어야 한다.

한국의 자유민주주의와 북한의 수령절대주의를 절충할 수 있는 제3의 국가체제란 있을 수 없다. 한미 동맹은 군사동맹만이 아닌 가치동맹이다. 우리는 자유민주주의와 자유시장경제를 공유하고 있다. 주한미군, 국가보안법, 공산당 불법화는 유지되어야 한다. 자유민주주의 흡수통일 아니면 자유, 인권, 민주가 보장되는 통일이어야 한다. 주사파가 주도하는 적화통일은 용인할 수 없다. 대한민국 주도의 통일만이 우리에게 밝은 미래를 보장한다.

2. 일부 개신교와 천주교는 종북좌파의 소굴이 되었다

종교계에도 종북 빨갱이들이 침투해 있다고 황장엽과 태영호 공사가 말한 적이 있다. 개신교 천주교 가릴 것 없이 상황은 마찬가지다. 적어도 남한에서 5만명 정도의 간첩이 활동하고 있다고 했다. 그것을 상징적으로 보여주는 게 용공 기독교를 대변하는 세계기독교협의회(WCC)의 존재다. "천주교는 대놓고 좌빨 노릇을 하고," 2013년 WCC 부산대회가 열렸을 때 대한예수교장로회(통합), 감리교, 한국기독교장로회, 성공회 등 한국교회 다수가 참여했다. "한국의 목사들 가운데서도 주체사상에 빠져 민중을 해방하려면 주체사상을 알고 그대로 행해야 한다는 젊은 목사들도 있다는 것이다"(심주일, 2016).

당시 WCC는 「한반도의 평화와 통일에 관한 성명서」를 채택했는데, 사실상의 이적선언문이었다. 남북교회의 협력과 연대, 정전협정의 평화협정대체, 북한에 대한 경제제재 해제, 외세의 한반도에서의 모든 군사훈련 중단 등 김정은의 주장을 그대로 수용했다.

과거 반정부 운동권 학생들이 경찰에 쫓기던 시절 이들에게 피신처를 마련해주었던 곳은 천주교와 불교였다. 천주교는 한국사회 좌경화의 견인차다. 2008년 광우병 사태때 앞장선 것도 카톨릭이지만, 제주해군기지 건설반대, KAL기 폭파범 김현희 재조사 요구 등 그녀를 괴롭히는 일에도 카톨릭이 앞장섰다. 대한민국 수호 천주교인 모임(대수천)에서는 함세웅을 비롯한 정의구현사제단이 과거 정권부터 친북활동을 하는 "불의구현사제단" 역할을 하였다고 폭로하였다. 전향한 주사파 이동호 교수가 고백한 것처럼, 주사파 운동권은 KNCC, CBS와 같은 여러 기독교 단체의 요직에 훈련된 주사파를 배치, 파견하였다.

우리들 병원 1400억원 특혜대출을 주도한 신혜선씨가 천주교인으로서 지난 대선에 깊이 개입했다는 것이 드러나고 있다. 문 대통령 내외가 천주교인이라는 것도 널리 알려진 사실이다.

대한민국수호천주교인모임 카페는 모임의 성격을 다음과 같이 소개하고 있다. "신앙심은 국가를 초월하나 그러나 신앙인은 국가에 속한다"는 천리를 깨달은 우리 천주교 신자들의 모임처입니다." 그러므로 대한민국정체성을 사수하려하는 신자인 우리들은 '대한민국 정체성을 부정하며 이적행위을 일삼는, 가톨릭신부로 위장하고 종북좌파 지원만을 행동강령으로 움직이는 반국가적인 함세웅, 김희중, 김영식, 송기인, 문정현, 문규현 등이 중심이 된 정의구현사제단과 후원단체 주교모임'을 절대적으로 배격합니다."

이들은 모임 운영의 목적은 "우리 천주교 형제자매님들로 시작한 국민정신혁명운동입니다. 이 천주교 자정활동은 첫째, 실추된 천주교 위상을 회복함이고; 둘째, 종북좌파 추종자들로부터의 호교적인 천주교 본연의 신앙인의 자세를 확립함이고; 셋째, 대한민국의 정체성을 수호하려하는 국민적 책임과 의무를 다하고자 함에 그 뜻이 있습니다"고 밝히고 있다.

이 모임의 대표 이계성 전 양천고 교장은 천주교인 570만 명에서 정치신부 때문에 신도들이 대부분이 떠나고 110만 명이 남았다며, 천주교를 공산혁명기지로 만들려하는 좌익정치신부가 560명이나 된다고 양심선언을 하기도 하였다. 천주교 신부와 수녀 2,270명이 전 법무장관 조국을 옹호하는 성명을 발표하는 지경에 이르렀다. 2020년 현재 천주교인 81%가 미사참가를 거부하고 있다.

좌파이념에 물든 천주교인들은 4개강 반대, 원전폐기, 이석기 석방, 북한 쌀보내기, 제주 해군기지 반대, 사드배치반대, 주한미군철수, 애국가 없애기 등을 부르짖는 시위에 앞장섰던 이들이다. 천주교가 김일성주의와 어떻게 양립할 수 있는지 이해할 수가 없다!

실제로 1970년대 김일성이 "우선적으로 교회에 침투하라. 자격증 학력도 필요 없고, 오래 신임만 받으면 교회를 통째로 접수할 수 있다"는 대남 통일전선 지령을 내렸다는데, 지금 그게 현실화된 국면이 아닐까 싶다. 대수천 대표 이계성은 "좌파 천주교인 문재인을 막아야 종교자유를 지킬 수 있다"고 외치고 있다.

3. 교회 지도자들이 왜 좌파 앞잡이가 되어야 하나?

좌익의 판도라에서 나온 온갖 사악한 영들이 이 나라를 혼돈과 파괴의 수렁에 빠뜨리고 있다. 보통 국가 안위의 기초는 '경제'와 '안보'와 '국민의 성숙도'로 판단한다. 문재인 정권이 들어선 이래 현 정권의 경제점수는 몇 점일까? 반환점을 돈 지금 문재인의 'J노믹스'는 낙제 점수다. 성장률, 취업자 수, 중산층 비중 등 10개 주요 지수에서 역대 정권 중 최악이다.

제2의 베네수엘라가 대한민국의 미래상으로 다가온다. 안보는 어떤가? 역시 동일하다. 군 해체로 군대는 민병대 수준으로 전락해 있고 한미일 동맹은 파기 직전에 있다. 그럼에도 이 정권의 북을 향한 사랑은 도무지 식을 줄을 모른다. 현 정권의 유일한 목적이 대한민국을 김정은에게 진상(進上)하는 것에 있는 것처럼 보인다.

만일 현 상태가 지속된다면 공산화는 필연적이다. 그럼에도 분별 못하는 인생들이 왜 그리 많은 것일까? 인정하기 싫겠지만 그 원인은 국민의식이 심각하게 좌경화되었기 때문이다. 베네수엘라 국민의 좌경화율이 90%에 이른다고 한다. 그 나라는 보수정권이 들어선다 해도 일시적일뿐 또다시 원점으로 돌아갈 수밖에 없는 답이 없는 불행한 나라다. 그렇다면 대한민국은 어떨까? 혹자는 약 70%에 달한다고 한다. 지나친 말일까? 그렇지 않아 보인다. 이유는 현재 대한민국의 상태가 지난 40년 좌익의 주밀한 계획에 의해 만들어진 세상이기 때문이다. 대학진학율이 80%인 수준 높은 국민이 어떻게 그럴 수 있냐고? 착각하지 말자. 이 나라는 이제야 보수가 뭔지 고민하는 부끄러운 수준의 나라다. 그나마 다행이긴 하지만 말이다.

좌익은 지난 40년 정치, 경제, 법조, 종교, 언론, 교육, 행정, 군대, 사회, 문화 등 전방위적으로 침투하여 헤게모니 장악에 온 힘을 기울였다. 그들은 성공했다. 입법, 사법, 행정, 그리고 교육과 군대와 문화와 사회를 장악했다. 그것이 오늘의 대한민국이다. 저들은 오늘을 소망하며 철저히 희생하고 절제했으며 주밀하게 움직여왔다. 지금도 그 작업은 진행형이다. 반면 보수우익은 어떤가? 너무 어리석었다. 저들의 간계와 움직임에 무지했고 자신의 기득권에 침 흘리며 탐욕의 화신들로 살아왔다. 보수를 표방하는 제1야당의 현재 모습을 눈여겨 보면 과거와 크게 달라진 것 같지는 않다. 뼈를 깎는 개혁의 진통을 겪어도 부족한데 전혀 위기감이 느껴지지 않는 모양새다.

안타까운 것은 교회 지도자들도 보수 위정자들과 별반 다르지 않아 보인다. 성경과 역사가 증명하듯 타 종교는 세상의 소금과 빛의 역할을 감당하는데 한계가 있다. 오히려 좌익의 주역 혹은 들러리가 되기 쉽다. 왜 그런가? 참된 개혁의 힘은 하나님과의 관계가 바로 서야 가능하기 때문이다. 이점을 잘 아는 좌익은 교회를 제일 두려워하고 골치 아파한다. 저들은 교회의 인간의 영혼과 양심을 깨우는 진리운동을 매우 불편해한다. 자신들이 그 진리운동을 감당할 수 없음을 잘 알기에 억지와 선동을 주 무기로 삼는 것이다. 교회만 무너뜨린다면 저들의 목적은 쉽게 달성된다. 이 점을 교회가 간파해야하건만 오히려 좌익에 동조하는 '쓸모있는 바보'(useful idiot)들이 교회 속에 적지 않아 보여 안타까울 뿐이다.

그리스도인이 왜 좌익을 지지하는 것일까?

나라가 급격히 무너지고 있음에도 "아무 문제없다, 뭐가 문제냐"며 공산사회주의를 지향하는 이들을 적극 지지하는 사람들이 사방에 널려 있다. 도대체 왜 그러는 것일까? 정말 공산국가를 소망하는 것인가? 특히 교회 지도자가 이런 입장에 있다면 더 이해가 되지 않는다. 그들은 하나 같이 "과거 보수정권도 이 정도는 해 먹었다. 털어서 먼지 나오지 않는 사람 있나? 평화와 통일을 위해 잘 하고 있는데 무엇이 문제냐?"는 볼멘소리를 한다. 이런 모습에 혹자는 "좌익을 지지하는 이들은 참된 그리스도인이 아니다"고 비판하곤 한다. 그리스도인이 왜 좌로 기울어지는 것일까?

이에 대해 두 사람의 견해가 도움이 될 듯싶다. (1) 낸시 피어스(Nancy Pearce)는 '사실과 가치의 분열 현상' 때문이라고 한다. 19세기까지만 해도 사람들은 세상을 성경의 눈으로 해석했다. 즉, 과학도 성경적 진리를 증명하기 위한 하나의 체계였다. 그런데 포스트모던 시대에 들어서면서 과학은 요지부동의 자리를 굳혔고, 성경적 진리는 개인적이고 주관적인 취향이요 선호로 인식되기 시작했다.

이로 인해 신앙인조차도 진리보다는 현실에 더 영향을 받는다. 성경을 신행의 준칙으로 여기지 않는 거듭나지 않은 교인들에게 성경과 좌익의 선동 중 무엇이 더 와 닿겠는가? 혹자는 "나는 좌도 우도 아닌 중도다"고 주장한다. 과연 투표 현장에서도 유효할까? 투표 현장에서는 좌든 우든 둘 중 하나를 선택할 수밖에 없다. 이 때 성경적 판단보다는 지연(地緣)과 학연(學緣) 그리고 혈연(血緣)이 절대적인 영향을 끼친다. 여기서 신자임에도 사회주의자들을 지지하는 아이러니가 발생한다. 교회가 좌경화됨은 거듭난 신자들이 적음을 의미하는 것이다.

(2) 영국의 보수철학자 로저 스크루톤(Roger Scruton)은 공산사회주의를 '영지주의'(gnosticism)로, 정치 지형을 재구성하기 위해 만들어낸 저들의 신조어를 '주술'(呪術)이라 표현한다. 필자 역시 스크루톤의 통찰에 공감한다. 공산사회주의는 칼 맑스의 특정 지식을 추구함으로 지상의 유토피아를 이룰 수 있다는 헛된 소망에 의해 형성된 하나의 종교다. 그 신념에서 나온 억압, 착취,

해방, 인권, 혐오, 차별과 같은 교리적 신조어들은 추종자를 세뇌하기 위한 주술과 같다.

따라서 공산사회주의는 하나의 종교요 그에 따른 교리들이 주술인 것이다. 마르크스 이래로 이 우상종교에 빠진 이들이 세상에 넘쳐나고 있다. 대한민국도 직간접적으로 그 희생양이 적지 않다. 이 종교가 카멜레온처럼 다양한 옷을 갈아입으며 전 세계를 파멸과 죽음으로 이끌고 있는 것이 오늘의 현실이다.

교회 지도자들이 깨어나야 대한민국이 산다

필자(박광서, 2019)는 최근 초대 교회 기독교 유적지 탐방을 다녀왔다. 바울의 선교지를 살피며 복음전파를 위한 바울의 정공법에 놀랐다. 초기 기도처 대부분이 거대한 우상신전 바로 옆에 자리 잡고 있기 때문이다. 이런 태도는 목숨을 걸지 않으면 불가능하다. 어떻게 그럴 수 있었을까? 이유는 하나님의 영에 사로잡혀 성령으로 충만했기 때문이다. 더불어 에베소 교회에 대한 마지막 권면에서 보듯 바울은 이단과의 싸움과 영적 분별력을 강조하고 있다. 이처럼 영혼 구원과 교회의 파수는 바울의 중대한 사명이었다.

사도 바울과 비교해 볼 때 오늘의 목회자의 태도는 어떨까? 목숨을 내걸고 진리와 교회를 파수하기 위해 얼마나 노력하고 있을까? 대한민국의 상황이 위중함에도 침묵으로 일관하고 있는 것은 무엇을 의미하나? "교회는 정치문제에 대해 중립을 지켜야 해. 골치 아픈 일을 일부러 만들어 교회로 갈등에 빠지게 할 필요는 없어. 교인들이 나가면 어떻게 해. 우리교회는 특정 지역 사람이 많아 그래서 나는 웬만하면 조용히 있고 싶어. 나라 구하는 일은 남이 다 알아서 해주겠지."

공산사회주의자들이 이 사회와 한국교회에 칼을 들이미는데도 왜 교회 목회자들은 침묵하는 것일까? 두 가지를 생각해 본다. (1) 좌익에 대한 목회자들의 무지가 한 몫을 하고 있다. 목회자들은 아무래도 성경과 신학에 익숙하다. 세상학문을 배설물로 표현한 바울의 영향(?) 탓인지 몰라도 일반학문을 가까이

• 성평등 합법화 저지를 위한 연합대성회가 목포기독교교회연합회, 목포성시화운동본부, 목포연합장로회, 범사회문제대책운동본부, 전남기독교총연합회가 공동주최로 개최됐습니다.
목포지역 2,000여 성도들이 함께한 가운데 예장합동 부총회장 소강석 목사는 "문화 사회적 병리현상이 극심해지는 가운데 사회를 위해 깨어 기도하는 목회자와 깨어있는 성도 한 명 한 명이 중요하다"며

하지는 않는다. 그로 인해 정치사상이나 한국 근현대사에 대한 역사적 깊이가 약하다. 그나마 있는 지식도 좌익에 의해 심겨진 왜곡된 지식이 전부라 목회자의 좌경화는 필연적인지 모른다. (2) 성경과 성령의 영향에 의한 목회자들의 착한(?) 성정도 한몫을 한다. 목회자들은 싸움닭인 좌파들과 달리 웬만하면 싸움을 피하려 하며, 정치적 문제에 대해 공적으로 나서는 것에 극히 꺼린다.

프란시스 쉐퍼가 학문 중에 제일 늦게 반응하는 것이 신학이라 말했듯이, 영적 흐름에 제일 먼저 반응해야 할 목회자들이 제일 늦게 반응하는 경향이 있다. 북한이 공산화될 때 북한교회가 한 행동은 달랑 성명서 한 장 발표한 것이 전부였다. 그리고 공산화되었다. 안타깝지만 지금도 그런 현상이 반복되고 있는 것 같다.

교회 지도자들이 일어나야겠다 결단할 때는 이미 되돌릴 수 없는 늦은 때다. 사도 바울 같으면 이 시대의 목회자처럼 행동할까? 무신론적 인본주의요 우상종교인 공산사회주의에 동조하고, 교인들을 죽음으로 내모는 일을 할 수 있을

까? 만일 그런 사람이 있다면 그는 교회를 파괴하기 위해 침투한 '공산사회주의 이리'일 것이다. 지금은 교회 지도자들이 자신의 자리를 되찾을 때다. 이 나라를 지키고 하나님의 양무리들을 지키기 위해, 분연히 일어서야 할 때다. 시대를 거스르는 쓴 소리를 해야 할 때다.

오늘도 '자유'와 '개인'의 소중함을 아는 홍콩의 젊은이들은 땀과 피를 흘리고 있다. 경찰에 구속된 젊은이들이 3천명이 넘었다고 한다. 저들에게 고통을 안겨준 이들이 누구일까? 그들은 1997년 '일국양제'(一國兩制)라는 중국의 사탕발림에 박수친 지금의 50-60대 부모세대들이다. 그들의 오판에 의한 고통이 고스란히 후손들의 몫이 되었다. 자본주의와 공산주의는 절대 공존할 수 없다. 자유민주주의와 사회주의는 반드시 어느 한편으로 통일되게 되어 있다. 홍콩이 그 위기의 시점에 서 있는 것이다.

대한민국도 마찬가지다. 오늘의 부모세대의 오판은 다음세대에게 지옥의 고통을 가져다 줄 수 있다. 경제와 안보가 붕괴되고, 패스트트랙 3법에 의한 전체

• 5월 10일 선거 투표 광경. 당시 높은 문맹률을 반영하듯 선거 기호를 아라비아 숫자가 아닌 막대기 숫자로 표시했다. 태극기는 자유민주주의 대한민국을 상징한다.

주의 독재사회가 되어감에도, 다음세대들이 왜곡된 역사와 사상에 의해 공산주의자들의 홍위병과 서구 PC의 좀비로 양육되고 있음에도, 나라꼴이 제2의 베네수엘라가 되어감에도 지금의 이 자리가 좋사오니 침묵하고 안주한다면 그 사람은 참된 목회자라기보다 사탄에게 영혼을 판 사악한 광대다. 좌파 정부의 거짓 평화쇼와 분배라는 이름의 몇 푼의 동전에 미소 짓고, 고려연방제의 찬양대가 된다면 그 사람은 하나님의 사람이 아니다.

   그동안 침묵하고 안주했던 교회 지도자들은 이제 하나님께서 지시하신 영적 지도자의 자리로 돌아갈 시점이다. 그렇지 않으면 닫힌 문 앞에서 왜 우리에게 지옥을 가져다주었느냐는 후손들의 원망소리에 비겁자의 침통한 눈물을 흘려야 할 때가 올 것이다. 시간이 얼마 남지 않았다. 우리는 하나님의 촛대도 불신앙이 역사하는 곳에서는 다른 곳으로 옮겨질 수 있음을 결코 잊어서는 안 될 것이다(박광서, 2019).

03
자유민주주의 체제 vs 주체사상 사회주의 체제

✲

기름과 진실은 반드시 수면 위로 뜬다: 진실은 아무리 덮어도 드러난다

현재 한반도에서는 두 개의 정치체제가 남북에서 경쟁을 벌이고 있다. 자유민주주의 체제와 주체사상 사회주의 체제가 충돌하고 있다. 종교의 자유를 폭넓게 인정하는 자유민주주의 체제와 주체사상 이외의 종교를 말살해 버린 무신론 체제 사이에 보이지 않는 영적 전쟁이 벌어지고 있다.

자유민주주의 체제와 왕조주의, 신정주의, 공산주의, 전체주의 체제가 사상전을 벌이고 있다. 남한에서는 보수와 진보, 우파와 좌파 사이의 대결이 진행되고 있다. 이 시대 우리는 좌우의 이념과 대결, 진보와 보수의 갈등 속에서 수백 만 명이 광화문과 서초동 거리에서 경쟁적으로 시위를 벌여가며, 연일 혼미한 역사를 헤쳐가고 있다. 보수주의는 사회 현상론에서 가급적 급격한 변화를 피하고 현 체제를 유지하려는 사상이나 태도를 말한다고 할 수 있다. 그렇다면 진보주의는 무엇인가? 보수주의에 대응하는 개념으로 사회적 모순을 변혁하고자 하는 사상이라고 할 수 있다.

해방 이후 남북은 70년 동안 체제 경쟁을 벌여왔는데, 그 결과 남한이 북한보다 국내총생산 면에서 50배 이상 앞서 있다. 그럼에도 불구하고 한국에선 지구상에서 다 사라져가는 마르크스 이념을 벗어나지 못하는 좌파세력이 급진하

면서 경제적으로 세금으로 일자리나 만드는 포퓰리즘으로 파국으로 치닫고 있으며 한국을 둘러싼 4대 강국을 향한 외교도 위태롭기 짝이 없다(이형문·김상돈, 2019).

1. 보수 자유민주주의에서 사회주의로.

체제전문가 양동안(2017)은 우리나라가 자유민주체제에서 사회주의 체제로 넘어가게 된 과정을 다음과 같이 요약하였다.

2017년 대선은 대한민국이 기사회생하느냐, 아니면 자유민주주의와 시장경제의 간판을 내리고 사회주의 내지 전체주의로 방향을 트느냐 하는 아마겟돈의 싸움이다. 만약 2020년 대선에서 전대협 주사파 운동세력들이 주도권을 쥐고 있는 야권이 연합하여 승리할 경우 대한민국의 체제는 결코 안전하지 못할 가능성이 농후하다.

정부나 언론매체가 좌경세력이라고 부르는 세력은 사회주의 혁명을 추구하는 좌익 주사파 세력이다. 지금은 우리 사회 대부분의 영역에서 좌익이 헤게모니를 장악하고 있는 것으로 추측된다. 정치권만 놓고 보더라도 '명확한 전향기록이 없는 좌익운동권 출신' 국회의원은 약 70명에 이른다. 단일 인맥으로는 최대인맥이다. 운동권 출신에다 운동권 주변에서 빌붙어 왔던 인사들을 합하면 그 수가 엄청난 것이다. 그에 더하여 사무당원이나 국회의원 보좌관들에 운동권 출신이 매우 많다는 점을 고려하게 되면 정치권의 헤게모니는 '명확한 전향기록이 없는 좌익운동권출신'들의 손 안에 놓여있다고 말해도 크게 빗나간 말이 아닐 것이다(양동안, 2017).

우파와 좌파는 가치판단이 없는 용어이고, 보수와 진보는 가치판단이 포함된 용어이다. 그런데 대한민국 좌파들은 좌파는 곧 '빨갱이'라는 의미라면서 좌파라는 단어를 사용하지 못하도록 한다. 대한민국 언론들은 좌파들의 주장에 따라 철저하게 우파와 좌파라는 용어를 사용하지 않고, 보수와 진보라는 용어만 사용한다.

자유파 vs 주사파.

　자유주의자, 자유파란 자유민주주의의 대한민국헌법체제를 김일성주의 주사파로부터 지키려는 집단을 말한다. 주사파는 주체사상파, 김일성주의자들로서 자유주의자의 적이다. 주사파는 대한민국을 부정하고, 조선민주주의인민공화국이 한반도에서 정통성이 있는 국가로 생각하는 사람들이다.

　현실에서 보수와 진보의 차이는 무엇인가? 보수의 가장 큰 중심가치는 자유이고, 진보의 중심가치는 평등이다. 보수 진영은 개인과 자본주의가 강조되고, 진보는 집단과 전체주의가 강조되기도 한다. 보수의 문제점은 그 동안 대외세력에 의존하였으며 기회주의적인 행동성향을 보여 왔다고 볼 수 있다. 한민족의 역사와 문화전통에 기초한 주체적인 민족사나 현실의 상황에 적극적이며 참신한 혁신에 민감한 반응을 일으키지 못했다는 점이다. 반면 진보의 문제점은 현실감각을 간과하고 지나치게 독단적이며 이상적이며 교조적인 성향을 보여 왔다는 점이다.

　그러나 더 심각한 것은 우리사회의 이념적인 갈등보다 북한 세습정권의 반인권적 참상과 핵무기개발을 통한 위협세력을 포용하려는 친북사회주의 지향 세력들의 준동인 것이다.

　광복 후 무정부상태를 거치며 이승만 대통령은 민족이라는 혼돈된 이념에 빠져있던 김구와 공산주의자들을 제압하고 UN과 미국의 협조로 ⑴자유민주주의, ⑵시장경제, ⑶한미동맹, ⑷보안법 등 건국의 4대 기둥을 세우게 되었다. 그 틀 위에서 4.19와 5.16, 박정희 대통령의 새마을 운동과 산업화, 김영삼, 김대중 대통령의 민주화를 이루게 됨으로 우리나라는 세계경제 10위권의 자랑스런 대한민국을 이루었다.

　반면 북한의 김일성은 소련을 등에 업고 UN의 결의와 민족의 염원을 무시하고 1948년 8월 25일 북한자체 선거를 통하여 조선민주주의인민공화국을 수립하였고, 남한의 남노당과 공산주의자들을 선동하여 무장폭동을 일으켰다. 북한은 1950년 6월 25일 11만명의 병력과 240대의 전차를 앞세우고 전면 남침하여 4일만에 국군 4만 4천여명을 살해하고 서울을 점령하는 등 6.25 전쟁을 일으켜서 이 땅에 500여만명을 희생시켰다. 그들은 (1)공산주의, (2)통제경제, (3)조중동맹, (4)주체사상 김일성 수령제일주의 위에 국가를 운영하였으나 오늘날 세계에서 가장 불행한 패륜노예국가로 전락하였다.

어느 체제가 더 우월한가? 해방 후 70년 동안 남한은 80불이던 GNP를 3만불로 만들었고, 북한은 100불이던 GNP를 700불로 만들었으며, 남한은 평균 수명을 80세, 북한의 평균수명은 65세, 남한 남성의 평균 키는 173cm, 북한은 160cm로 큰 차이를 보이고 있다. 300만명을 굶겨 죽인 북한사회를 택할 것이냐, 한강의 기적을 만들어낸 자유민주주의 대한민국을 택할 것인가는 이제 국민(당신)의 선택에 달렸다.

종교의 자유가 보장되어 있는 자유민주주의 시장경제 체제를 오직 주체사상 김일성 주의 종교만이 허용되는 전체주의, 계획경제, 사회주의체제로 바꾸려하는 것은 지혜가 아니다.

좌파와 우파

좌파와 우파를 나누는 기준은 무엇인가? 그 기준은 보편성(universality)에 있다. 보편성이란 시간과 공간을 초월하여 모든 인간, 모든 사회, 모든 국가에 똑 같이 적용되는 속성으로 언제나 진리와 함께 한다. 그런 면에서 기존의 가치, 윤리, 체제를 인정하느냐 안 하느냐에 따라 좌우를 구분하게 된다.

서구세계에서는 기독교문화에 뿌리를 둔 전통적인 보편윤리체계와 자유민주주의체계를 지키려는 사람들을 우파(the right) 혹은 우익(the right wing)이라 하고, 이를 거부하며 체제전복을 통해 공산유토피아를 꿈꾸는 마르크스주의, 무정부주의, 페미니즘 등과 같은 인본주의적 사상을 쫓는 사람들을 통칭,

좌파(the left) 또는 좌익(the left wing)이라 부른다. 우리나라에서 좌파는 주체사상과 맥을 같이하는 사람들로서 분배와 평등을 강조하는 경향이 있고, 보수 우파는 성장과 자유를 강조하는 경향이 있다(박광서, 2018).

대한민국의 역사를 보면, 우파는 진보적이고, 좌파는 보수적이라고 말하는 게 더 맞을지도 모른다. 대한민국에서 우파는 '수구세력의 유물' 같지만, 자유시장경제와 도시의 확장, 세계주의를 중요시하고, 좌파는 젊은 청년들이 좋아하는 용어이지만, 부의 평등분배와 농촌, 민족주의, 반미를 중요시하는 측면이 강하다. 보수 우파는 결혼과 가족의 가치를 소중히 여기고, 진보 좌파는 차별금지라는 이름으로 동성애를 지지한다(김세의, 2019).

자유파와 주사파는 현대사를 완전히 다르게 해석하고 있다

첫째, 주사파는 이승만은 미국의 앞잡이로서, 친일파와 손을 잡고 민족의 자주성을 팔아먹고, 자신의 사리사욕을 채우기 위해서 미국이 원하는 반쪽 나라 대한민국을 세웠다고 믿고 있다.

둘째, 박정희는 만주군관학교와 일본육사를 졸업하고, 천황의 장교가 되어 만주에서 독립군을 토벌하다가, 해방후에는 남로당 군사총책으로서, 비밀지하혁명동지를 팔아먹고, 목숨을 건졌다가, 다시 쿠데타를 통해 권력을 잡아서 반

• 1950-60년대 우리나라는 보리고개를 넘기며 국민소득이 북한에도 뒤지는 가난한 나라였으나 70년만에 자유시장 경제로 경제대국의 반열에 올랐다. 그러나 문재인 좌파정권이 사회주의적 계획경제와 포퓰리즘으로 온나라를 베네수엘라처럼 빈곤화시키고 있다.

민중 반민족 반민주 친일 친미 사대주의 정권을 운영했다고 본다.

문제는 문재인 대통령이 이러한 주사파 역사관을 가지고 있다는 것이다. 그래서 현 정권은 교과서에서 대한민국의 번영을 가져온 '자유민주주의'를 없애려 시도하고 '한반도의 유일한 합법정부'라는 표현도 삭제했다. 이승만과 박정희는 'A급 민족반역자' '미국의 꼭두각시'로 매도하고 '대한민국의 역사는 친일-독재-분단세력과 자주-민주-통일세력의 전쟁'이라는 시각을 갖고 있다. 임시정부 100주년을 기념하면서 초대 대통령 이승만을 빼버렸다. 자랑스러운 대한민국을 '태어나지 말았어야 할 나라'라는 관점에서 역사를 바라보고 있는 것이다(조선일보, 2020. 1.8).

반면, 자유파는 이승만 대통령은 대한민국 건국의 아버지이고, 박정희 대통령은 한강의 기적을 만든 영웅이라고 생각한다. 자유파는 이승만이 없었다면 대한민국 건국자체가 어려웠다고 생각한다. 자유파는 박정희가 이끈 한강의 기적이 우리나라의 오늘을 만들었고, 중국, 베트남 등 세계 여러나라에 '하면 된다'는 희망과 방법을 알려주었다고 생각한다. 좌우대립의 역사란 바로 주사파와 자유파 사이의 체제전쟁을 말하는 것이다(김문수, 2020).

이승만 대통령은 건국과 전쟁 중에도 자유민주주의를 지켜내 국가초석을 세웠고, 박정희 대통령은 자본주의 시장경제를 활용해 전무후무한 경제기적을 일궈냈다(최광, 2020). 이승만이 부정선거로 물러나고 박정희가 독재로 인권을 탄압한 과오가 있는 것이 사실이지만, 이것은 대한민국 국민이라면 누구나 인정해야 하는 역사적 사실이다.

현대사 돌아보기

1945년 8월 일본의 패망으로부터 1948년 대한민국 건국에 이르기까지 3년은 격랑의 시기였다. 이때 결정된 것에 의해 모든 것이 달라졌고, 그 결과는 지금까지 영향을 미치고 있다. 한반도는 38선에 의해 남북으로 분할되어 북쪽에서는 소련, 남쪽에서는 미국의 군정이 들어섰다.

1948년 38선 이남에서 5·10 총선거가 실시되었다. 7월 17일 제헌헌법이 공포되었고, 제헌헌법에 따라 이승만이 초대 대통령에 선출되어 8월 15일 대한민국이 건국되었다. 9월 9일 38선 이북에서는 조선민주주의인민공화국이 들어섰다.

　이승만 대통령은 반공을 기치로 내걸고 자유 대한민국의 토대를 만들었다. 그의 결단으로 우리는 자유민주주의와 시장경제를 누릴 수 있었다. 자유주의 경제와 자유주의 정치를 지켜 낸 그의 가장 큰 업적은 농지개혁과 기독교 입국, 그리고 한미상호방위조약 체결이다.

　한미상호방위조약으로 대한민국은 북한의 무력 적화 위협을 극복할 수 있었다. 또한 안보 위기가 상존하는 가운데도 국방비지출을 절감하고 이를 경제개발에 투입할 수 있었다. 한미상호방위조약은 '한강의 기적'의 숨은 일등공신이었다.

　이승만 대통령은 대한민국을 세우고, 지키고, 기초를 다지는 데는 성공했지만, 대한민국을 반석위에 올려놓지는 못했다. 반만년 역사에 처음으로 자유를 알게 된, 그나마 식민지 신세에서 갓 벗어난 신생국가의 한계다. 정권은 부패했고, 고령의 대통령은 이를 제대로 통제하지 못했다. 4·19로 이승만 대통령은 하야성명을 발표하고 하와이로 건너갔다가 끝내 귀국하지 못했고 그 곳에서 생을 마쳤다. 빗나간 좌파 교육으로 가려진 그의 업적들은 다시 제대로 빛을 보아야 마땅하다.

　이승만 대통령 하야에 이어 총선거가 실시되고 제2공화국이 수립되었지만, 채 1년도 지나지 않아 5·16이 일어나고 군사정권이 들어섰다. 1963년 민정 이양에 따른 직접 선거로 제5대 대통령에 취임해 이후 1979년까지 집권한 박정희 대통령 시대를 거치면서 대한민국 경제는 '한강의 기적'이라는 말 그대로 비약적으로 성장했다. 경제개발5개년계획, 경부고속도로 개통, 새마을 운동, 수출주도 산업화, 중화학공업육성 등 당시 경제성장을 상징하는 단어들은 많다. 쉬운 일은 아니었다. 외화벌이를 위해 서독에 광부와 간호사를 파견한 것이 단적인 예다.

그의 국가주도 산업화 밑바탕에는 그의 '한국적 민족주의'가 작용하였다고 판단된다. 이승만 대통령이 주도한 대한민국의 건국과 박정희 대통령이 주도한 산업화의 성공을 기초로 하여 80년대, 90년대에는 김대중, 김영삼 대통령의 민주화의 시대로 발전하게 된다(구해우, 2019).

박정희의 사상 전환

근현대사에 하태경 의원의 전향, 김문수 지사의 전향, 〈강철서신〉의 김영환의 전향, 이동호 교수의 전향 등 중요한 사상전향이 있었지만, 한국현대사에서 가장 극적인 사상 전향의 사례는 박정희 대통령의 경우라고 할 수 있다(구해우, 2019).

남로당의 마지막 책임자로 알려진 박갑동은 구해우 미래전략연구원장과의 2018년 만남에서 박 대통령의 사상전향과 관련한 중요한 증언을 해주었다. 남로당의 당 군사조직의 간부였던 박정희 대통령은 1948년 여순반란사건과 연루되어 사형선고를 받은 상태에서 사상전향을 선언하고 생명을 구제받게 된다. 박 대통령은 대통령이 된 이후 친형 박상희의 친밀한 남로당 동료였던 박갑동을 청와대로 총 세 차례 초청하게 되는데 첫 번째 초청이 1962년이었고, 이 때 박갑동에게 왜 자신이 전향하게 되었는가에 대해 인간적인 고백을 하였다고 한다. 그 사연은 형 박상희가 1946년 대구 폭동 당시 맞아 죽었는데, 그날 박 대통령의 모친이 형 박상희의 시신을 지게꾼의 지게에 얹어 집에 도착하였을 때 박 대통령이 모친을 맞이하였고, 그 때의 모친의 비통함, 망연자실한 표정을 지울 수가 없어서 결국 전향을 하였다는 것이었다.

이후 박 대통령은 철저히 대한민국을 위해 헌신하기로 결심하였다고 한다. 결국 박 대통령은 한국의 산업화 혁명, 근대화 혁명에 지대한 기여를 하였고, 군사쿠테타의 절차적 문제, 인권탄압의 문제 등으로 일정한 논란은 있지만 대한민국 현대사의 발전에 공이 70%요 과가 30%라고 평가할 수 있을 것이다.

박 대통령은 공산국가의 위협에 대처하기 위해서라도 일본과 손을 잡아야 한

• 박 의장은 백악관에서 케네디 대통령과 두 차례 정상회담을 갖고 공동 성명을 발표했다.
이 성명에서 케네디 대통령은 한국의 5개년 경제개발계획의 촉진을 위해 적극적인 지원을
약속하고, 박 의장은 민정 복귀 약속을 재확인 했다. 1961년 11월 15일

다고 결단하고 1965년 한일청구권협정을 체결했다. 경부고속도로와 포항제철 건설은 당시 받은 자금 덕분에 가능했던 것이다. 미국과 일본의 지원 아래 대한민국은 국제분업세력의 일원이 될 수 있었고 기적 같은 경제성장이 가능했다.

 1987년 체제 하에서 우파의 노태우-김영삼(1988-98) 정부와 좌파의 김대중-노무현(1998-2008) 정부가 10년씩 번갈아 집권했다. 다시 우파의 이명박-박근혜(2008-2017) 정부에 이어 2017년 좌파 문재인 정부가 들어섰다. 외견상으로는 좌파와 우파가 호각을 이뤄온 것처럼 보이지만, 실질은 좌파가 주도한 체제였다. 좌파야말로 지난 30년 대한민국 주류세력이었다(채명성, 2019).

 1987년의 경험은 강렬했다. 좌파는 민주와 인권이라는 강력한 '상징자본'을 획득했다. 이 상징자본을 바탕으로 1988년 한국민족예술인연합(민예총), 1989년 전국교직원노동조합(전교조), 1994년 참여민주사회와 인권을 위한 시민연대(참여연대), 1995년 전국노동조합연맹(민주노총)이 잇따라 창립립되었다. 이들 단체를 통해 좌파는 시민 사회와 문화계, 교육계, 노동계 권력을 장악할 수 있었다. 이런 권력을 바탕으로 좌파는 대한민국을 주도했다. 이명박 정부 때의 '광우병 사태'와 박근혜 정부 때의 '세월호 사건'에서 보듯이 좌파는 우파 정권도 언제든 흔들 수 있는 힘을 보여줬다.

그러나 1987년으로부터 한 세대 30여 년이 흐르는 동안, 당시 '386 세대'로 불리며 혁신의 아이콘으로 부상한 청년들은 어느 덧 기득권 세력이 되어, 과거 그들이 비난했던 자들과 비슷한 모습으로 변했다. 1987년의 후광이 오히려 독이 되었다. 시대의 변화를 따라잡지 못하고 과거에 안주했다. 공익을 주장하면서 뒤에서는 사익을 챙기고, 그때를 들먹이며 스스로에게 면죄부를 주었다.

1987년 이전의 남북 간의 체제 전쟁은 외견상 대한민국의 승리로 끝났다. 대한민국이 급격한 경제 성장을 이룬 반면, 북한의 경제는 쇠락의 길을 걸었다. 하지만 북한은 새로운 방식의 전쟁을 시작했다. 사상전이 그것이다. 북한의 주체사상을 따르는 주사파가 1980년대 중·후반에 세력을 떨치더니, 이어 전교조와 민주노총, 민예총 등이 북한의 영향을 받았다. 통합진보당 사태에서 보듯이 북한은 정치권에도 영향을 미쳤다. 북한과 주사파가 미친 영향이 어느 정도인지는 시간이 흘러야 파악이 가능하겠지만, (고 황장엽 선생이 증언한 것처럼) 우리 사회 곳곳에 북한 간첩과 추종세력이 암약하고 있다고 판단된다.

문제는 대한민국이 체제전쟁 중이라는 사실이다. 1948년 대한민국 탄생 때부터 이 땅에는 '체제 수호세력'과 '반체제 세력'이 있었을 뿐, 진정한 의미의 좌파도 우파도 없었다. 우파의 다수도 실제는 '반공좌파'였다. 대한민국 건국이래도 북한과의 체제 전쟁이 지속되었고, 이로 인해 건전한 정치세력의 발전은 쉽지 않았다. 좌파는 종북(북한추종) 혐의로부터 자유롭지 못했고, 우파는 반공에서 자유롭지 못했다. 대한민국의 진정한 자유민주주의 발전은 전제 왕조 뺨치는 북한의 3대 세습 독재가 사라져야만 가능하다.

대한민국은 자유세계의 최전선에서 공산주의와 싸우며, 한강의 기적을 일으켜 가장 가난한 나라에서 세계 10위 경제 대국으로 성장했으나 문재인 대통령이 집권한 이후 자유민주의주의 역사를 왜곡하여 선전선동으로 국가정체성을 흔드는 반체제 주사파 공산좌익 세력에 의해 큰 위기를 맞고 있다. 주사파는 주체사상을 신앙하는 사람들로서 무엇보다 기독교, 천주교, 불교 등 종교파괴세력이다.

체제 전쟁은 자기 부정으로 이어졌다. 지난 70년간 대한민국은 기적이라고 밖에 표현할 길이 없는 눈부신 발전을 이룩했으나, 많은 한국인들에게 '부끄러운 역사'로 기억되고 있다. 역사는 왜곡되었고, 우리는 지금 스스로를 자학하고 있다. (여기에는 문화권력 3인방과 전교조가 한 몫을 했다고 할 수 있다). 이 체제 전쟁이 끝나야 우리는 우리의 역사를 제대로 볼 수 있을 것이다(채명성, 2019).

해군사관학교 출신 예비역 장교 구국동지회는 건국 71주년을 맞이하여 망국으로 향하고 있는 대한민국을 구하기 위해 2019년 8월 15일 성명서를 통해 우리나라 역사를 다음과 같이 진술하고 있다.

- 되돌아볼 때 1945년 우리나라의 독립은 우리 스스로의 힘으로 쟁취하지 못하고, 미국이 주도하는 태평양 지역 연합국의 승리로 얻게 된 것이다. 광복이후 우리는 독립운동가였던 이승만 박사를 건국 대통령으로 선출했으며, 그분은 자유민주주의와 시장경제체제를 선택하였고 6.25 전쟁을 치른 후에는 미국을 어렵게 설득하여 한·미상호방위조약을 체결하였다.
- 이후 박정희 대통령은 단군 이래 처음으로 국민들이 가난과 굶주림으로부터 탈피하는 한강의 기적을 일구어 전 세계를 놀라게 하였다. 산업화를 일군 후 우리 대한민국은 시장경제를 중시하는 자유우파 정권들에 의해 선진국의 문턱까지 이르게 되었다.
- 현재 문재인 주사파 정권은 6·25 남침으로부터 최근까지 천안함 폭침, 연평도 포격, 목함지뢰 설치, 미사일 발사 등 무력도발을 감행하고 있는 북한 집단을 주적에서 배제시켰다.
- 또한 문재인 대통령은 김정은이 "1년 내 핵무기를 제거한다"는 가짜 뉴스로 국민들을 현혹시키면서, 국회의 비준도 받지 않고 통치행위라는 미명하에 9·19 군사분야 남북합의서를 체결하여 방위태세를 스스로 무력화하는 망동을 저질렀다. 9·19 군사분야 합의서는 헌법에 배치됨은 물론 국민의 동의를 구하지 않은 권력집단의 사문서 수준이기에 즉각 폐기하여

야 하며, 문재인 대통령은 헌법을 위반한 여적죄에 해당하기에 그 죄값을 반드시 치르게 해야한다.
- 문재인 주사파 정권은 권력을 쟁취하자마자 헌법조항에서 자유를 삭제하려는 개헌시도를 하였으며, 역사에서 몰락한 사회주의 경제체제를 추구함으로써 지난 70년 동안 우리 국민들이 피땀 흘려 이룩한 세계 12권의 경제강국의 위상을 단 2년 만에 망가뜨렸다.
- 지금 우리사회 분위기는 헌법만 개정하면 사회주의와 고려연방제가 달성된다는 우려와 불안이 증대되고 있다. 문재인 정권은 정권 초기에 시도하려던 개헌을 다시 추진하기 위해 총선에서 개헌선 확보를 위한 연동형 비례대표제 등 수단과 방법을 가리지 않고 있으며, 최근에는 반일감정을 부추겨 선거에 유리한 국면을 만들려고 반일선동까지 시도하고 있다.
- 존경하는 국민 여러분 그리고 해외 동포 여러분, 우리 모두 궐기하여 반드시 자유 대한민국을 지켜냅시다. 우리 스스로 소중한 우리 삶의 가치와 자유민주주의를 지켜야 하겠다. 이를 위해서는 문 정권을 하루빨리 퇴출시키고, 우리 모두 뭉쳐서 싸우고 이겨서 자유 대한민국을 지켜냅시다!

전북대 신문방송학과 강준만 교수는 저서 「정치를 종교로 만든 사람들」에서 "댓글 세계는 '종교전쟁의 공간'"이라고 일갈했다. 이어 그는 "정치 신도들은 끼리끼리 모인다. 조금 다른 견해가 등장하면 '댓글 알바'라고 공격하면서 유일신앙의 존엄을 재확인한다"고 썼다. 좌파와 우파, 자유민주주의와 사회의주 주사파, 진실과 거짓 사이의 대립은 시간이 갈수록 격화되고 있다.

진영논리의 또 다른 축은 지도자 중심주의다. 인물중심 신앙이다. 2016년 새누리당 내부에 울려퍼진 '박타령'은 지도자를 교주로 모시는 종교적 행위에 가까웠다. 이명제는 새누리당을 민주당으로 '박타령'을 '문재인타령'으로 치환하면 2019년에도 유효하다. 현재 한국정치에는 정치 신앙적으로 친문이나 비문이 있을 뿐이다. (고재석 신동아, 2019, 10)

현재 대통령의 종교는 무엇인가? 모친 강한옥 여사의 장례를 통해 드러난 것은 그는 명목상 천주교인이다. 청와대를 광화문으로 옮기지 않는 것은 풍수지리 때문이라고 한다. 12월초 휴가 중에 그가 반야심경과 김용옥의 불교소설을 읽으면서 마음의 지혜를 구했다는 것을 보면 확실한 종교가 없는 것처럼 보인다. 다만 그의 발언을 종합해 볼 때, 그의 역사관과 세계관이 주체사상, 민족주의 또는 사회주의 이념으로 물들어 있는 좌편향된 분이 아닌가 싶다. 그는 70년대 운동권 출신이다. 고용주 이사장은 그를 공산주의자로 보고 있다. 2019년 8월 이후 사노맹 출신, 사회주의자 조국을 법무부 장관으로 임명하면서 2달간 벌어졌던 여론의 전쟁은 체제간의 전쟁이었으며, 큰 그림에서 세계관의 충돌, 또는 종교 간의 전쟁이라고 해도 과언이 아니다. 자유민주주의 체제와 주사파 사회주의 간의 전쟁은 지금도 계속되고 있다.

2. 사회주의란 무엇인가?

종교는 정치의 뿌리다. 그리고 정치는 종교의 가지이다(김진홍 목사).

칼 마르크스의 정의에 따르면, 사회주의란 사유재산제도의 철폐를 핵심으로 하는 사상이며, 공산주의는 이러한 사회주의가 국가차원에서 실현되고 궁극적으로는 모두가 평등한 사회가 되어 국가조차도 필요 없어지는 상태를 지향하는 이데올로기를 말한다. 다시 말해서, 칼 마르크스는 사회주의를 공산주의라는 유토피아를 향해가는 중간단계 정도로 생각하였다.

마르크스-레닌주의는 모택동주의, 스탈린주의, 김일성주의, 호지명주의와 같이 각 나라의 실정에 맞게 적용되는 창조적 이론이다. 주체사상은 북한의 실정에 맞게 적용되는 창조적 이론이다(이항구, 1986). 주체사상 즉 김일성주의는 북한의 실정에 맞게 변조된 사회주의이론이라 할 수 있다.

사회주의자들은 자본주의는 인간의 탐욕에 기반한 악한 체제로 규정하고, 공산주의는 '평등'에 기반한 선한 체제라고 선전하고 있다.

자본주의 : 개인의 필요에 기반하여 사회의 각 구성원이 자신의 재능에 따라 다른 사람의 필요를 가장 효율적인 방식으로 채워주고자 하는 동기에서 비롯된 경제시스템이다.

공산주의 : 개인의 능력과 소망, 그리고 개인의 필요를 고려하지 않고 전체주의적인 방식으로 사회를 운영하여 필연적으로는 사회가 붕괴하게 되는 체제라 할 수 있다. 마르크스주의자들은 혁명의 목적을 달성하기 위해, 그리고 자신들이 말하는 사회적 진보를 이루기 위해서는 폭력과 거짓 등 수단과 방법을 가리지 않아도 된다고 말하고 있다.

프로레타리아 윤리 : 목적이 수단을 정당화한다는 논리가 마르크스 세계관에서 말하는 프로레타리아 윤리의 핵심이다.

역사를 통해서 우리가 확인할 수 있는 것은 동유럽의 폴란드, 루마니아, 헝가리와 같은 공산주의국가에서 볼 수 있는 것처럼, 자유민주주의와 시장경제를 경험한 사람들에 의해 무너진다는 것이다. 중국과 북한은 자본주의를 경험해본 경험이 없이 반(半)봉건주의사회에서 바로 공산주의를 시도한 나라다.

남북한을 두루 경험하고 서울에 정착한 이항구(1986)는 "자유 없는 평등은 허구"에 불과하다고 힘주어 말했다. 북한 사회주의에서는 "평양의 특권층은 부유하게 잘 살지만, 노동자, 농민은 헐벗고 굶주린다. 계획경제는 빈곤의 평등을 가져올 뿐, 사회주의는 인민들에게 가짜 평등, 하향평등을 가져다 줄 뿐이다."

유럽식 사회주의

현재 지구상에 남아 있는 사회주의는 유럽의 사회민주주의이다. 사회민주주의는 공산주의자들이 금과 옥조처럼 여기는 프로레타리아 독재를 포기했다. 공산당 유일지배도 포기해서 다당제를 채택하고 사유재산도 인정하고 시장경제도 인정한다. 따라서 자유민주주의와 다를 바 없지만, 다만 요람에서 무덤까지 사회복지제도를 도입하고 있을 뿐이다.

하지만 유럽의 일부 사회민주주의는 경제수준이 톱클라스에 올라야만 가능하다. 남미나 남유럽의 그리스, 이탈리아 등 일부 국가들이 사회민주주의를 흉내내려다 실패한 것은 경제수준이 낮았던 때문으로 평가되고 있다(이형문·김상돈, 2019).

벌을 쫓아가면 꽃과 꿀이 있지만, 똥파리를 쫓아가면 결국엔 썩은 오물만이 기다리고 있을 뿐이다.

사회주의와 전체주의

좌파가 추구하는 사회주의는 전체주의와 놀랄 만큼 유사하다. 둘 다 인위적인 통제에 기초하기 때문이다. 통제를 위해서는 권력이 필요하고, 권력을 잡기 위해서는 선전, 선동이 필수다. 공산주의의 선전, 선동이 나치 극우 정권의 선전, 선동과 놀랍도록 똑 같은 이유다. 좌파는 태생적으로 극우와 상통하는 것이다. 좌파의 반일 선동과 배타적 민족주의는 극우 또는 파시즘과 맥이 닿아있다. 그들은 입만 열면 '인권'과 '민족'을 내세우지만, 정작 한 민족인 북한 주민들의 인권에는 눈을 감는다.

UN총회에서 최근 미국 대통령 도널드 트럼프는 사회주의의 실체를 요약해 설명했다.

"사회주의는 번영을 약속하지만, 그것이 가져다주는 것은 빈곤이다. 사회주의는 단결을 약속하지만, 그것이 가져다주는 것은 증오와 분열이다. 사회주의는 더 낳은 미래를 약속하지만, 언제나 과거의 암흑기로 돌아간다. 역사와 인간의 본성에 대한 무지에 기반한 슬프고 용도 폐기된 이데올로기이다. 그것이 사회주의가 예외 없이 독재정권을 낳는 까닭인 것이다. 사회주의자들은 언제나 다양성을 사랑한다고 말하지만, 그들은 언제나 절대적 순응을 강요한다. 사회주의는 정의와 관계가 없다. 평등과도 관련이 없다. 가난한 이들을 구제하는 것과도 관계가 없다. 사회주의가 관심을 갖는 것 단 한 가지는 지배계급을 위한 권력일 뿐이다. 그들이 더 많은 권력을 가질수록 더 많은 권력을 갈망한다. 그들은 원하는 것은 결정권이다. 누가 이기고 누가 지는가, 누가 올라가고 누가 내려가는가, 무엇이 올바르고 무엇이 잘못되었는가, 그리고 심지어 누가 살고 누가 죽을 것인지를 결정한다. 사회주의는 진보라는 깃발 아래 나아가지만, 그것이 결국 가져다주는 것은 부정과 착취와 부패일 뿐이다."

한 때 전 세계 피압박 인민들에게 희망의 이름이었던 레닌이 얼마 후 넘어야 할 압제의 상징이 된 것처럼, 낡은 것을 털고 더 높은 단계로 진입할 것인가 아니면 진흙탕 싸움 끝에 추락하여 목이 부러질 것인가! 주체사상을 고교생들에게 가르치다가 전향한 교사가 던지는 의미심장한 질문이다.

세계 역사는 사회주의가 실패한 정치이념이라는 것을 보여주고 있다. 그런데도 현 정권은 북한을 비롯해 베네수엘라, 아르헨티나가 실패한 사회주의 계획경제를 이 땅에 다시 실현해보겠다고 나서고 있다.

한국은 사회주의 시험 중

사회주의란 국가가 개입해 분배 평등을 이루려는 이념체계다. 문재인 정부 국정은 '국가주도'라는 점에서 사회주의 성격이 강하다. 세계에서 가장 강력한 주 52시간제를 강제해 개인의 '더 일한 자유'를 막았다. 과도한 최저임금을 강요해 '덜 받아도 일하려는' 개개인의 욕구를 방해하고 있다. 국가가 구체적 생활 영역까지 일일이 규정하고 개입하려 한다. '국민의 삶을 책임지겠다'는 문 정부의 슬로건부터 사회주의적 발상과 다름없다. 5000만 국민의 삶은 다 제 각각일 텐데 정부가 어떻게 일률적으로 책임진다는 건가.

문재인 정권 국정은 '기회의 공정'을 넘어 '결과평등'까지 건드리고 있다. 공공 부문 성과급 폐지, 이익공유제, 자사고, 특목고 폐지 등이 그 예다. 분양가 상한제며 원가 공개처럼 시장가격에 손대는 일도 서슴치 않는다. 지금껏 이 정권의 책임있는 사람이 '경제적 자유'나 '시장 원리'를 말하는 것을 들어본 적이 없다. 자유와 시장의 원리를 줄이고 그 자리를 국가 기능으로 채워넣겠다는 것이다.

사회주의 이상은 달콤하지만 실현할 수 없는 사기극임이 판명 났다. 소련과 동구권의 붕괴도 국가주도 계획경제의 모순이 따른 필연적 결과였다. 남미의 좌파 포퓰리즘 역시 경제 파탄으로 결말 났다. 다 죽은 사회주의가 한국에서만 포퓰리즘 복지의 탈을 쓰고 부활하고 있다. 이것은 색깔 논쟁이 아니다. 기로에 선 대한민국이 직면한 지극히 현실적이고도 실존적인 문제다(박정훈, 「조선일보」, 2019. 12. 13).

사회주의는 모두 실패했다

자본주의, 시장경제는 자생적 질서다. 소유와 상속을 중시한다. 사도행전에서는 성령 받은 사람은 자발적 기부를 하고, 상부상조하라고 가르친다. 사회주의를 실천하려면 권력이 강화되어야 한다. 기독교는 신본주의, 사회주의는 인본주의다. 시장경제를 인정하면 우익이고, 시장경제를 반대하고 계획경제를 주장하면 좌익이다. 보수는 변하지 않는 핵심가치와 기본질서와 진리를 믿는다. 미국에서는 보수와 진보가 모두 시장경제를 지지한다. 한국에서는 북한을 지지하면 좌파, 진보로 통한다.

공산주의는 선전이론과 실천이론으로 구성되어 있다. 자유민주주의는 가짜 민주주의라고 한다. 다수의 프로레타리아(노동자)가 소수의 부르조아(자본가)를 다스리는게 맞다고 한다. 노동자가 주권자가 되어야 한다. 농민에게는 권력을 줘서는 안 된다. 주권은 공산당 당 중앙위원회에게 주어야 한다. 주권은 수령에게 위임해야 한다. 실천이론은 결국 수령에게 주권을 위임해야 한다고 되어 있으므로 모든 공산주의, 사회주의 국가는 독재체제로 가게 되어 있다. 역사는 자유민주주의는 번성하지만, 공산주의와 사회주의는 쇠락한다는 것을 보여주고 있다. 사회주의를 표방한 소련, 중국, 북한, 쿠바, 베네수엘라, 아르헨티나 모두 실패한 것으로 드러났다.

참여연대 출신 서울시장 박원순(2019)은 진보 시장답게 청년들에게 매달 50만원씩을 무상복지기금으로 나눠주겠다고 2019년 10월에 선심성 정책을 발표하였다. 일짜리를 제공하지 않고 무상복지 정책을 쓰는 것은 사회주의 좌파들이 쓰는 전형적 정책이다. 문재인 정부는 "국민의 전 생애를 국가가 책임진다"고 선언했다. 생산과 투자는 없이 고교무상 교육, 기초 연금 인상, 아동수당 지급, 청년 구직수당 지급, 공공임대 주택 공급 등 다양한 복지정책을 사용하며 엄청난 세금을 탕진한다. 방만한 복지정책을 남발하면 국가는 결국 부도위기에 직면하게 되어 있다. 한국은 보존자원이 빈약하여 수출만이 살길인데, 국가경쟁력이 약화되면 수출이 급감하여 단기간에 심각한 재정위기에 빠질 위험이 있다. 이러한 무리한 선심정책을 쓰다보면 결국 나라는 아르헨티나, 베네수엘라, 그리스와 같은 3류 국가로 추락하게 되어 있다. 전문가들은 정부가 대대적으로 세금을 풀어 성장과 분배를 함께 이룩하겠다는 무리수를 뒀던 그리스와 베네수엘라의 전철을 밟지 않을까 우려하고 있다(김충남, 2019).

분배, 평등, 정의를 강조하는 진보가 매력적인 것처럼 보이지만, 현실에서 진보는 인간본성인 자유를 제한하려 하기 때문에 실패할 수밖에 없다. 진보이념을 구현하려고 등장한 사회주의, 공산주의는 지구상에서 사라졌다(최광, 2020).

하나님과 민족을 반역한 배도자 김일성의 실체

김형석 교수는 20대까지 김일성의 북한 치하에서 1947년(필자가 태어난 해)에 남하한 지난 70년 역사의 산 증인이며 우리 모두가 존경하는 철학자이다. 100세를 앞 둔 김 교수가 백선엽 장군과 최근 대담에서 김일성에 대해 증언하고 있다(조선일보, 2020. 1. 31).

숭실대학(지금의 숭실대학교) 7대 학장을 지낸 고 김성락 목사는 생전에 김형석 연세대 명예교수에게 자신의 방북 스토리를 들려주곤 했다. 김 목사는 김일성의 아버지 김형직과 평양 숭실중 동문이었고, 함께 교회를 다닌 주일학교 친구였다. 이런 인연으로 김 목사는 1980년대 초반 두 차례 김일성의 초청을 받았다.

"한 번은 김일성이 함경도에 있는 별장으로 김 목사님을 모셨대요. 점심시간이 되자 김일성이 '목사님, 기도해 주십시오'라고 하더니, 기도가 끝나자 '아멘' 하더래요. 목사님은 헤어질 때 성경책 한 권을 선물로 주고 왔다고 하데요."

해방 직후 소련의 지원을 받아 북한 땅에 공산주의 정권을 세우고, 기독교 등 종교를 혹독하게 탄압했던 김일성은 독실한 기독교 집안 출신이었고, 자신 또한 기독교 신자였다. 김일성의 어머니 강반석의 이름 반석은 예수님의 제자 베드로를 한글로 한글로 옮긴 것이다. 김 교수는 "자기는 하나님을 믿으면서 종교를 가진 주민들은 잔인하게 억압하는 김일성의 모습은 북한 체제가 얼마나 거짓과 위선으로 가득 찬 모순 덩어리인지 보여주는 한 단면"이라고 말했다.

지난 100년 우리나라의 문무(文武)를 대표하는 두 주인공 백선엽 장군과 김형석 교수는 1920년 동갑내기로 해방이후 김일성 정권이 북한을 장악하면서 남한으로 내려왔다. 두 사람은 "북한에 계속 남았더라면 지금까지 이렇게 살아남을 수 없었을 것"이라고 말했다. 백 장군은 1945년 말, 김 교수는 1947년 여름에 남하했다.

한미동맹을 버리고 중국을 가까이하는 것은 어리석은 선택이다

한반도에서 자유민주주의와 공산주의의 대결은 언제까지 계속될 것이라고 보는가? 기자의 질문에 두 원로는 다음과 같이 말했다.

"이번 세기에 벌어질 가장 큰 사건을 꼽으라면, 공산주의의 멸종일 것이다. 러시아에서 소비에트 혁명이 성공한 이후 그들은 전 세계를 점령할 것이라고 호언했지만, 역사에선 그 반대로 공산주의가 지구상에서 사라질 것이다. 중국 공산당도 북한 정권도 그 운명을 피하긴 어려울 것이다. 자유민주주의 체재를 해체하고 주사파, 고려연방제 사회주의 공산주의로 가려하는 것은 시대착오적이다."

백선명 장군은 다음과 같이 전망했다. "향후 자유민주주의와 시장경제를 신봉하는 국가들은 살아남겠지만, 공산주의는 완전히 소멸할 것이다. 또 강력한 지도력을 갖춘 정치 지도자가 있는 국가는 살아남고, 사리사욕에 눈먼 지도자를 선택한 국가는 도태될 것이다."

"미국은 6.25 전쟁 때 함께 피를 흘린 너무나 소중한 동맹이다. 우리는 미국과 동맹을 '포에버'(forever) 갖고 가야한다. 미국이 세계에서 가장 강한 나라라는 현실적 이유 때문만이 아니다. 미국을 중심으로 한 자유민주주의 진영만이 우리의 소중한 자유와 민주주의, 인권을 함께 지킬 수 있는 친구이기 때문이다.

최근 국제정세를 보면 중국이 우리 민족 앞에 엄청난 먹구름이 될 가능성이 커지고 있다. 중국이 개혁, 개방으로 상황이 조금 낳아졌다고 하지만, 우리에게 가장 경계가 필요한 나라이다. 앞으로 50-60년 동안은 우리를 비롯해 아시아의 여러 나라가 중국 때문에 고생을 많이 할 것이다. 특히 우리 남북문제, 경제문제, 미국과의 외교문제 등에서 중국의 엄청난 압력을 받게 될 것이다. 중국과 경제 협력은 하되, 정치·외교적으로는 거리를 둬야 한다. 지금 문재인 정부가 미국보다 중국 쪽으로 기울고 있는데, 수십 년 지나서 보면 그렇게 어리석은 일은 없었다는 평가가 나올 것이다.

북한 정권을 무너뜨리려면 강력한 고립정책을 펴야한다. 후진국 독재국가는 군 때문에 유지된다. 군인이 배곯는 상황이 되면 독재정권은 끝장이 난다. 통

• 지난해 11월 중순 본지 신년특별기획 문무백년의 대화를 위해 조선일보 미술관에서 만난 백선엽(왼쪽) 장군과 김영석 교수가 두 손을 마주 잡으며 반갑게 인사하고 있다. 2019년 11월

일까지 가는 데는 수많은 난관과 우려곡절이 있을 것이다. 아무리 상황이 유리하거나 불리해도 결코 양보해서는 안 될 게 있다면 그건 무력, 즉 우리 스스로를 지킬 수 있는 힘을 약화시키는 그 어떤 유혹과 자만, 꼬임에 빠져서는 안 된다는 것이다. 부유한 나라와 강한 국방력, 즉 부국강병은 나라를 지키는 토대이자 만고불변의 진리이다."

북한에서는 종교를 어떻게 보고 있나?

김일성은 "종교는 일종의 미신이다. 예수를 믿든지 불교를 믿든지 그것은 본질상 다 미신을 믿는 것이다. 종교란 반동적이며 비과학적인 세계관이며 종교를 믿으면 계급의식이 마비되고 혁명의식이 없어진다"고 주장한 적이 있다(정규훈, 2004).

이러한 해석원리는 마르크스주의 종교관과 일정한 공통점과 차이점을 갖고 있다. 북한의 종교관은 기본적으로 마르크스 유물 변증론에 근거한 종교무용론, 그리고 종교 아편론임에 틀림없다. 종교와 미신을 동일시하면서 종교적 가르침을 모두 허망한 것이라고 주장한다. 반면에 종교가 민족자주성을 상실하게 한다고 주장하는 측면에서 북한의 주체사상은 반민족주의란 해석원리와 관련을 맺고 있다.

북한의 〈조선말 사전〉에 따르면, 1981판에서는 "종교는 신, 하나님과 같은 자연과 사람을 지배하는 그 어떤 초자연적이고 초인간적인 존재나 힘이 있다고 하면서, 그것을 맹목적으로 믿고 그에 의지해서 살게 하며 이른 바 저승에서 행복한 생활을 꿈꿀 것을 설교하는 반동적인 세계관 또는 그러한 조직, 종교는 인민대중의 혁명의식을 마비시키고 착취와 억압에 무조건 굴종하는 무저항주의를 고취시키는 아편이다"라고 설명한다.

그러나 〈조선말 사전〉 1992년판에서는 "종교"를 "사회적 인간의 지향과 념원을 환상적으로 반영하여 신성시하여 받들어 모시는 초자연적이고 초인간적인 존재에 대한 절대적인 신앙 또는 그 믿음을 설교하는 교리에 기초하고 있는 세계관"이라고 하여 상대적으로 현저히 중립적인 설명으로 바뀌게 된다. 놀라운 것은 북한 당국이 김일성을 초자연적이고 초인간적인, 절대적 존재로 신격화하면서도 주체사상을 하나의 혁명이론으로 취급할 뿐 종교로 간주하지 않고 있다는 것이다.

고 황장엽(2000)은 남한으로 귀순한 후 다음과 같이 고백하였다. "마르크스주의자들이 계급이 없는 사회주의 지상낙원을 건설하였다고 떠들었지만 어째서 종교는 없어지지 않았는가 하는 문제가 제기된다. 공산주의 사회는 물건이 폭포수처럼 쏟아져 나오기 때문에 모든 사람이 수요에 따라 분배받으며 사람들은 온갖 고된 노동에서 해방되어, 아침에는 사냥에 나가고 저녁에는 극장에 가며 밤에는 철학이나 예술에 대하여 토론을 벌일 수 있는 완전히 자유로운 사회이다. 이러한 사회는 실현된 적이 없다....우리는 그 누구를 막론하고 개인을 신격화하지 말아야 하며, 더구나 자기 자신을 완성된 존재로 내세우는 교만하고 어리석은 과오를 범하지 말아야 할 것이다. 주체사상에는 영생의 사상도 없고 사랑의 유대로 결합된 인류의 영원한 발전의 사상도 없다. 우리는 이러한 냉정한 주장보다는 인간에 대한 사랑과 천국에서의 영생을 설교하는 종교에 대하여 더 친근감을 가지게 되며, 인간의 본성적 요구인 사랑과 믿음에 기초하여 선이 악을 극복하는 길을 개척해 나가는 것이 옳다고 본다."

종교사회학자 위고 슈탐(2019)은 "사이비종교는 사회가 흘러가는 경향을 측정할 수 있는 지진계"라고 하였다. 우리나라에서는 주체사상이라는 사이비종교가 남북한의 정치와 외교, 문화, 교육 그리고 언론의 흐름에 대단한 영향을 미치고 있음을 보여주고 있다.

우리는 자유민주주의 국가에서 종교를 선택할 수 있는 자유를 마음껏 누리고 있다. 그러나 북한에는 종교의 자유가 없다. 북한은 종교를 탄압하는 게 아니라 아예 말살했다. 주체사상이 유일한 종교가 되어 있으므로 다른 보편종교는 완전히 사라졌다고 해도 과언이 아니다. 공산주의 유물론에 세뇌되어 있는 북한주민들의 종교에 대한 인식은 매우 부정적이다. 종교를 미신, 비과학적인 세계관, '인민의 아편,' 또는 '제국주의 앞잡이' 등으로 규정하여 종교에 대한 부정적 의식이 확산되어 있다. 북한 인민들은 종교는 '정신 나가고 '얼빠진' 사람이나 믿는 것이라고 생각한다.

북한은 종교의 역할에 대해서도 이를 "억압, 착취하는 도구, 침략하는 사상적 도구, 혁명의식을 마비시키는 아편"이라고 규정하고 있고, 교회를 '반동통치계급이 인민의 계급의식을 마비시키는 사상을 선전하여 퍼뜨리는 거점'이라고 규정했다. '종교는 아편'이라고 한 공산주의의 일반적인 종교관보다 더 나간 것이다.

북한의 사회주의 헌법에도 종교의 자유가 명시돼 있지만 북한에는 헌법보다 높은 법이 있다. 김씨 3대의 '말씀,' '당의 유일적 영도체계 확립의 10대 원칙,' '조선노동당규약'과 같은 수령과 당의 정책 등이 그것이다. 당의 정책은 주체사상 또는 김일성·김정일주의만을 믿어야 한다고 규정돼 있으므로 북한에서 종교를 가진다는 것은 당의 정책에 반대하는 행위다(태영호, 2018).

북한에도 몇 개의 교회(칠곡교회, 봉수교회)와 성당(장충성당), 그리고 사찰이 있지만, 이는 외부세계에 북한에도 종교의 자유가 있다는 것을 보여주기 위한 종교시설로 목사, 성도, 스님이 당원들로 구성되어 있는 것으로 알려져 있다. (조선그리스도연맹 위원장 강양욱 목사를 내세워 남한 기독교 단체 및 해외 기독교 인사들에 대한 통일전선전술 및 대남 비난 성명을 내는 활동을 이어오고 있다). 주체사상은 북한 당국이 인정하는 유일한 종교다.

북한체제에서 살다 귀순한 태영호 공사는 전 세계 모든 사회주의 국가는 종교를 탄압하지만, 오직 북한만은 종교(기독교) 자체를 탄압하는 게 아니라 아예 기독교를 말살했다고 증언하였다. 북한에서 허용되는 유일한 종교는 주체사상 김일성 수령제일주의뿐이다.

북한 공산집단은 「우리는 왜 종교를 반대해야만 하는가?」라는 논설에서, "종교는 과학과 진보의 적이며, 우리 인민의 공산주의 사회건설을 위한 자각적이고 의식적인 투쟁을 방해하는 큰 장애물이다...우리들 속에 남아 있는 비과학적인 종교 미신에 대한 잔재를 뿌리채 뽑아버려야 한다"고 종교탄압을 노골적으로 선언했다(이항구, 1986).

"기독교는 아편과 같다고 해서 기독교 말살 정책이 펼쳐지기 시작했다. 기독교 신앙을 가진 표시만 드러나도 엄청난 박해를 받는다. 심하면 총살을 당하고, 그렇지 않더라도 20년 감옥살이를 하든가 정치범 수용소로 가야한다"(강명도, 2017).

북한의 이른 바 사회주의 헌법(1972년 채택)은 "공민은 신앙의 자유와 반종교(反宗敎) 선전의 자유를 가진다"고 규정했다. 이것은 통일전선 전략에 따라, 종교인들을 포섭하기 위해 형식상으로 내걸었던 간판마저 내린 것이다. 북한 공산당은 이미 1946년 성당·예배당·사찰 등 종교단체들의 소유로 되어 있는 토지를 몰수했고 종교단체가 경영하고 있던 일체의 기업을 무조건 약탈, 종교단체의 재단을 송두리째 무너뜨렸다(이항구, 1986).

1992년 북한 사회주의헌법은 개정과정에서 "공민은 신앙의 자유를 가진다. 이는 종교건물을 짓거나 종교의식을 거행하는 것으로 보장된다. 누구든지 종교를 외세를 끌어들이거나 국가사회질서를 해치는 데 이용할 수 없다"(제68조)고 바꾸었다.

북한중앙방송 위원회 기자로 활동하다가 전향한 이항구(1986)는 증언하고 있다. "북한은 종교인을 첫째 기독교인들(카톨릭, 프로테스탄트)과 그 가족, 둘째 천도교인과 그 가족, 셋째 불교신도와 그 가족, 넷째 기타 종교인과 그 가족으로 세분하였다. 현재 조선기독교도연맹과 같은 유령 종교단체의 이름이나마 남겨둔 것은 통일전략의 필요에 따라 종교단체가 존재하는 듯 가장하기 위한 것이다."

북한의 종교적 이념은 주체사상이다. 주체사상에서 "사람이 모든 것의 주인이며 모든 것을 결정한다는 것이 기초사상의 기초이다. 수령의 뜻에 절대 복종해야 한다. 즉 주체사상의 핵심은 수령제일주의이다."

이단은 진리 전체를 포괄적으로 수용하는 대신 일부분만을 골라잡거나 선택

• 국민회 하와이 지방총회 창립 회원 (1909년) 자유민주주의와 한미동맹, 그리고 기독교입국의 씨앗이 이 때부터 움트고 있었다.

하는 행위라고 하였다. 주체사상에도 진리와 오류가 혼합되어 있다. 북한노동당 국제담당 비서로 추체사상의 뼈대를 제공했던 황장엽(2000)은 남한으로 귀순한 이후 인간중심철학 주체사상의 허구성을 비판하면서, 기독교와 같은 보편적인 고등종교의 필요성을 강조하였다. "종교는 마땅히 먼저 현세를 구원하는 종교로 되어야 하며, 인류의 행복과 번영을 위하여 복무하는 종교로, 인간에게 복무하는 종교로 될 것이 기대되고 있다."

북한의 기독교 실태와 종교현실

2012년 9월 L.A. 〈영광의 빛〉교회 최재영 목사는 북한을 방문하여 북한주민들과 대화하며 느낀 바를 방북기로 「민족 21」 12월호에 발표한 적이 있었다.

"북한 주민들이 어떤 종교를 선택하는지 그 추세에 관한 질문을 했을 때, 전체인민들이 거의 모두 주체사상을 믿는다고 대답했다...아직 북한 사회에서 종교는 별로 매력적이지도 않고 실제로 영양가가 없으며 오히려 거추장스럽다고 말하는 것이 정확할 것이다."

북한은 초기 1948년 조선민주주의인민공화국 헌법 당시부터 몇 차례 헌법이 바뀔 때마다 공민의 신앙의 자유에 대하여 명시해주었다. 1950년 헌법에는 종교단체에 기부를 강요하는 자는 2년 이하의 징역에 처한다고 규정하고, 종교단체에서 행정적 행위를 한 자는 1년 이하의 교화노동에 처한다고 규정했다. 이는 전도활동도, 종교활동도 못하게 하는 조치였다. 이때 북한의 기독교의 경우, 2,000여개의 교회와 900여명의 목사, 30여만 명의 신도가 사라졌다.

김일성은 기독교에 대한 적대적 태도를 드러냄으로 대규모로 기독교인들을 구속하게 되고 박해와 수난이 시작되었다. 이때 수많은 기독교 인사들이 북한을 탈출하여 남한으로 빠져 나오고, 반공적이고 보수적인 세력은 급속히 약화되게 되었다. 1950년 초에는 장로교와 감리교 신학교를 통합하고 1,200명에 이른 신학생 수를 120명으로 감소시켰다. 교회출석을 억제하기 위해 일요일을 폐지하고 월요일을 휴일제로 포고하였다. 1954년부터 기독교는 축소되고 위축되었다. 1960년대에 이르러 기독교인 수는 1-2만 명 수준으로 감소하였다.

1960년대에 들어오면서 당시 기독교도연맹 수장이었던 강양욱 목사는 기독교인들의 숫자로, 누가 신자인지도, 어떻게 모이는지도 전혀 파악하지 못했다고 말했다. 1964-1972년 사이에는 기독교도연맹의 활동은 전혀 언론매체에 등장하지 않는다.

김일성은 1991년에 종교에 대해 우호적인 발언을 하기도 했다. "종교에 대한 올바른 이해를 가지고 종교를 믿는 사람들과의 사업을 잘 하는 것이 매우 중요하다. 사람들이 종교를 믿게 되는 것은 대체로 현실 생활에서의 고통과 불행을 숙명적인 것으로 받아들이고 내세에 가서라도 행복한 생활을 누려보자는 염원으로부터 출발한 것이다. 그러므로 종교를 믿는 사람을 나쁘다고 할 수 없다."

이런 표현은 기독교를 인민의 아편이라고 비난한 것에 비교하면 격세지감이 있는 변화라 할 것이다. 이러한 변화가 북한에 봉수교회나 칠곡교회처럼 체제 내 교회들이 세워지는 계기가 되었다. 그러나 김일성은 김정일이 자신을 우상화하여 예수의 자리에 올려놓은 것에 대해 전혀 거부감을 느끼지 않았으며, 그 자체를 누렸다. 그는 기독교의 신앙적 양태를 모방하여 자신을 신격화하여 북한 주민에게 주체사상이라는 가짜 복음을 전해주고 지상낙원을 북한에 도래하게 하는 메시아처럼 처신하기를 주저하지 않았다.

북한에서는 사실상 주체사상 이외에 다른 종교를 선택할 자유는 존재하지 않는다. 북한 강산성 총리의 사위로 25년 전 남한으로 귀순해 교수와 전도사로 생활하고 있는 강명도(2017)는 북한의 기독교 실태에 대해 다음과 같이 증언하고 있다.

　"북한지역은 6.25 전쟁이 끝난 1953년까지 소수이긴 하지만 기독교의 활동이 있었다. 그러나 북한 정권은 1951년부터 1960년까지 이른 바 중앙당 집중지도사업의 일환으로 기독교를 반종교정책이라 하여 해체시키고 말았다. 또한 1967년부터 1970년에 주민 재등록사업으로 기독교인을 적대계층으로 분류하여 감시하고 처벌하였다. 1971년 김일성은 일본의 미노베와의 회담에서 북한에는 기독교가 사라졌음으로 처음으로 시인하였다."

　1987년 북한은 평양에 봉수교회을 건립하였다. 1990년에는 평양 만경대에 칠곡교회가 건립되었다. 북한에도 종교의 자유가 있다는 것을 보여주기 위해 대외선전용으로 세운 교회들이다. 교회에 나오는 사람들이 모두 노동당원이라고 한다. 강명도 교수(2017)는 보고하고 있다. "현재 북한의 조선 그리스도연맹 위원장은 강량욱 목사의 친손자인 강명철이다. 가짜지만 할아버지가 진짜 목사였기 때문에 그 손자를 세움으로 정통성을 이어가려 한 것을 볼 수 있다. 그렇기 때문에 하나님의 때가 차면 가짜가 다시 진짜가 될 수도 있지 않을까 하는 소망을 가져본다."

주체사상이 나오게 된 배경

　주체사상은 어떤 배경에서 생겨난 것인가? 1948년 남북한 체제 분단이 일어난 후, 북한은 중국 공산당과 소련과의 관계에서 균형외교를 해야 하는 절박한 상황에서 합리적인 북한 통치수단으로 민족주의 특성을 지닌 자립과 주체를 내세우게 된 것이다. 1982년 김정일은 김일성을 우상화하려고 1912년 생 김일성이 18세 나이에 주체사상을 구상하였다고 역사까지 날조하였다.

　북한이 주체사상을 주장하게 된 배경에는 스탈린 사후 소련 내에서 스탈린

격하 운동이 전국적으로 진행되는 상상하지 못했던 일이 벌어졌기 때문이다. 김일성은 북한에도 이런 끔찍한 일이 일어날까 두려워서 지도자의 위상을 높이는 관념체계를 수립할 목적으로 황장엽을 통해 탄생시킨 것이 바로 '주체사상'이다. 따라서 주체사상의 핵심은 '민족'이 아니라 '지도자 김일성의 중요성'을 강조하는데 있다(박광서, 2018).

주체사상은 고정불변의 이념이 아니며, 시기에 따라 그 내용을 달리한다. 1980년대에는 주체사상의 철학적 측면의 체계화가 일단락 된 후 인간중심 철학이 강조되었다. 그리고 1980년대 말 동구 및 소련 사회주의 체제가 붕괴된 시점부터는 민족개념을 부각시켜 조선민족 제일주의를 주장하고 우리식 사회주의 체제의 우월성을 주체사상에 입각하여 이론화하였다.

1. 황장엽의 인간중심철학 : 북한에서 황장엽의 주체철학은 '인간중심철학'으로 수령독재 통치의 포장도구로 사용되었다. 황장엽은 사회가 계약에 의해 성립되었다고 주장하는 마르크스-레닌주의의 사상을 반인도주의적인 계급 지상주의로 비판하고 역사를 인간의 발전역사로 보아야 한다고 주장하였다. 하지만 김정일은 주체철학에서 말하는 인간을 수령개인으로 변형시켰고 수령예찬으로 바꾸어 수령독재 통치의 수단으로 사용하게 된 것이다.

2. 김정일의 '수령절대주의' : 김정일은 황장엽이 주장한 사회정치적 생명체론을 수령절대통치에 의한 수령절대주의의 도구로 변형시켰다. 사람은 육체적 생명만이 아니라 사회정치적 생명이 있어야한다는 것이다. 그런데 김정일은 이 정치적 생명을 수령이 주는 생명으로 변형시킨 것이다. (그러나 수령은 주민과 영원히 할 수 없고 이는 허구이며 허상이다).

고병철(1990) 교수는 주체사상의 형성과정을 1955년 말부터 1970년대 초기까지로 보고 있는데, 처음에는 "주체사상"으로, 다시 "당의 유일사상"으로, 마지막에는 "김일성주의"로 변화되었음을 밝히고 있다.

1970년대에는 마르크스-레닌주의를 창조적으로 적용한 사상이라고 규정해 오다가 1980년대에 이르러 마르크스-레닌주의로부터 완전히 분리시켜 독립적인 통치이념으로 강조하고 있다. 북한은 주체사상이라는 종교이념을 국가존립의 기초로 삼고 있다. 1992년 개정된 사회주의 헌법에서는 주체사상을 북한의 유일한 지도사상으로 천명하였다. 이 시기는 통치이데올로기로서의 주체사상이 윤리이데올로기 화 한 것이 그 특징이다. 이로서 주체사상은 명실상부한 북한의 "지배 권력의 통치 담론"이 되었다.

주체철학을 제기한 황장엽에 의하면, 김일성이 '주체'라는 말을 처음 사용한 것은 1955년 노동당 선전선동 대회에서 '주체는 조선혁명이다'라고 말하면서부터이다. 1959년부터 김일성은 중·소 간 이데올로기 논쟁을 지켜보면서 "우리도 주체를 튼튼히 세워야 한다"는 말을 강조하게 되었다. 사회주의 건설과정에서 구소련과 중국은 노선과 정책에서 의견충돌이 잦았다. '공산주의를 건설하는 노상에서 언제까지 프로레타리아 독재를 실시해야 하는가'라는 문제를 놓고 공산주의 종주국인 소련과 중국은 입장이 달랐다. 북한의 입장에서 보면, 중국은 좌경, 소련은 우경 기회주의자들이었다(심주일, 2016).

이 중간 지점에서 김일성은 소련 편만을 들 수도 없고 그렇다고 중국 편만 들 수도 없는 상황이었다. 그리하여 생각한 것이 '주체'의 길을 가야한다는 것이었다. 당시 북한정권은 소련의 심한 내정간섭과 그에 편승한 당내 파벌투쟁, 국내경제문제 등으로 총체적 위기 상황에 있었는데, 당의 단결을 파괴하는 반당 종파주의자, 수정주의자, 교조주의자, 사대주의자, 대국맹종주의자, 연안파, 남로당 등 반대파를 제거, 숙청하면서 자신의 입장을 정당화, 합리화하는 사상적 무기로서 '주체'를 내세웠다. 소련파와 중국파를 제거하고 민족주의적 명분을 내세우고 민족주의적 정서를 앞세워 사상에서의 주체를 이데올로기로 제시한 것이다. 이러한 여건에서 김일성이 독자적인 지도사상으로 주체사상을 개발하게 된 것이다(송원근, 2015).

주체사상은 마르크스-레닌주의의 유물론과 황장엽의 유심론적 인본주의 철학을 혼합해 수령절대주의라는 하나의 목적달성을 위해 논리적 일치성 없는 통치이념을 만들어냈다. 인간중심철학과 수령절대주의는 서로 모순되는 사상이다. 자기 운명의 주인은 자기 자신아라고 하면서, 실제로 인민에게 사회정치적 생명을 수여하는 것은 수령뿐이라고 가르치는 것이 주체사상이다. 김정일은 "주체사상은 반세기가 넘는 위대한 수령 김일성 동지의 사상리론 활동의 빛나는 결실이며 조선 혁명의 사상리론적 총화이다"고 정의했다.

사상적으로 본다면, 주체사상은 "마르크스–레닌주의, 스탈린주의, 민족주의, 유교사상, 유기체적 전체주의, 인간중심의 유심론, 기독교 등의 이념들을 수령절대주의 아래 결합한 비합리적이고, 비논리적이며, 난해하고 말하기 어려운 난삽하기 이를 데 없는 사상집합체이다(성원근, 2017).

1964년 김일성은 평양선언을 발표하였다. "정치적 독립은 경제적 독립의 전제이고, 경제적 독립은 정치적 독립의 기초이다. 사상에서의 주체, 정치에서의 자주, 경제에서의 자립, 국방에서의 자위, 이것이 우리 당이 일관되게 견지하고 있는 입장이다." 지난 70년 동안 고난의 행군 경험을 통해 드러난 것처럼, 주체사상에 기초한 자력갱생은 무참히 실패하였다. 북한 인민들은 사회정치적 생명을 수여한 수령에게 절대 복종하지만 아직도 자립과 자주, 자위는 공염불로 드러나면서 개인주의 가치관은 정당화될 수 없게 되었다.

김일성은 1972년 황장엽에게 3년 6개월 동안 중앙당 휴양소에서 주체사상을 이론적으로 체계화하는 사업에 전념할 과업을 주었다. 사상이 정립되자 1989년 도동당 서기였던 황장엽은 북한을 방문한 일본기독교협의회대표단에게 주체사상의 종교관이 지닌 특징을 다음과 같이 요약하여 말했다.

1. 북한은 주체사상에 기초하여 종교에 대해 종래의 마르크스주의와는 다른 견해를 갖고 있다.
2. 마르크스주의에 따르면, 원래 종교는 사회체제의 모순의 반영이고 미신이라고 생각되어져왔고 공산주의의 실현에 의해 소멸되어야 하는 것이었으나 소련이나 동유럽의 현실은 그렇지 않다.
3. 종교는 인간존재의 본질에 관련되는 것이고, 주체사상은 인간의 주체성과 창조성을 중시하기 때문에, 종교의 중요성도 인정하고 있다.

4. 종교와 주체사상은 모두 사랑이나 믿음을 중시하고 있으나 양자가 다른 것은 그 실현방법이다.

1970년대를 지나 황장엽에 의해 철학적 원리를 가진 종합적인 체계화를 거치고 1980년대에는 마르크스-레닌주의를 대체하는 상황까지 발전하여 최고통치자 수령에 의해 지배되는 이데올로기를 주장함으로 발전 이데올로기에서 지배 이데올로기로 변화하여 그 영향력을 나타내게 된 것이다. 공산주의의 '돌연변이'를 만들어 냄으로 1980년대 이후 주체사상은 순수 이데올로기로 격상을 하게 된다.

"주체사상이란 혁명과 건설의 주인은 인민대중이며 혁명과 건설을 추동하는 힘도 인민대중에게 있다는 사상이다. "이제 북한의 주체사상은 마르크스주의와 같은 순수 이데올로기의 자리에 있기 때문에 수령절대주의국가로 수령을 세습해도 이에 대해 비판을 할 수 없게 만든 것이다. 김정일은 공산주의도 사회주의도 아닌 절대왕정국가로서의 북한사회 시스템을 만들어 낸 것이다(송원근, 2015).

1972년 최고인민회의 제5기 1차 회의에서는 '공민은 신앙의 자유와 반종교선전의 자유를 가진다'고 해서 종교를 공개적으로 박해할 수 있는 근거를 만들어놓았다.

1999년 최고인민회의 제9기 3차 회의에서 개정된 헌법에는 신앙의 자유가 있음을 드러내기 위해 신앙의 자유에 따른 권리를 명시하면서 종교건물을 짓거나 종교의식 같은 것을 허용하고 보장된다고 했다. 북한의 체제를 옹호하는 종교에는 자유와 권리를 인정하지만, 북한 체제를 거부하는 종교는 법적 권리 없이 신앙의 자유를 줄 수 없다고 명시했다.

김정일은 아버지 수령의 명을 따라 칠곡교회와 봉수교회를 건축했지만, 기독교신앙을 북한 땅에 공인하거나 자유를 준 적은 없었다.

북한은 종교의 발생기원을 유물사관적 입장에서 보지 않고 주체사상의 입장에서 보아야 한다면서, 종교는 압박과 착취, 예속과 불평등에서 벗어나려는 사회적 인간의 요구와 이해관계를 반영하여 나왔다고 해석한다.

3. 주체사상이란 무엇인가?

주체사상은 사람의 몸과 마음과 영혼을 죽음으로 몰아가는 코로나 바이러스(우한 폐렴)과 같은 것이다. 주체사상은 이단사상으로 정통 기독교(그리스도의 몸)에 기생하며 건강한 세포를 파괴하는 악성 종양(암세포)이라 할 수 있다.
Harold Brown

북한은 주체사상이 1930년에 창시되었고, 1955년에 주체적 입장이 공식화되었으며, 1974년에 김일성주의로 되었다고 주장한다. 김일성은 주체사상연구소를 운영하였는데, 주체사상이 공식화된 것은 김정일이 1982년 3월 31일 「주체사상에 대하여」라는 논문을 발표하면서부터이다(이항구, 1986).

북한에서 김일성이 창시하고 황장엽(2000) 선생이 체계화했다고 주장하는 사상으로, 북한의 통치이념이다. 김일성이 창시하고 김정일이 이론적으로 심화시켰다고 주장하는 혁명사상으로, 사회 분야 전반을 꿰뚫는 통치이념이자 북한의 모든 정책과 활동의 기초가 되는 조선 노동당의 유일 지도 사상이다.

북한에서는 주체사상이란 용어는 두 가지 의미로 사용되고 있다. 하나는 대외적으로 김일성주의 전체를 대표하여 사용되며, 다른 하나는 김일성주의의 한 구성부분인 사상으로서의 주체사상을 의미하는데 주로 북한 내에서 사용된다(김명세, 1996).

주체사상이란 과연 무엇일까. 세상의 중심이 사람이라는 것이고, 이른바 "사람이 모든 것의 주인이며, 모든 것을 결정한다"는 명제가 이 사상의 핵심이다. 세계관 자체가 사람 중심이기 때문에 '주체'사상이라고 자칭한다. 그런데 이들이 말하는 그 '사람'은 대체 무엇인가. 사람의 본질은 무엇인가. 사람은 '사회적 존재'이며, '자주성·의식성·창조성을 가진 존재'라고 한다. 무슨 일을 하고자 할 때, 물질로 이뤄진 구조적 여건도 물론 중요하지만, 성패를 좌우하는 것은 결국 '사람'이다. 사람이 가장 중요하다는 것이다. 결국 주체사상이란 "하면 된다!"라는 시시한 의지론으로 귀결된다. 결국 사회를 변혁하는 데 있어 가장 중요한 것은 "주체인 사람의 신념과 의지"라는 것이다.

전체주의 사회에서 유독 개인의 신념과 의지를 강조하는 데는 이유가 있다. 각 개인은 시스템에 대한 고민을 할 필요가 없다. 위에서 내려준 시스템 하에서 지도부를 믿고 최선을 다 하면 되는 것이다. 이 당시 학생운동가들이 자랑스레 외치는 구호가 있었다. "(한총련) 중앙이 결정하면 우리는 한다!"가 바로 그것이다. 이는 민주주의를 외치는 그들의 사고에 심각한 결함이 있었음을 증명해주는 모습이다.

사람이라는 '주체'에 모든 것의 성패가 달려 있고, 사람은 '사회적 존재'이기 때문에 개인의 품성은 사회적 관계에 걸맞도록 길러져야 한다. 그리고 이 '사회적 존재'에서부터 집단주의가 합리화된다. 혁명은 조직을 통해야 하고, 조직은 집단주의로 유지되어야 한다.

주체사상은 이처럼 뭔가 무시무시한 것 같은데, 사실 알고 보면 별것 아니다. 사실 '하면 된다!'식의 학교 급훈들은 알고 보면 주체사상의 핵심을 보여주는 것이다. 이러한 생각을 가진 개인들이 정교한 시스템 속의 부속품으로 파편화되면 전체주의 사회가 되는 것이다. 하지만 더욱 큰 문제는 '수령론'이다. 주체사상의 허울 좋은 이야기들은 결국에는 수령론을 목적으로 한 경전들일 뿐이다. 지금까지의 내용들은 모두 수령론을 통해 일인 독재의 전체주의 사회를 지탱해나가는 받침대와 지주가 된다. 수많은 NL(민족해방)들이 속으로 주체사상을 거부하고 선을 긋게 되는 순간이 바로 수령론을 마주하는 순간이다.

수령론에 따르면 김일성과 김정일을 유일신으로 받아들여져야 한다. 그래서 수령론은 믿음의 영역이다. 믿는 자만이 뛰어오르고, 그럼으로써 유일신 신앙으로 이 세례를 받는다.

김일성 사후 권좌에 오른 김정일(金正日)도 주체사상에 기초한 '우리식 사회주의' 건설을 강조하고 있는 것으로 보아 주체사상은 계속 북한체제의 지도이념으로 기능하고 있다. 북한의 조선노동당 규약과 헌법은 김일성 주체사상을 당과 국가활동의 유일한 지도적 지침으로 삼는다고 규정하고 있다.

즉, 당규약 전문에는 "조선노동당은 오직 위대한 수령 김일성동지의 주체사상, 혁명사상에 의해 지도된다"고 되어 있으며, 1992년 4월 개정된 헌법 제3조에는 "조선노동당의 주체사상을 자기 활동의 지도적 지침으로 삼는다"고 규정하고 있다. 이로 보아 김일성 주체사상은 북한의 혁명과 건설의 지도이념으로서 대내외 및 대남면에서 상이한 기능을 현실적으로 수행하고 있는 것이다.

'주체'라는 말이 공식적으로 사용된 것은 1950년대 중반부터이며 이른바 주체사상으로 이론적 체계를 갖추게 된 것은 1970년대 초반이었다. 김일성이 주체문제를 처음 제기한 것은 1955년 12월 28일 개최된 당 선전선동원대회에서 한 '사상사업에서 교조주의와 형식주의를 퇴치하고 주체를 확립할 데 대하여'라는 연설이다. 1965년 사회과학원에서 한 연설에서 "사상에서의 주체, 정치에서의 자주, 경제에서의 자립, 국방에서의 자위"를 강조하였다.

당시 김일성이 당 사업에서 주체확립의 필요성을 제기한 이유는 전후복구사업을 추진하는 시기에 당내 반대파들의 도전으로 여러 분야에 대한 정책을 수립 집행해나가는 데서 심각한 진통을 겪어야만 했기 때문이다. 김일성은 1950년대 중반 이후 정치적 반대세력들을 우익적 기회주의 또는 좌익적 모험주의라는 종파분자로 낙인찍고 주체가 결여되었다고 하면서 숙청을 단행하였다. 즉, 김일성은 권력투쟁을 이념투쟁으로 분식하였던 것이다.

이와 같이 처음에는 사상에서의 주체확립 문제만 거론하다가 뒤에는 경제에서의 자립, 국방에서의 자위 등 다른 분야로까지 확대해나갔다. 특히, 중·소간의 이념분쟁의 격화를 계기로 해서는 대외관계 면에서의 명분으로도 활용하기에 이르렀다. 북한이 이념·정치·경제·군사 및 외교 등 모든 영역을 망라하여 주체사상의 내용으로 체계화하고 이론화한 것은 1970년의 제5차 당대회에서이며 1972년 제정된 헌법에는 주체사상이 공식 통치이데올로기로 규정되어 있다.

주체사상은 처음에는 인민대중을 혁명의 주체라고 치켜 올리면서, 뒤에 가서는 그 실천은 노동당을 통해서만 가능하고 또한 영도자의 지도가 있어야만 가능하다고 말을 뒤집어놓았다. 결국 김일성의 일인독재를 받아들여야만 한다는 것이다. 한 마디로 김일성과 그의 후손들을 대대로 섬기라는 것이 주체사상이다. 김정일은 일찍이 주체사상을 '김일성주의'로 정식화하고 더욱 발전시켰다고 주장하고 있다. 그리고 그는 ≪노동신문≫에 〈사회주의는 과학이다〉(1994.11.4.)·〈붉은 기를 높이 들자〉(1955.8.28.) 등을 발표하고 그의 통치이념을 주체사상의 발전된 형태라고 토까지 달고 있는 실정이다.

1970년대 주체사상이란 말을 처음 사용할 때, 그 내용에 대해 "사람이 모든 것의 주인이며 모든 것을 결정한다."는 철학적 원리에 기초한 사상이라고 하였다. 김일성은 "주체사상이란 한마디로 말하여 혁명과 건설의 주인은 인민대중이며 혁명과 건설을 추동하는 힘은 인민대중에게 있다는 사상이다."라고 말하였다.

북한은 주체사상에 대하여 혁명과 건설에서 주인다운 태도를 가지는 것, 즉 자주적 입장과 창조적 입장을 견지하는 것을 요구하는 사상이라고 주장하고 있다. 그리고 자주적 입장을 견지하는 지도적 지침은 '사상에서 주체, 정치에서 자주, 경제에서 자립, 국방에서 자위'를 구현하는 것이라고 한다. 창조적 입장을 견지하는 지도적 지침은 인민대중에 의지하는 방법과 실정에 맞게 하는 방법이라고 설명한다.

1970년대 말까지는 주체사상이 마르크스·레닌주의와 다른 것이 없으며 다만 그것을 북한의 현실에 창조적으로 적용한 것이라고 밝혔다. 그러나 1980년대에 접어들면서부터는 주체사상에 사회정치적 생명체 이론을 추구하고 마르크스·레닌주의를 능가하는 사상이라고까지 주장하기에 이르렀다.

김일성은 주체사상이란 혁명과 건설의 주인은 인민대중이며 혁명과 건설을 추동하는 힘도 인민대중에게 있다는 사상이라고 정의하였다. 그러나 여기에서 분명히 해야 할 것은 혁명과 건설의 주인으로서의 인민대중은 누구를 말하는 것이며, 또 인민대중의 힘에 의해서 추동된다는 혁명과 건설은 무엇을 말하는 것인가 하는 문제이다. 김일성이 말하는 인민대중이란 모든 공민의 총칭이 아니라 인민일 수 있는 사람만을 뜻하는 것이다.

따라서 인민일 수 없는 사람들은 인민대중의 범주에 속할 수 없으며 이들은 당연히 혁명과 건설의 주인으로도 될 수 없는 것이다. 요컨대 인민대중은 혁명을 일으켜야 하는 위치에 있는 사람들이다. 인민대중이 혁명을 일으켜야 하는 이유는 "자기의 자주성을 실현하자는 데 있다."고 한다. 다시 말하면 "자주적으로 살려는 자기의 요구가 실현되지 못하거나 그 실현이 억제되는 데 있다."고 한다.

인민대중의 자주성을 실현하기 위한 투쟁이 혁명인데, 이 혁명은 "인민대중에게 자연과 사회의 주인으로서 자주적으로 살려는 요구와 지향이 있고 그 실현을 방해하는 반동계급과 낡은 사회, 낡은 사상, 낡은 기술, 낡은 문화가 있기 때문"에 일어난다는 것이다. 결국 주체사상에서 말하는 인민대중이란 마르크스·레닌주의에서 말하는 피지배계급, 피착취계급이며 프롤레타리아계급이다.

이들이 전개하는 혁명은 공산혁명임에 틀림없다. 혁명이란 자주성을 위한 투쟁이라고 정의되는데, 이것은 이를 위한 실천적 활동을 혁명투쟁이라고 한다. 또한 주체사상은 인민대중이 역사의 주체이지만 아무런 조건 없이 단순히 자기 운명을 자주적, 창조적으로 개척해나가는 것이 아니라 반드시 수령의 올바른 영도를 받아야 한다고 주장함으로써 수령에 대한 충실성이 주체 확립에서 핵이 된다고 하며 김일성 유일사상하에서의 독재체제를 정당화하고 있다. 이러한 김일성 주체사상은 김정일에 의해서 더욱 극치에 이른다.

즉, 김정일은 "인민대중은 당의 영도 밑에 수령을 중심으로 조직 사상적으로 결속됨으로써 영생하는 하나의 사회정치적 생명체를 이룰 때 역사의 자주적인 주체가 된다."고 주장하였는가 하면 "혁명의 주체는 다름 아닌 수령, 당, 대중의 통일체"라고 말하였다. 주체사상은 심지어 혈연론으로까지 발전하는 결과

가 되어 김일성-김정일의 부자세습체제를 정당화하고 있다

우리가 종교를 말할 때는 제도로서의 교회를 생각하게 되고, 정치를 말할 때에는 국가를 생각하게 된다. 따라서 정치종교를 적절히 이해하기 위해서는 종교성의 개념을 넓혀야 하며, 구원 종교뿐만 아니라 국가의 발전과정에서 우리가 종교적이라고 생각할 수 있는 모든 현상들을 포괄해야 한다.

주체사상은 '영생'을 약속한다. 물론 주체사상은 내세를 부정하기 때문에 주체사상의 영생이 세계-초월적 영생은 아니지만, 세계-내재적 영생을 주장한다는 점에서 세속적 종교, 정치적 종교에 해당한다고 할 수 있다. 많은 학자들은 주체사상을 정치종교(political religion)로 규정하고 있다. 정치종교 이론의 틀에서 보면, 북한의 모든 종교정책은 북한의 정치종교인 주체사상이 국가종교로서의 지위를 차지하는 과정에서 기독교, 불교, 천주교와 같은 여타의 전통종교들은 규제, 장악, 활용하기 위한 정책으로 볼 수 있다. 크게 보아, 국교정책의 일환으로 파악할 수 있다(정대일, 2011).

김일성(1972)의 글 "주체사상의 몇 가지 문제에 대하여"에서는 "주체사상이란 한 마디로 혁명과 건설의 주인은 인민대중이며 혁명과 건설을 추동하는 힘도 자기 자신에게 있다는 사상"이라고 주체사상의 정식화를 시도하고 있다. 그런 다음 "사람들을 교육교양하는 데서 가장 중요한 것은 그들의 사상의식을 혁명적으로 개조하는 것이다"고 하여 주체사상으로 대중을 교양하겠다는 의지를 밝히고 있다.

주체사상의 사회정치적 생명체와 기독교의 교회공동체는 그 구조와 구성요소의 기능면에서 유사하다. 구성 면에서 사회정치적 생명체는 수령, 당, 대중의 3요소로 이루어져 있다. 수령은 사회정치적 생명체에서 뇌수의 지위를 차지하고, 당은 중추의 역할을 하게 되며, 대중의 매개인은 그의 지체가 된다. 대중은 당을 통하여 수령에게 나갈 수 있게 된다(김명세, 1996).

영생의 수여자, 수령

정치종교로서의 주체사상은 '영생'을 약속하고 있다. 세계-초월적 영생은 아니지만, 세계-내재적 영생을 주장한다는 점에서 세속종교로 간주할 수 있다. "위대한 수령 김일성 동지께서 안겨주신 정치적 생명은 사람들에게 가장 값있고 보람 있는 삶을 주는 생명이다. 정치적 생명은 자주성을 생명으로 하는 사회적 존재인 사람들이 사회정치적 활동, 혁명투쟁에서 가지게 되는 생명이다."

사회적 존재인 사람에게 있어서는 육체적 생명보다는 사회정치적 생명이 더 귀하다고 할 수 있다. 정치적 생명은 혁명하는 사람들에게 있어 가장 고귀한 생명이다. 수령으로부터 정치적 생명을 부여받는다는 것은, 수령의 사상을 믿고, 수령이 이끄는 조직의 구성원이 되어, 맡은 바 임무에 충실한 것을 의미하는 것이다.

주체사상에서는 육체적 생명은 유한하지만, 정치적 생명은 대를 두고 계승할 수 있는 '영원한 생명'이라고 한다. 주체사상의 가장 큰 특징은 '수령'을 '영생의 부여자'로 '숭배'하는 것이다. 살아서나 죽어서나 수령에게 충성하라는 것이다. 수령은 단지 정치지도자일 뿐만 아니라, 북한 사회의 모든 구성원에게 영생을 부여하는 거룩한 존재로 여기는 것이다. 북한은 김일성 사후 출판된 「조선대백과사전」에서 다음과 같이 설명하고 있다.

정치적 생명이 혁명하는 사람들에게 더 없이 귀중한 것으로 되는 것은 또한 그것이 영원히 죽지 않는 생명이며, 대를 이어 빛내일 수 있는 생명이라는 것과 관련된다....개별 사람들에게 있어 육체적 생명은 끝이 있지만 그들의 정치적 생명에는 끝이 없다. 사람이 세상에 태어나 일생에 한 번은 육체적으로 죽을 수 있지만, 정치적 생명을 더럽히지 않고 생명의 마지막 순간까지 수령님께 끝까지 충성 다하며 수령님의 혁명전사의 고귀한 칭호를 높이 간직한다면 육체적 생명이 끊어진 다음에도 정치적 생명은 그대로 유지되고 꽃피어나갈 수 있다. 자기의 육체적 생명을 영원히 보전하려고 애쓰는 것은 헛된 일이지만 정치적 생명을 영원히 꽃피워 나가려고 노력하는 것은 반드시 그 결실을 맺을 수다. 정치적 생명은 대를 이어 빛내이고 대를 두고 계승할 수 있는 영원한 생명이다.

부모에게서 받은 육체적 생명은 유한하지만, 수령에게서 받는 정치적 생명은 대를 두고 계승할 수 있는 '영원한 생명'이라는 것이다. 1975년은 후계수령에로의 권력 승계가 막 선포된 시점이다. 따라서 이 영생은 후계이론에 따라 김정일, 김정은을 통해 후계 수령에게 전수될 수 있다는 것이다.

경애하는 수령 김일성 동지께서는 다음과 같이 교시하시었다. 〈당원에게 있어서 당 생활은 정치적 생명이다. 당원이라면 마땅히 내가 당에 든 것은 나의 정치생활을 개척하기 위한 것이며 혁명투사로 살기 위한 것이다. 당의 결정을 존중히 여기지 않고 당의 결정을 집행하지 않는 것은 나의 정치적 생명을 끊는 것이나 다음 없다고 생각해야 한다.〉(사회주의 경제관리 문제에 대하여, 1권, p. 214).

김정일은 1982년 「주체사상에 대하여」라는 논문에서 주체사상을 체계적으로 집대성하였는데, 주체사상의 창시, 철학적 원리, 사회역사적 원리, 지도적 원칙, 역사적 의의 등을 다루고 있다. 당원들과 근로자들이 정치적 생명을 지속적으로 유지하기 위해서는 (1)위대한 수령 김일성 동지의 영생불멸의 주체사상을 튼튼히 무장해야 하며, (2)혁명적 조직생활을 잘 하여야 하고, (3)수령님께서 맡겨주신 혁명적 임무수행에 투신하고 로동에 성실히 참가하며 혁명적 실천과정을 통하여 혁명화를 다그쳐야 하며, (4)가장 고귀한 정치적 생명을 안겨주신 위대한 수령님의 크나큰 정치적 신임과 배려에 충성으로 보답하기 위해서는 자기의 정치리론 수준과 기술실무수준을 끊임없이 높여야 한다고 역설하고 있다. 여기서 '주체'란 김일성에 대한 절대 복종을 강조하기 위한 표어이며, 북한 고유의 수령제도가 있다는 것을 강조하는 데 그 목적이 있었다.

민족의 시조, 수령

북한의 주체사상은 영생의 기본단위인 민족의 실체를 확인하기 위하여 객관적 실체로서의 민족의 시원을 과학적으로 밝히고, 그에 기초하여 민족의 혈연적 단일성과 역사적 유구성, 문화적 우수성을 증명하여야 하는 난제를 '단군'을 통해 해결하려고 시도했다. 북한은 (1)단군은 신화상의 인물이 아니라 역사상의 실재한 인물이다; (2)단군은 고조선이라는 한 국가의 건국시조일 뿐 아니라, 민족의 원시조이다; (3)단군이 일으킨 나라인 고조선의 발상지, 중심지, 수도는 모두 요녕지방이 아니라 평양이고, 따라서 단군이 민족의 문화를 진작시켰던 민족의 성지는 평양이다. (4)단군을 시조로 하는 우리 민족의 신앙은 밝음을 숭배하는 밝음신앙이라는 것이다. 고조선의 신앙의 상징이라고 말해지는 '태양'과 '빛발'은 사실은 수령으로서의 김일성의 고유한 상징인 바, 그는 살아생전 '민족의 태양'으로 불리웠고, 금수산기념궁전의 또 다른 이름은 '태양의 집'인 것이다.

북한사회가 단군에 주목하게 된 애초의 계기도 단군의 역사적 실재성을 과학적으로 규명함을 통하여 영생의 기본단위인 민족의 실체성을 객관적으로 확증하려는 의도에서 비롯된 것이다. 즉, 단군을 통하여 민족의 역사적 실재성, 혈연적 단일성, 문화적 우수성 등을 밝히려는 북한 주체사회주의의 학문적 시도였다. 이리하여 북한에서는 영생의 수여자인 수령이 민족의 원시조 단군의 이름을 따서 '단군민족'으로 불리어왔듯이, 이제는 수령의 이름을 따서 '김일성민족'이라 불리우게 되었다. '수령'이 '시조'가 되어 '민족'과 더욱 밀접히 결합된 것이다.

수령관은 1994년 김일성의 사망을 기해 가장 큰 문제에 직면하게 되었다. 이 문제를 해결하기 위해 나선 이는 바로 '후계수령'인 김정일이었다. 김일성의 사망소식에 접하여 김정일이 가장 먼저 내놓은 구호는 바로 '위대한 수령 김일성 동지는 영원히 우리와 함께 계시다'였다. 북한의 평양방송은 1996년 '우리는 김일성 민족'이라고 발표함으로 김일성 민족의 정식화를 선포하였다. "태양이 영원하듯 김일성 민족, 김정일 민족은 영원무궁하리라"고 보도했다. 특기할만한 것은 후계수령인 김정일이 선대수령인 김일성의 상징을 이어받고 있다는 것이다.

북한사회에서 영생의 부여자인 수령과 영생의 기본단위인 민족의 완벽한 결합은 조선민족이 '김일성 민족'으로 화함으로써 가능해졌다고 주장한다. "우리 인민은 경애하는 수령 김일성 동지를 모시어 위대한 민족으로 되었으며, 김일성 동지의 영도밑에 우수한 민족성을 지니게 되었다. 인민들은 대대손손 자기 수령, 자기 당에 충성과 효성을 다하도록 하여야 한다." 이런 고백은 북한 주체사상의 수령관과 민족관 그리고 사회정치적 생명 사이의 관계를 집약적으로 보여주고 있다.

남파간첩 백성엽(2019)은 증언하고 있다. "북에 있을 당시 김일성의 항일업적에 대한 영화도 만들었는데, 제목이 '살아있는 하나님이신 김일성의 품으로'였다. 김일성의 우상화 작업은 현재 김정은 우상화작업으로 이어지고 있다."

수령숭배를 제도화하다

1997년 조선민주주의인민공화국 정무원은 〈위대한 수령 김일성 동지의 혁명생애와 불멸의 업적을 길이 빛내일데 대하여〉라는 제목의 결정서를 발표하여, "위대한 수령 김일성 동지는 영원히 우리와 함께 계신다는 우리 인민의 신념은 확고부동하며, 위대한 수령님은 무궁토록 번영하는 사회주의 조선의 시조로, 우리 혁명의 영원한 승리의 기치로 전체 인민과 온 민족의 절대적인 흠모와 신뢰를 받으시며 우리 모두의 심장 속에 영생하실 것"이라는 확신을 토로함과 함께, "위대한 수령 김일성 동지께서 탄생하신 민족 최대의 명절인 4월 15일을 〈태양절〉로 제정한다고 발표하였다.

수령숭배 제도화의 전과정을 진두지휘한 인물은 후계 수령인 김정일이었다. 그는 "주체의 태양의 영생을 신념화, 도덕화하는 과정으로 전환"시켰다. 김정일의 지도 하에 창작된 혁명송가 〈수령님은 영원히 우리와 함께 계시네〉는 "주체의 태양의 영생을 심오한 철학적 깊이와 풍부한 예술적 형상으로 담보한 국보적 창작품"이라고 하였다.

그 어느 나라의 기념당과도 견줄 수 없는 태양의 집인 금수산궁전은 정녕 어버이 수령님께 드리는 경애하는 장군님의 절대적인 충효, 지극한 정성의 최고 정화라고 자평하고 있다. 김정일은 구호를 "위대한 수령 김일성 동지의 혁명사상으로 더욱 철저히 무장하자"고 바꾸고 그 탑의 이름을 '영생탑'이라고 명명하였다. 그 구호는 모든 기관, 기업소, 교육문화기관들의 정문에도 새겨져 있어서, 사람들로 하여금 "위대한 수령님께서는 늘 자신들과 숨결도, 생활도, 투쟁도 함께 해나가시며 한 운명 속에 계신다는 믿음을 신념으로 고착시키고 체질화해 나가게" 되었다고 한다.

북한의 정치종교 주체사상은 수령을 민족과 국가의 존재와 위대성의 근원이 되는 절대적 유일자로 내세움으로써, 수령을 신격화하고, 동시에 신격화된 수령을 통하여 역으로 민족과 국가를 신성화하는 반증 불가능한 순환논리적 교리를 갖추게 된 것이다(정대일, 2011).

주체사상은 수령의 사랑과 믿음을 강조하고 있는데, 이는 명백히 기독교의 전통적 가치이다. 1972년 신헌법에 따라 주석제가 신설되었을 때, 부주석으로 기독교도연맹의 부위원장인 강양욱 목사가 피선되었다. 강 목사는 김일성의 외증조부로 김일성의 초등학교 시절 선생님이기도 하였다. 개신교의 전통적 가치와 상징들이 주체사상의 담론화과정에서 전용된 것은 누구나 쉽게 유추할 수 있을 것이다.

2009년 4월 북한 헌법이 개정되면서 '공산주의'는 삭제되고, 군대를 중시하고 군사력 증강을 집중한다는 선군(先軍)사상과 주체사상이 북한 통치의 핵심적 이념으로 채택되었다.

주체사상은 북한에서 사람중심철학, 인간중심철학으로 통한다(황장엽). 김일성(1985)은 주체사상이 "사람중심의 새로운 철학사상이다. 주체사상은 사람이 모든 것의 주인이며 모든 것을 결정한다는 철학적 원리에 기초하고 있다. 주체사상은 세계에서 사람이 차지하는 지위와 역할을 과학적으로 밝힘으로써 자연과 사회에 가장 올바른 견해를 주며 세계를 인식하고 개조하는 강력한 무기를 준다"고 전제하고 있다.

• 북한은 가짜 하나님 김일성, 김정일, 김정은의 주체사상교를 신봉하는 수령제일주의, 공산주의 국가다. 북한의 문화 창작사는 김일성 3부자를 우상화하는 소설, 그림, 조각품을 만들어 낸다.

"사람에게 있어 자주성은 생명이다. 사람이 사회적으로 자주성을 잃어버리면 사람이라 할 수 없으며, 동물과 다름없다. 주체사상은 사람이 모든 것의 주인이며, 모든 것을 결정한다는 철학적 원리에 기초하고 있다."

주체사상은 사람의 운명문제를 제기하고, 그 대답을 사람에게서 찾고 있다는 이중적인 의미에서 사람중심의 철학이라고 말 할 수 있다. 김일성은 이 사상의 기원이 항일무장투쟁 시기에 만났던 박인진 도정과 대화를 나눈 때로 소급하고 있다.

"우리가 '한울림'을 숭앙하듯이 장군도 숭상하는 대상이 있습니까? 있다면 그것이 무엇입니까?"

나(김일성)는 도정의 그 질문을 우리에 대한 믿음의 표시로 받아들이고 진지하게 대답하였다.

"물론 나에게도 신처럼 숭상하는 대상이 있다. 그것은 바로 인민이다. 나는 인민을 하늘처럼 여겨왔고 인민을 하느님처럼 섬겨오고 있다. 나의 하느님은 다름아닌 인민이다. 세상에 인민대중처럼 전지전능하고 위력한 힘을 가진 존재는 없다. 그래서 나는 〈이민위천〉을 평생의 좌우명으로 삼고 있다."

김일성은 박인진의 입을 빌어, 자신의 좌우명인 '이민위천'과 천도교 시조 최재우의 '인내천' 사상이 서로 상통하는 데가 있다고 말하고 있다. 주체사상이 사람의 운명문제를 철학의 근본문제로 제시한다는 점, 그 대답을 사람에게서 찾는다는 점, 그리고 사람의 지위를 '한울님'의 지위로 격상시키고 있다는 점 등에서 주체사상이 천도교의 기본적인 문제제기와 해답을 전용하고 있다는 것을 알 수 있다.

한편 김정일은 자신의 정치를 인덕정치(仁德政治)라고 한다. 북한주민에게 충성과 효성을 다할 것을 당부하며, 그에 대한 보답으로 사랑과 믿음을 베풀어주겠다고 한다. 수령은 어버이이시고, 당은 어머니이며, 인민대중들은 수령과 당으로부터 사회정치적 생명을 부여받는 자식들이라고 한다. 브루스 커밍스(2001)같은 학자는 이런 의미에서, 주체사상이 마르크스보다는 성리학의 유교에 더 가깝다고 평가한다.

전에는 삼강과 오륜을 반동적 관념론, 낡은 윤리도덕으로 치부하였으나, 1993년에 출판된 김일성의 자서전에서는 삼강오륜의 긍정적 측면이 부각되고 있다. 김일성은 유교를 옛 동방철학이라고 말하며, 다음과 같이 털어놓고 있다.

우리는 삼강오륜을 덮어놓고 나쁜 것이라고 보지 않으며, 그것을 공산주의 이념에 인위적으로 대치시키고 그 도덕과 배치되는 것이라고 비평하는 사람들의 극단적인 견해도 용납하지 않는다. 나라를 섬기고 받드는 신하의 도리가 무엇이 나쁘고 부모를 공경하는 자식의 효도가 어찌 법도에 어긋나는 행위로 될 수 있겠는가? 나는 인간본연의 도덕적 기초를 강조하는 삼강오륜의 원리적 측면은 결코 부인하지 않는다.

김일성은 그의 생애후반에 유교에 대한 비판적 입장에서 벗어나, '원리적인 측면에서' 봉건적이라는 딱지를 제거함과 동시에, 더 나아가 덕치나 의리, 충성과 효성과 같은 유교의 전통적 개념을 소위 '사회주의 민족문화건설'에 적극 활용할 것임을 암시하고 있다. 김정일은 〈사회주의는 과학〉이라면서 주체사상의 전통적, 유교적, 가족국가적 측면을 다음과 같이 강조하고 있다.

우리 당의 사랑과 믿음의 정치, 인덕정치는 우리나라 사회주의의 우월성과 불패성을 규정하는 근본요인으로 되고 있다. 우리나라에서는 전체 인민이 수령

• 칠곡교회와 봉수교회는 북한도 종교의 자유가 있다는 것을 보여주기 위해 세운 대외선전용 교회로, 이 교회에 나오는 이들은 모두 훈련받은 공산당원들이다.

을 친아버지로 모시고 받들며, 당의 품을 어머니 품으로 따르며, 수령, 당, 대중이 생사운명을 같이하는 하나의 사회정치적 명체를 이루고 있다. 우리 인민은 당과 수령의 인덕정치의 고마움을 깊이 느끼고 있으며 그 은덕에 충성으로 보답하기 위하여 몸과 마음을 다바쳐 투쟁하고 있다.

김정일은 유교적 윤리를 강조하고 있다. '우리 인민'은 예로부터 '례절이 바른' 품성과 '정신도덕적' 풍모를 지녀왔다면서, 덕치, 충성, 효성 등의 유교적 가치를 전용하고 있다.

10계명 vs 10대 원칙

성경의 10계명은 하나님과의 수직적 관계에 대한 대신계명과 이웃사랑에 관계되는 수평적 관계에 대한 대인계명으로 이뤄져 있는데, 북한의 유일사상 10대 원칙도 수령 김일성을 위해 충성을 다해야 함을 말하는 수령절대주의와 수령이 공급하는 사회정치적 생명체인 수령과 북한 인민과의 관계의 관계에 균형을 맞추었다. 10대 원칙은 김정은에 의해서 2012년 '당의 유일통치 체계 체계를 위한 10대원칙'이 되었다. 유일사상 10대 원칙은 다음과 같다.

① 위대한 수령 김일성 동지의 혁명사상으로 온 사회를 일색화하기 위하여 목숨바쳐 투쟁해야 한다.

② 위대한 수령 김일성 동지를 충성으로 높이 울러러 모셔야 한다.
③ 위대한 수령 김일성 동지의 권위를 절대화하여야 한다.
④ 위대한 수령 김일성 동지의 혁명사상을 신념으로 삼고 수령님의 교시를 신조화하여야 한다.
⑤ 위대한 수령 김일성 동지의 교시 집행에서 무조건성의 원칙을 철저히 지켜야 한다. 여기까지는 수령절대주의와 관계된 원칙이다. 생활총화를 할 때도 이 원칙에 비추어 자아비판을 하고, 조건을 달지 말고 무조건 교시대로 살라는 것이다.
⑥ 위대한 수령 김일성 동지를 중심으로 하는 전당의 사상의 지적 통일과 혁명적 단결을 강화하여야 한다.
⑦ 위대한 수령 김일성 동지를 따라 배워 공산주의적 풍모와 혁명적 사업방법, 인민적 사업 작풍을 소유하여야 한다.
⑧ 위대한 수령 김일성 동지께서 안겨주신 정치적 생명을 귀중히 간직하여 수령님의 크나큰 정치적 신임과 배려에 높은 정치적 자각과 기술로써 충성으로 보답하여야 한다.
⑨ 위대한 수령 김일성 동지의 유일적 령도 밑에 전당, 전국, 전군이 한결 같이 움직이는 강한 조직 규율을 세워야 한다.
⑩ 위대한 수령 김일성 동지께서 개척하신 혁명위업을 대를 이어 끝까지 계승하여 완성하여 나가야한다.

수령절대주의는 수령을 절대화하여 생명을 주는 창조자가 되게 하고 주민들은 이 절대수령에 의해 생명이 수여되는 사회정치적 생명의 피조물이 되게 한다. 그래서 북한 주민들은 태어나서 죽을 때까지 이 10대 원칙의 굴레 속에서 살아야 한다.

국가종교(국교)로서의 주체사상

북한은 1998년에 개정된 헌법 제63조에서 '조선민주주의인민공화국에서 공민의 권리와 의무는 〈하나는 전체를 위하여, 전체는 하나를 위하여〉라는 집단주의원칙에 기초한다'고 밝히고 있다. '집단주의'가 북한의 가장 기본적인 사회원칙이며, 그 원칙에 기초하여야만 공민의 권리와 의무를 논할 수 있다는 것이다. 신앙의 자유 또한 예외가 아니다. 개인적 신앙의 자유는 집단적인 사회 질서를 위배하지 않은 한에서만 허용된다고 못 박고 있다.

우선 김일성주체사상에 의하면, "주체사상은 사람 중심의 새로운 철학사상"이다. 기독교가 신본주의 세계관을 대표한다면, 주체사상은 인본주의 세계관을 대변하는 종교라고 할 수 있다.

주체사상은 '인간의 사회적 성격을 강조하면서 인간을 자주성과 창조성, 의식성을 가진 사회적 존재'로 정의한다. 인간을 개성과 자유를 가진 '나'로 묘사하는 것이 아니라 '나 홀로' 존재할 수 없고 집단공동체를 통해서만 존재하며 발전할 수 있는 공동체적 생존생리를 가진 사회적 존재임을 강조함으로써 '나 없는 사회'를 추구하고 있다.

주체사상은 공산주의 사회를 건설하기 위하여 사회개조, 자연개조, 인간개조를 해야 한다고 밝힌다. 주체사상의 인간개조는 낡은 사상(죄 또는 죄성)이 청산되지 않은 상태에서 외적 작용(부단한 교육과 조직의 강한 통제)에 의해서 낡은 사상을 뽑는 과정이다. 주체사상은 사상교양과 사상투쟁, 교육이라는 외적 강제력을 통해 인간을 변화시킬 수 있다고 주장한다. 주체사상의 인간개조론(구원론)은 (기독교와는 다르게) 인간의 내면 변화보다 외면 변화에 치우친 기형적 인간개조론이다(김명세, 1996).

기독교는 인간의 타락으로 말미암아 지은 죄를 예수 그리스도의 십자가의 보혈에 의하여 하나님 앞에서 사함 받는 일회적 구원사건으로 하여 영생을 얻으며 하나님의 은혜와 능력에 의하여 자기를 다스려 죄를 짓지 않는 삶으로 성화시켜 나가며, 예수 그리스도께서 다시 오시는 그때에 죄가 전혀 없는 영화를 이룬다고 믿는다. 신앙생활은 '내가 변화되어 나가는 과정'이다.

1998년 개정된 헌법의 '서문'에서 국가의 성격과 '집단주의의 본질'을 명백하게 밝히고 있다. 조선민주주의인민공화국은 위대한 수령 김일성 동지의 사상과 령도를 구현한 주체의 사회주의조국이다. 위대한 수령 김일성 동지는 조선민주주의인민공화국의 창건자이시며 사회주의조선의 시조이시다.

김일성 동지께서는 영생불멸의 주체사상을 창시하시고 그 기치 밑에 한일혁명투쟁을 조직령도하시어 영광스러운 혁명전통을 마련하시고 조국 광복의 력사적 위업을 이룩하시었으며, 정치, 경제, 문화, 군사 분야에서 자주독립국가건설의 튼튼한 토대를 닦는데 기초하여 조선민주주의인민공화국을 창건하시었다.

김일성 동지께서는 주체적인 혁명로선을 내놓으시고 여러 단계의 사회혁명과 건설사업을 현명하게 령도하시어 공화국을 인민대중중심의 사회주의 나라로, 자주, 자립, 자위의 사회주의 국가로 강화발전시키시었다.

김일성 동지께서는 국가건설과 국가활동의 근본원칙을 밝히시고 가장 우월한 국가사회제도와 정치방식, 사회 관리체계와 관리방법을 확립하시었으며, 사회주의 조국의 부강번영과 주체혁명위업의 계승완성을 위한 확고한 토대를 마련하시었다.

북한의 헌법 서문은 국가로서의 북한이 '수령'의 사상을 구현한 것이며, 수령'은 국가의 창건자이자, '사회주의 조선'의 시조라고 규정하고 있다. 이어서 '수령'의 위업에 대하여 다음과 같이 설명하고 있다.

"위대한 수령 김일성 동지는 민족의 태양이시며 조국 통일의 구성이시다. 김일성 동지께서는 나라의 통일을 민족지상의 과업으로 내세우시고 그 실현을 위하여 온갖 로고와 심혈을 바치시었다."

"위대한 수령 김일성 동지께서는 조선민주주의인민공화국의 대외정책의 기본리념을 밝히시고 그에 기초하여 나라의 대외관계를 확대발전시키시었으며 공화국의 국제적 권위를 높이 떨치게 하시었다. 김일성 동지는 세계정치의 원로로서 자주의 새 시대를 개척하시고 사회주의 운동과 뽈려불가담운동의 강화발전을 위하여, 세계 평화와 인민들 사이의 친선을 위하여 정력적으로 활동하시었으며 인류의 자주위업에 불멸의 공헌을 하시었다."

김일성 동지는 사랑리론과 령도예술의 천재이시고 백전백승의 강철의 령장이시였으며 위대한 혁명가, 정치가이시고, 위대한 인간이시었다. 조선민주주의 인민공화국 사회주의 헌법은 위대한 수령 김일성 동지의 주체적인 국가건설사상과 국가건설업적을 법화한 김일성 헌법이다.

국가의 모든 질서가 수령의 사상으로 귀결되고 있는 것이다. 북한의 헌법에는 특정한 전통종교를 국교로 인정한다는 조항이 없다. 그러나 북한의 헌법을 엄밀히 검토해 보면, 수령의 사상을 국가적인 범위에서 유일화, 절대화하고 있으며, 그에 기초한 국가질서의 범위 내에서만 신앙의 자유가 허용되고 있음을 알 수 있다. 북한에서 주체사상은 정치종교로서의 기능을 담당함과 동시에, 제한된 범위 내에서만 전통종교를 관용하는 '국가종교'(state religion)로서의 지위를 가지고 있다.

국가종교로서의 주체사상의 특성을 요약하면 다음과 같다.

1. 북한의 국가종교는 교리적 차원에서 수령과 수령의 사상을 절대적인 것으로 내세우고, 수령을 민족운명의 구원자이자 영생의 부여자로 고백하는 배타적 교리를 가지고 있다;
2. 북한의 국가종교는 경험적 차원에서 수령을 운명의 구원자, 영생의 부여자로 숭배하며, 수령에게 매혹되어 그 앞에 모든 것을 내려놓는 세계-내재적 초월경험을 가지고 있다.
3. 북한의 국가종교는 신화적 차원에서 수령과 그 가계를 신성시하고, 수령의 역사를 거룩한 이야기로 받아들여 신화화하고 있으며, 한민족의 기존 신화인 단군신화 등과 연결하여 김일성이 민족의 원시조인 단군의 뒤를 잇는 '사회주의 조선의 시조'라고 고백하는 신화를 가지고 있다;
4. 북한의 국가종교는 의례적인 차원에서 수령의 신화와 관련한 모든 장소를 '혁명전적지'와 '혁명사적지' 등으로 거룩하게 구별하여 순례의 대상으로 삼으며, 모든 관공서, 학교, 기업소, 공장 등에 예배의 장소인 '김일성

혁명사상연구실'을 꾸려 주기적으로 주체사상의 교리와 신화를 학습하고, 자신의 신앙생활을 고백하고 서로의 신앙생활을 비판하는 '생활총화'화합을 정기적으로 가지고 있다.
5. 북한의 국가종교는 공동체적 차원에서 조선로동당을 중심으로 외곽단체인 직맹, 여맹, 농근맹, 김일성사회주의청년동맹, 소년단 및 우당단체인 조선민주당, 천도교 청우당, 그리고 가가호호를 묶은 인민반 등으로 전 사회를 물샐틈없는 하나의 조직으로 만들어 놓고, 주민들의 성분을 3계층 51부류로 분류하여 관리하는 고도의 전체주의 국가조직체계를 가지고 있다.
6. 북한의 국가종교는 윤리적 차원에서 수령이 베풀어주는 '사랑'과 '믿음'에 보답하여 '충성'과 '효성'을 바치며, 개인보다 집단을 앞세워 집단의 최고수뇌인 수령을 '신격화'하고, 무조건적으로 '교리를 집행'하는 것을 자발적인 신념'에 의해 '양심'으로 생활화할 것을 요구하는 윤리를 가지고 있다.

이러한 국가종교를 믿는 대상은 누구인가? 북한사회의 엘리트 층 핵심분자는 주민의 25-30%인 전사자와 피살자 가족이며, 이들은 북한사회로부터 가장 많은 혜택을 받고 있는 계층이다. 그 다음으로 일반계층이 50%, 그리고 최하위 소외계층이 20% 정도로 구성되어 있다(유혜란, 2012; 태영호, 2018).

북한에서는 어떻게 사람의 계급을 결정하는가? 가장 중요한 것은 6.25 전후의 행적이다. 특히 6.25 희생자들이라고 할 수 있는 월남민 가족들이 가장 비루한 삶을 살게 되었다. 이들은 정치보위부에서 ABC급으로 분류했다. A는 적극가담자, B는 치안대 보초서준 사람들, C는 일시적 피난자 등이었다(박성엽, 2019). 주체사상의 특성을 종합해볼 때, 북한의 국가종교는 배타적인 유일신교의 한 유형으로 분류할 수 있다. 북한의 주체사상은 그 민족주의적 성격으로 인하여 북한뿐만 아니라, 남한의 구성원들도 잠재적 '신도'로 파악하고 있으며 개종을 위해 노력할 것이다. 그 포교활동의 열매가 남한의 운동권인 '주사파'로 풍성한 열매를 맺고 있지 않은가!

북한당국은 이데올로기와 선전선동, 정치적 테러 등 다양한 수단을 총동원하여 수령과 인민사이를 은혜와 보답의 관계, 전적으로 의존하며 충성케 하는 비정상적인 관계로 만들어 놓았다(이성로, 2006).

주체사상의 문제는 무엇인가? "수령주의는 북한 주민들의 의식을 무비판적으로 만들고 그를 통해 개인독재를 정당화하는 기능을 하는 것이 북한 주체사상 교육의 가정 부정적인 부분이라고 할 수 있다"(심주일, 2016). 수령은 다른 이단교주와 마찬가지로 우리와 같은 '구원받아야 할' 죄인일 뿐이다.

사람이 주체사상에 세뇌되면, 회개하고 예수님을 인격적으로 만나지 못하는 한 사단적 사상은 추종자의 삶에 다음과 같은 방해를 하게 된다(안점식, 1998).

(1)하나님의 인격성과 주권을 부정한다; (2)예수 그리스도의 유일성을 파괴하기 원한다; (3)믿음에 의한 구원론을 사람들이 깨닫지 못하게 한다; (4)사람들이 하나님과 인격적 교제를 하지 못하도록 한다; (5)죄의 문제를 은폐함으로써 죄사함의 은혜를 누리지 못하게 한다; (6)하나님의 존재와 창조사역을 부정하게 한다; (7)절대적 진리를 부정하게 하고 모든 것을 상대화시킨다.

성경은 말한다: "악인은 그 교만한 얼굴로 말하기를...그 모든 사상에 하나님이 없다 하나이다"(시 10:4). 우리는 피조물이기 때문에, 죄인이기 때문에, 창조자 앞에서 겸손해야 한다.

4. 주체사상은 변형된 기독교로서 김일성 수령제일주의 이단사상이다.

기독교와 주체사상 : 절대로 공존할 수 없다.

김일성의 가족구성을 살펴보면 북한의 체제가 어떻게 형성되었는지를 짐작하게 한다. 김일성의 아버지 김형직은 독실한 기독교인이었다. 아버지 김형직과 어머니 강반석은 모두 신실한 기독교인으로 김일성은 어린 시절 어머니를 따라 주일학교에 착실하게 참석했던 사람이다. 중학교 때에는 중국 지린의 손

정도 목사의 보살핌을 받으며 교회생활을 했고 학생성가대 지위를 맡을 정도로 교회활동을 활발히 했었다. 그의 어머니 강반석은 권사의 직분을 가졌고, 그의 외삼촌 강양욱은 목사였다. 현재 조선 그리스도교연맹위원장 강영섭 목사는 강양욱 목사의 아들이다.

이러한 배경으로 볼 때, 누구보다도 기독교의 정치, 조직, 운영 등에 대하여 잘 알고 있는 그가 세계에서 유례를 찾아볼 수 없는 공산주의 국가 북한의 조직과 운영을 기독교의 조직과 운영방법을 약간 변형(차용)하여 운영하고 있음이 여러 가지를 통하여 확인된다(박성엽, 2019).

북한의 '당세포 회'는 교회의 구역예배와 같고, '세포위원장'(지금은 책임비서)은 구역자, 회개하라는 것은 자아비판, 김일성은 '하나님,' 김정일은 '예수님,' 주당생활총화(당원들이 한 주에 한 번씩 모여 조직생활에 대한 자기비판을 하는 것)은 주일예배, 등의 조직을 그대로 활용하는 것이다.

세계 어느 나라에서 유훈통치가 통하는 나라가 있는가? 그러나 북한에서는 김일성이 살았을 때 한 말을 유훈이라 하여 그 유훈을 가지고 백성을 다스려 나가는 것이다. 이것은 마치 기독교에서 하나님의 말씀 성경을 절대시하며 생활의 표준으로 삼는 것과 같은 것이다. 한 마디로 북한의 조직체계는 변형된 기독교이다(박성엽, 2019).

북한은 왕조 사회, 신정국가다. 북한은 거대한 사이비종교집단이다. "우리 하나님은 김일성 주석입니다"라고 고백하는 나라다. 북한(조선)의 하나님은 민족의 태양으로 추앙받고 있는 "위대한 수령 김일성"이다. 김정일은 위대한 지도자로 통한다. 북한에서는 김일성 일가를 위하여 백성이 존재한다. 황장엽(2000)은 증언한다. "북한의 체제는 백성은 당을 위해서 존재하며, 당은 김일성을 위해서 존재한다."

"김일성 수령은 죽어서도 영원불사하는 존재이다. 따라서 당과 인민들은 오직 위대한 수령 김일성 동지만을 평생 믿고 따라가야 한다"(강명도, 2017).

북한은 주체사상에 지배를 받는 신분제 사회다. 북한에서 허락하는 유일한 종교는 주체사상을 중심으로 하는 김일성 교가 있을 뿐이다. 현재는 김일성의 손자 백두혈통 김정은을 최고 존엄이라고 부른다. 북한에 태어나면, 탁아소에 갈 때부터, 김일성, 김정일, 김정은 사진 앞에 머리를 숙여 "아버지 원수님 고맙습니다" 경배하도록 훈련을 받는다. 북한 전역에는 김일성의 동상이 세워져 있으며, 김씨 3대는 언제나 숭배와 찬양의 대상이다.

어떤 북한학자는 북한의 주체사상에서는 김일성이 성부 하나님에 해당하며, 김정일은 성자 하나님, 그리고 주체사상은 성령에 해당한다고 꼬집었다(함태주, 2000). 수령은 모든 전사들의 생명의 은인, 어버이, 스승인 것으로 하여 수령에 대한 충성심은 절대적이며 무조건적인 것이다.

언론인 조갑제는 "김일성은 북한의 신이며, 북한체제의 본질을 꿰뚫어보는 방법은 북한을 국가가 아닌 신흥종교집단으로 이해하는 것이다"고 말했다. 북한에서 유독 기독교를 말살하려는 이유는 분명하다. 한 나라에 두 하나님이 존재할 수 없기 때문이다.

워싱톤 포스트 파이필드(2019) 기자는 「위대한 후계자」에서 쓰고 있다. "김일성은 1912년 평양 근교에서 김성주라는 이름으로 태어났다…평양은 동방의 예루살렘이라 불리울 정도로 기독교의 중심지였다. 그는 개신교 가정에 태어났으며, 그의 할아버지 중 하나는 목사로 봉직했다."

김일성과 김정일은 기독교신자는 아니었지만 여느 한국인에 비해 기독교적 영향을 훨씬 많이 받았고 기독교에 대해 체험적으로 알고 있었다. 김일성이 지니고 있었던 민족주의, 사상과 신념의 중요성, 복음전파의 사명, 이상촌 건설 등의 사상과 김정일이 갖고 있는 의식성과 도덕성을 강조하는 가치관은 기독교적 가정배경을 통해 형성된 것으로 볼 수 있다(김병로, 2016). 이런 의미에서 주체사상은 기독교를 전용한 2세대 이단, 사이비기독교에 해당한다고 하겠다.

김일성은 어린 시절의 기독교 경험을 바탕으로 그가 권좌에 있는 동안 의도적으로 기독교 방식을 이용했을 것으로 짐작된다. 김일성, 김정일은 종교를 '민중의 아편'이라고 공식적으로 부인했음에도 이 같은 기독교 경험으로부터 기독교인의 생활양식과 조직원리, 중요한 교리 및 교훈을 충분히 배울 수 있었고 이를 역으로 북한사회를 통치하는 데 활용했다.

북조선에서는 주체사상의 김일성교만이 존재한다. 북한 헌법에는 "신앙의 자유가 있다." 그러나 이 나라의 법률구조에 의하면, 김일성 어록, 즉 수령우상화를 위한 10대원칙이 헌법보다 우선한다. 오직 주체사상이 있을 뿐이다. 태영호 공사는 유물론적 사고가 지배하는 북한은 종교를 탄압하는 것이 아니라, 아예 말살하였다고 증언하고 있다. 교회 건물과 믿는 사람들을 모두 없애버렸다는 말이다.

김일성(1955)은 일찍이 주체사상이 왜 필요한지를 다음과 같이 주장한 적이 있다. "마르크스–레닌주의 진리를 배우지 않고 남의 형식만 따르는 것은 백해무익하다. 혁명투쟁에 있어서나 건설 사업에 있어서나 마르크스–레닌주의 원칙을 철저히 고수하면서 그것을 우리나라의 구체적 조건, 우리의 민족적 특성에 맞게 창조적으로 적용하여야 한다." 이렇게 해서 생겨난 것이 주체사상이다. 이렇게 시작된 '주체'의 발견은 사상개혁으로, 발전전략으로, 정치담론으로, 사회이론으로, 철학으로, 종교 수준으로까지 발전하게 된다. 사람이 모든 것의 중심이며 모든 것을 결정한다. 사상에서 주체를 확립해야 한다는 신념은 1950년대와 60년대에 대외자주성 원칙과 혁명적 군중노선을 강조하는 것으로부터 시작했다. 이 시기의 주체사상은 자주성에 기초한 사회주의 발전전략과도 상통하는 의미로 사용됐다.

주체사상은 북한이라는 조선민주주의인민공화국의 기본교리이다. 주체사상은 사회학적 관점에서 분명히 종교다. 주체사상의 종교적 특성을 감안하면 주체사상이 아니라 주체교로 불러야 옳을 것이다. 공산주의 사상과 이론 자체가 다른 종교보다 기독교사상과 유사성이 있다는 점도 주체사상이 기독교적 종교양식을 띠고 있다는 사실을 설명하는 데 도움을 준다. 수령은 내 생명을 창조한 창조자라 믿는다. 주체사상에 의하면 수령인 김일성과 김정일에 대한 우상화, 신격화가 갈수록 심화되고 영생을 신앙화하고 있어 종교성은 점점 강화되고 있다. 이런 점에서 주체사상은 김일성과 김정일, 김정은을 절대화, 신격화한 종교로 자리 잡고 있다. 주체교는 2,500만 명의 추종자를 갖고 있는 세계에서 10번째로 큰 종교다. 800만 인민군은 늘 "장군님은 명사수, 우리는 명중탄"이라고 노래한다.

북한은 주체사상에 의해 통치되고 자신들의 정체성을 규정하는 주체사상 국가이다. 북한에서 주체사상은 신성불가침의 영역이며 이에 대해 절대적 권위를 부여해 놓고 있어 누구도 이에 반대하거나 다른 사상을 제시할 수 없고, 전 주민에게 무조건 따르도록 행동을 강요하며 북한 인민의 사고의 규범으로 절대화하며 도그마화한 사상이다(송원근, 2015).

김정은이 2012년 권력을 세습한 이후에는 김정은이 절대자의 위치에서 존엄으로 군림하고 있다. 북한은 봉건적인 3대 세습체제이다. 한 탈북자는 북한에서의 삶을 회상하면서 말했다. "북조선에서 우리는 아주 어릴 때부터 혁명은 세대에서 세대로 이어진다고 배웁니다"(Fifield, 2019). 세습체제에서 이들에 대한 신격화와 우상화가 김정은에게로 전수되는 것은 당연한 일이다. 누구든지 김일성 일가를 비판하다 발각되면, 주체사상의 10대원칙 중 제1계명을 어긴 존엄훼손죄로 다스리게 된다.

북한의 주체사상은 모든 구조와 양식이 기독교의 양식을 따르고 있다. 북한은 기독교의 종교양식을 그대로 모방하여, 1990년에 들어서부터 '사회주의 대가정'이라는 이념을 강조하기 시작했다. 사회주의 대가정은 북한사회 전체를 하나의 가정으로 보고, 수령, 당, 인민의 관계를 아버지와 어머니, 자녀의 관계와 같다고 보는 개념이다. 1960년대부터 등장한 대가정론은 그 후 '붉은 대 가정,' '혁명적 대 가정,' '공산주의적 대 가정' 등으로 이름을 바꾸며 사회주의 체제 유지에 영향력 있는 담론으로 자리를 잡았다. 북한의 대가정론에 의하면, 김일성 수령의 뜻에 따라 사는 모든 인민은 한 가족이 되는 것이다.

주체사상은 김일성의 사상이고 더 나아가 김정일의 우상화작업에 의한 사이비종교적 사상체계이다. 주체사상은 북한의 핵심통치수단이다. 북한 체제는 수령우상화의 김일성주의인 주체사상에 의해 작동되는 체제이다. 모든 사회가 주체사상의 정해진 원리 안에서만 움직인다. 결국 김정일은 계급주의를 수령 절대주의에 맞게 왜곡하였다. 수령에 대한 충실성을 지키기 위해 신격화, 신조화, 절대성, 무조건성으로 이루어진 충실성의 4대 원칙이 통용되었다. 이 4대 원칙은 종교에서 신에게 부여하는 신앙적 태도이다(송원근, 2015).

조선로동당 당규의 전문은 "조선로동당은 오직 위대한 수령 김일성 동지의 주체사상, 혁명사상에 의해 지도 된다"고 규정하고 있다. 또한 2009년 개정헌법에서는 주체사상을 선군사상과 더불어'자기활동의 지도지침으로 삼는다'고 명기하고 있다.

북한의 주체사상은 다양한 사상이 집합되어 나타난 사상이다. 마르크스-레닌주의, 스탈린주의, 민족주의, 유교사상, 유기체적 전체주의, 인간중심의 유심론 등 상충될 수 있는 이념들의 난삽한 집합체로 구성된 논리적 일관성이 불가능한 사상이다(송원근, 202015).

주체사상은 이렇게 말한다. "사람은 모든 것의 주인공이며, 모든 것을 결정한다. 혁명과 건설의 주인은 인민대중이며 혁명과 건설을 추동하는 힘도 인민대중에게 있는 것인 만큼 새 사회건설에서는 마땅히 인민대중의 힘을 믿고 의거하여야 한다. 자주적인 새 사회를 하느님이 건설하여 줄 수는 없다. 사람들의 생활에 필요한 물질적 재부도 사람만이 창조할 수 있다."주체사상은 인간이 주인이라는 믿음위에 세워진 사상이다.

실제 북한 현실에서 주체사상은 다음과 같이 표현할 수 있을 것이다. "주체사상이란 혁명과 건설의 주인은 어버이 수령이며 혁명과 건설을 추동하는 힘도 수령이다. 또한 자기 운명의 주인은 수령이며 자기 운명을 개척하는 힘도 수령에게 있다. 수령은 인민대중의 최고 뇌수이며 통일 단결의 중심이다."

"머리가 없이는 사람이 죽은 몸이나 같고 사람구실을 할 수 없듯이 현명한 지도부, 당중앙위원회가 없이는 우리 당이 활동할 수 없으며 당의 지도를 떠나서는 우리 인민이 하루도 살아갈 수 없고 한 걸음도 전진할 수 없습니다"(김정일, 1987).

　기독교가 신본주의라면, 주체사상은 인본주의에 기초하고 있다. 주체사상과 기독교의 차이점은 사회역사의 주체가 사람이 아니라 하나님이시라는 데 있다. 주체사상은 진화론을, 기독교는 창조론을 전제로 하고 있다. 주체사상은 물질을 강조하는 유물론이고, 기독교는 정신을 물질과 정신을 함께 강조하는 유심론이다. 북한에서는 '김일성 원수님은 영원히 우리와 함께 하신다'고 했는데, 이들은 모두 죽었다. 그러나 우리에게는 진리와 생명 되시는 부활하신 예수님이 계시다.

　기독교는 유물론이나 유심론으로 보는 세계관을 따르지 않는다. 인간은 영적인 존재로 물질이나 이성을 도구로 사용하는 하나님의 계시에 의해 세계를 보는 세계관을 갖고 있다. 유심론적 철학이나 유물론적 철학이 선택하는 무신론에 대해 기독교인은 유신론을 주장한다. 하나님은 살아계시고 하나님에 의해 모든 것이 창조되고 통치된다고 믿는다.

　1959년 이후 민족주의적 경향을 가진 소련과 중국 양당 간의 이데올로기 논쟁을 계기로 남의 것을 기계적으로 모방하는 교조주의를 반대하면서 인민대중과 당의 영도를 결부시키는 중국 공산당의 사상에 동조하면서 북한식 사회주의 사상인 주체사상을 주장하게 되었다.

　자주적 입장이란 사대주의를 극복하는 것을 말하고 창조적 입장이란 마르크스-레닌주의의 원리를 자기나라의 구체적 실정에 맞게 적용하는 것을 의미하였다.

　황장엽(2006)은 김일성의 주체사상의 시작을 다음과 같이 평가하고 있다. "김일성의 사상적 독립은 마르크스-레닌주의와 소련의 사회주의 건설경험에 대한 교조주의적 태도를 배격하고 조선 사람은 조선혁명의 주인이라는 자각을 가지고 모든 일을 자기나라 실정에 맞게 해나가야 한다는 것을 강조하는 것으로부터 시작했다."

　주체를 내세우며 김일성은 (1) **사상에서의 주체**, (2) **정치 · 외교에서의 자주**,

(3) **경제에서의 자립**, (4)**국방에서의 자위** 등 네 가지 기본노선을 말하며, 김일성1인지배체제, 유일사상체제, 부자세습체제를 확립하기 위해 주체사상화를 강화해나갔다. 이것이 1980년대 전반까지 김일성에 의해 창시된 주체사상의 기본내용인데, 이것은 스탈린주의에 민족주의를 첨가한 것이라 할 수 있다.

철학적으로 사상이란 사고 적용의 결과로 얻어진 체계적이고 논리적인 의식내용을 말한다. 김일성은 이때 "주체는 혁명이기 때문에 마르크스-레닌주의를 북한 혁명의 요구에 맞게 창조적으로 적용시켜야 한다"고 말했다. 1967년 황장엽은 김일성종합대학 총장으로 김일성의 교시에 따라 4가지 노선을 체계적이고 논리적인 주체철학으로 발전시켰다.

"나는 이때부터 계급적 이익을 사회 공동의 이익, 인류 공동의 이익 위에 내세우는 계급주의는 계급이기주의로 전락할 수밖에 없고, 계급이기주의는 지도자의 이기주의로 이어지게 마련이며, 그것은 다시 지도자에 대한 개인숭배와 개인 독재로 집약될 수밖에 없다는 결론을 내리게 되었다."

황장엽(1999)은 이것을 1968년에 인간 중심의 역사관으로 체계화시켰고 1970년에는 인간 개인의 생명과 사회적 집단의 생명의 상호관계, 인본주의의 자주적 지위와 창조적 역할에 기초한 종래의 유물론과 변증법을 전면 개작하여 주체철학을 인간중심 철학으로 제시하게 되었다.

1967년 5.25 교시를 계기로 스탈린 독재의 테두리에 있던 김일성 독재는 1974년부터 김정일에 의해 수령절대주의 독재로 전환하였다. 결국 북한의 독재는 봉건적 세습제보까지 가능하게 하여 3대까지 이어오고 있다. 김일성의 수령절대주의는 김정일에 의해 세습을 전제한 개인이기주의보다 한 차원 더 심한 세습이기주의라고 할 수 있다. 황장엽(2009)은 이 수령절대주의 독재가 스탈린 수령 독재보다 10배는 더 개악된 독재라고 하였다.

김정일이 정치의 실권을 갖기 시작하면서 김일성 개인숭배를 대폭 강화하기 시작했다. 김일성의 업적을 과장하고, 투쟁역사를 위조하고, 개인숭배를 제도화하고, 생활화하도록 강요하면서 부정적 방향으로 급속히 변질되기 시작했다. "유일사상 체계 확립을 위한 10대 원칙"을 시작으로 도처에 김일성 동상을 세우고 사적지 건설을 대대적으로 추진하였다.

북한에서 개인적 존재의 가치는 사라졌고 집단적 존재만 강조되었다. 그러므로 개인적 존재로서의 인권은 사라졌고 이 둘 사이의 변증법적 진화도 사라졌다. 집단적 존재로서의 사회정치적 존재만 그 가치를 존중하고 이 사회적 존재로 살아갈 수 있도록 통치하고 생명을 수여하는 수령에게 절대 복종해야 하는 사회가 되었다. 그 사회 속에서 영원히 존재할 수 있다고 세뇌당하면서 사회정치적 생명체론을 주장하는 사이비종교집단으로 전락된 것이다(송원근, 2015).

주체사상은 공산주의 사회를 건설하기 위해서는 사회개조, 자연개조, 인간개조를 해야한다고 밝힌다. 주체사상은 인간이 사회공동체를 이루어 나가는데 방해된 요소(기독교에서 이야기하는 죄성)들을 낡은 사상이라고 하면서 이것은 인간이 갖고 태어나는 것이 아니라 사회적 속성을 형성해 나갈 때 외부의 '반동적인 사상'문화의 침투로 생긴 것이라 가르친다. 따라서 사회주의 국가는 교육과 교양, 투쟁을 통하여 모든 사람들의 머리 속에서 낡은 사상을 없애야 공산주의 사회가 도래한다고 믿는다. 주체사상의 인간개조(구원)는 낡은 사상(죄 또는 죄성)이 청산되지 않은 상태에서 외적 작용(교육과 통제)에 의해서 낡은 사상을 뽑는 과정이다. 주체사상의 인간개조론은 인간의 내면 변화보다 외면 변화에 치우친 기형적인 인간개조론이며 인간의 개성과 자유를 짓밟는 비윤리적인 인간개조론이다(김명세, 1996).

인간은 자기비판을 통해서 개조될 수 없다. 인간 안에 있는 죄악성의 문제해결은 결코 인간 스스로의 자아성찰과 노력을 통해 이루어지지 않는다. 인간은 죄의 문제를 결코 스스로 극복하지 못한다. 인간 문제의 해결은 죄로부터 회개하고 예수를 믿을 때 이뤄지는 것이다(사도행전 20:21). 기독교에서 회개한다는 것은 잘못된 사고방식을 바꾼다는 의미이다.

"회개한다는 것은, 문자적으로 우리가 하나님에 관하여 생각한 바 실재의 본질, 인간의 본질과 그의 반역, 역사 속의 하나님의 목적 등에 대하여 자신의 생각을 바꾸는 것이다. 그것은 하나님이 사물들을 보는 방식대로 보기 시작하는 것이다. 또한 그것은 하나님의 관점이나 실재에 대한 그분의 정의, 그리고 우리의 상태에 대한 그분의 진단을 인정하는 것을 의미한다"(Darrow Miller).

주체사상을 건축에 비유하면, 김일성의 주체통치의 입장과 노선은 기초 공사라고 할 수 있다. 주체통치의 입장은 터파기이고 주체노선을 콘크리트 과정이라 할 수 있다. 이런 기본형태 위에 김정일의 수령절대주의라는 외장공사가 더해진 것이다. 외장 공사 중 지붕공사는 "유일사상 체계 확립의 10대 원칙"즉 수령절대주의이다. 김정일이 죽은 이후 김정은은 이 10대 원칙을 다시 심혈을 기울여 가장 먼저 개·보수했다. 기독교의 10계명처럼 이들은 이 10대 원칙을 강조한다. 이 집안을 드나드는 대문은 선군정치라고 말할 수 있다. 북한의 정치는 군대가 최우선인 선군정치다. 이제 주체사상의 문을 열고 들어가면 주체문예라는 정원이 보인다. 이 집의 문은 김일성 생가와 금수산태양궁전 경배라고 할 수 있다. 북한에서는 이 일명 태양궁전을 성전처럼 신성시 여긴다. 창문은 김일성 가계 동상과 사진 숭배 등인데 이는 교회의 십자가처럼 강조된다. 사회정치적 생명체론(김일성 영생론)은 수도관과 가스관이고, 사회주의 대가정론은 문을 열고 들어가면 집안에 보이는 마루에 비유할 수 있다. 가족들이 서로 만나 대화하고 교제하는 마루처럼 주체사상의 수령절대주의가 사회 속에서 뿌리를 내리도록 만드는 이론이다. 그리고 그후에 나온 강성대국론은 주체사상의 담벼락에 비유할 수 있다.

1990년대 중반 이후 현재까지를 주체사상의 표현기라고 한다. 주체표현기란 김일성의 사망 이후 90년대 중반 이후 김정일 위원장이 주체사상을 전면적으로 내세우지 못하고 붉은 기 사상이나 강성대국론이니 선군정치니 주체문예이론의 종자론이니 하면서 주체사상의 핵심인 수령절대주의를 옹호하고 방어하기 위한 내용들을 쏟아낸 시기이다.

북한에 새로운 종교지형으로 고난의 행군 기간 기독교신앙을 소유한 이들에 의해 지하교인들이 형성되었다. 북한당국은 자신의 체제에 유해한 요인이라고 판단하여 적극적으로 박해하고 있고, 이로 인해 수많은 순교의 피가 흐르게 되었다. 한편 이 기간에 북한이탈주민이 증가하면서 이들 가운데 100명에 가까운 탈북자들이 신학을 공부하고 사역자가 되어 북한선교의 꿈을 꾸는 특별한 양상이 남한에서 나타나게 되었다.

강성대국론은 1998년 9월 주체사상을 창안한 황장엽이 남한으로 온 다음 해에 북한 당국에서 제기한 이론이다. 김정일은 "새 사회건설, 주체의 강성대국 건설, 이것은 위대한 장군님께서 선대 국가수반 앞에, 조국과 민족 앞에 다지신 애국청정의 맹약이며 설계도"라고 내놓은 것이다. 그러나 2012년 강성대국 목표가 사실상 실현이 불가능하게 되자 2011년에 '강성대국'이라는 용어를 '강성국가'로 격하시켰다. 김정은은 김정일의 선군정치를 이어가면서 4대 통치노선 중 경제에서 자립노선을 주장하며 경제강국을 주체통치의 중심화두로 끌어올릴 것이다(송원근, 2015).

"자기 운명의 주인은 자기 자신이며 자기 운명을 개척하는 힘도 자기 자신에게 있다"고 주장한다. 마치 내 운명은 내가 스스로 개척할 자유가 있는 것 같지만, 모든 것은 주체인 수령의 뜻대로 만들어 놓았다. 주체사상은 "인간중심사상과 마르크스-레닌중의를 수령절대주의사상에 억지로 복종시키고 있다"(황장엽, 1999). 북한에서 자기 운명의 주인은 김일성, 김정일, 김정은이다. 그리고 건설과 혁명의 주인은 인민이 아니고 수령의 지시를 받는 노동당이다. 북한에서의 자주는 인민의 자주가 아니라 수령의 자주이다. 그러므로 북한에서 스스로 할 수 있는 것은 아무 것도 없다. 수령의 총 폭탄이 되어 수령에만 따를 수 있는 자주만 있을 뿐이다. (자주는 보이는 인간수령이 아니라 절대적인 능력자 전지전능의 하나님 안에서 이루어지는 것이다).

김정일은 1973년부터 3대 혁명 소조를 주도하면서 사상 혁명, 기술 혁명, 문화 혁명을 통해 북한주민에게 사상화시켰다. 주체문예란 김일성, 김정일 수령을 절대화하여 수령을 높이고 찬양만 하면 최고의 작품이 되는 것이다.

1975년에 발간한 책에 의하면 주체문예이론이란 "혁명과 건설에 나서는 모든 문제를 자기 인민의 이익과 자기나라의 실정에 맞게 자체의 힘으로 풀어나갈 데 대한 주체사상의 요구를 구현하여 자기 나라 인민과 자기 나라 혁명을 위하여 복무하는 인민적이며 혁명적인 문화예술을 발전시켜 나갈 방향과 방도이다." 인간에게는 물질적 요구와 정신적 요구가 있는데, 물질적 요구는 경제적으로 실현할 수 있지만, 정신적 요구는 문화예술의 미적 요구를 통해서 가능하다고 본 것이다. 그래서 김정일은 주체문예이론을 주장하였고 문제문학과 예술을 강조한 것이다.

주체문예의 작품에서 사회주의국가의 노동자 농민을 대변하고 옹호하는 것을 노동계급성이라고 한다. 북한에서 노동계급성은 노동자 농민을 부르조아 계급에서 자유롭게 하고 노동자 농민의 존재 가치를 다시 세워주어 이들로 하여금 공산국가 지상낙원에 들어가게 역사를 이루는 것을 말한다. 이것을 반영하는 문학이나 예술을 주체문예라고 한다.

북한의 주체문예의 당성, 노동계급성, 인민성은 기독교의 영성, 복음성, 성경의 계시성과 비교할 수 있다. 기독교의 종탑이 높이 치솟아 있듯이 북한의 주체사상탑이 높이 치솟아 있고, 예수의 형상을 소중하게 여기면서 강조한 것처럼 수령의 형상을 극도로 소중히 다루고 있는 것이다.

김일성 일가에 대한 세습독재 우상화는 청소년들의 자주의식을 마비시키고 노예화하는 수단이 될 뿐 아니라 학생들의 창조적 지혜를 키우지 못하게 되어 그 학습수준이 많이 뒤떨어지게 하였다.

1974년 김일성은 "당의 유일사상 체계 확립을 위한 10대 원칙"을 선포하였는데, 이 원칙이 북한인민의 모든 생활을 규제하며 모든 언행을 통제한다. 누구든지 고등중학교를 다닐 때부터 죽을 때까지 이 원칙을 반복 학습해야 한다. 2013년 김정은을 "유일 영도 체계 10대 원칙"으로 변형했다. '김일성 혁명사상'을 '김일성·김정일주의'로 변경하고 '백두혈통'이라는 표현을 투입하여 김씨 일가의 세습체계를 공고히 해놓았다.

수령절대주의는 수령을 절대화하여 생명을 주는 창조자가 되게 하고 주민들은 이 절대수령에 의해 생명이 수여되는 사회정치적 생명의 피조물이 되게 한다. 그래서 북한 주민들은 태어나서 죽을 때까지 이 10대 원칙의 굴레 속에서 살아야 한다.

집단주의에 근거한 주체사상 이론은 '사회정치적 생명체론'에서 절정에 이르게 된다. 북한의 구조는 '하나는 전체를 위하여, 전체는 하나를 위하여'이다. 북한 주민 전체를 사회정치적 공동체이며 유기적 생명체로 보는 것이다.

기독교공동체는 오직 삼위일체 하나님의 인도와 이끄심을 따라 지교회뿐 아니라 모든 하나님의 교회들이 한 마음과 한 뜻으로 하나의 교회를 이루어 성령이 주시는 소욕을 따라 규모 있게 움직이는 강력한 성령 공동체이다. 이와 같이 북한의 10대 원칙은 '김일성 동지의 유일적 령도 밑에 전당, 전국, 전군이 한 결같이 움직이는 강한 조직 규율을 세워야 한다'고 말한다.

북한인권운동을 이끌었던 미국 디펜스포럼재단 회장 수잔 숄티(2008)는 말한 적이 있다:

"오늘날 김정은 정권은 기독교를 자신들에 대한 제일의 위협으로 여기고 있습니다. 저들은 자기들의 독재정권을 유지하기 위하여 성 삼위일체까지 역으로 이용하고 있습니다. 김일성은 자신을 하나님 아버지로, 김정일을 예수 그리스도 같은 존재로, 주체사상을, 최근에는 김정은을 성신으로 대체했습니다."

두레교회 김진홍 목사(2019)는 평양 고려호텔 서점에서 「김일성, 그 이는 하나님」이라는 제목의 책을 사서 읽으며, 북한이 사도신경을 김일성 신격화에 접목시켰음을 확인하였다.

전능하사 당과 인민을 영도하시는 김일성 주석을 내가 믿사오며 그 외아들 김정일 동지를 내가 믿사오니 이는 공산당으로 잉태하사 미제국주의자들에게 박해를 받으시고 저리로부터 인민을 해방하러 오시리라. 아멘.

북한 김정은 정권은 사이비 교단이다. 그냥 일반 정권이 아니다. 사이비 종교집단이다.

북한에서는 수령, 당, 대중은 분리시키거나 대치시킬 수 없는 단일한 생명체라고 가르친다. 마치 성부, 성자, 성령과 같은 삼위일체적 관계를 말하나, 이것은 인격적 하나 됨과는 관계가 없는 것이다.

주체사상의 사회정치적 생명체론에서는 사람의 생명을 '육체적 생명'과 '사회정치적 생명'으로 나눈다. 이때 전제는 사회정치적 생명이 부모에게 받은 육체적 생명보다 귀중하다고 보는 것이다. 육체적 생명은 유한하나, 사회정치적 생명은 무한하다고 가르친다. 그래서 평양 장대현 교회가 있던 자리에 "위대한 수령 김일성 동지는 영원히 우리와 함께 계신다.""위대한 영도자 김정일 동지는 영원히 우리와 함께 계신다"는 글이 두 대형 벽화에 기록되어 있다.

개인은 죽어도 사회공동체는 계속 존재하며 번영한다. 개인의 생명은 죽어도 이 사회적 생명은 죽지 않고 계속 이어져 가는 것이다. 이것이 사회정치적 생명체론에서의 영원한 생명이다.

이 사회정치적 생명체에 속해 있으면 자신의 생명은 죽어도 그 안에서 영원히 살아가는 것이라는 주장이다. 사회정치적 생명체의 생명의 중심은 수령이며 수령은 이 생명체의 뇌수이며, 인민대중은 뇌수의 지시에 따라 움직이는 손발과 같다고 본 것이다. 그러므로 북한의 모든 인민은 수령을 위해 충성과 효성을 다해야 하며 인민대중은 이 수령을 옹호하고 그의 기쁨과 만족을 위해 자기 생

• 북한인민들은 수령인 김일성, 김정일, 김정은의 사회정치적 생명을 위해 '총폭탄 정신', '수령결사 옹위 정신', '자폭정신'으로 무장하여야 한다.

명을 초개와 같이 버려야 한다. 주체사상을 전체주의 개인 독재사상으로 바꿔 놓은 것이다.

주체사상의 뼈대에 해당하는 철근은 주체철학적 원리라 할 수 있다. 뼈대는 한 마디로 인본주의이다. 핵심원리는 '사람이 모든 것의 주인이며 모든 것을 결정한다'는 것이다. 사람의 본질적 특징으로 인해 이것이 가능한데 인간에게는 자주성, 창조성, 의식성이 있다는 것이다.

그러므로 인간은 자신의 운명을 자신이 결정할 수 있고 자신의 운명을 추동하는 힘도 자기 자신에게서 나온다는 것이다. 이것은 황장엽의 철학적 원리를 김정일이 수용한 것이다.

김정일과 김정은은 수령이라는 말을 사용하지 않지만, 이들은 아버지의 뜻대로 수령의 지위를 물려받아 추대의 형식으로 그 역할을 세습하게 된다. 이후 인민에게 추대에 의해 이루어진 수령 대리자이므로 수령절대주의의 권력은 그대로 계속 이어지게 되는 것이다(송원근, 2015).

북한에서는 수령에게 충성심을 표현하는 정신을 '총 폭탄 정신, '수령 결사옹위 정신,"자폭 정신'이라고 한다. 수령인 김일성, 김정일, 김정은에게 북한 인민 모두가 총폭탄 정신으로 자신의 작은 생명을 수령의 큰 사회정치적 생명을 위해 죽어야 한다는 것이다.

북한에서 수령은 신성불가침한 신성한 지위를 차지하고 전지전능한 하나님의 자리에 있는 것이다. 수령은 인민대중의 생명의 중심이고 뇌수이며 수령이 없는 인민대중은 정신을 가지지 못한 고깃덩어리에 불과하며 단결의 중심이 없는 오합지졸에 불과하다. 결국 북한 사람들에게 주체사상이란 수령에게 절대복종과 절대 충성을 다하게 하는 사상 그 이상도 그 이하도 아닌 것이다(송원근, 2015).

10대 원칙 3조 "위대한 수령 김일성 동지의 권위를 절대화하여야 한다"의 제6항은"경애하는 수령 김일성 동지의 초상화, 석고상, 동상, 초상휘장, 수령님의 초상화를 모신 출판물, 수령님을 형상화한 미술작품, 수령님의 현지교시판,

당의 기본구호들을 정중히 모시고 다루며 철저히 보위하여야 한다"로, 북한에서는 김일성, 김정일 형상물 때문에 사람이 자기 목숨까지 던진다.

황장엽(2006)은 김정일이 주체사상을 혁명사상으로, 개인 이기주의 사상으로, 폭력을 신성시하는 폭력주의로 전환시켰다고 비판하였다. 북한체제가 개인숭배에 기초한 맹목적인 복종으로 통일을 이루고 있고, 선군정치로 막강한 위력을 발휘하고 있다.

2011년 북한이탈주민 80명을 상대로 실시한 설문조사 결과 북한에 사는 동안 법이라고 생각했던 것이 무엇이었느냐는 질문에 김정일 말씀 지시가 90.5%로 가장 높았고, 일상생활 속에서 가지는 힘의 순서는 김정일(김정은의 지시도 초법적 기능) 말씀 → 당의 명령 → 내각의 결정 → 당간부 지시 → 헌법(일반법)의 순이었다.

김일성에게 고문과 같은 역할을 한 사람은 강양욱 목사(1903-1983)이다. 김일성은 20세 이전까지 기독교의 영향 아래에서 성장했다. 일단 아버지 김형직은 당시 신앙인이 아니면 다닐 수 없었던 기독교 학교인 숭실중학교를 나왔고, 그래서 그 친구들 가운데는 목사가 여러 명 있었다. 어머니 강반석도 집안 자체가 기독교 집안으로 김일성은 어렸을 때부터 어머니를 따라 교회에 다녔다. 초등학교 5학년을 전후해서 강양욱은 2년간 김일성의 담임이었다. 김일성은 그의 장인 강돈욱의 6촌 형제였던 강양욱 목사를 자신의 회고록에서 자신에게 민족혼과 애국혼을 일깨워준 스승이었다고 회고하였다.

김일성은 스스로도 자신이 기독교에 포위되어 살았다고 할 정도로 기독교의 영향권에서 성장했다. 강양욱은 북한체제에 충성하면서 기독교적인 내용이나 방식을 모방하도록 영향을 행사했다.

김일성은 비록 신앙은 없었어도 마르크스보다는 덜 부정적인 입장에서 종교를 이해했을 수도 있다.

마르크스 종교관에 영향을 받으면서 김일성은 "종교는 비과학적이다. 오늘날 현대 과학을 믿는 사람이라면 누가 하느님이 저 하늘에 있다고 믿겠는가....사람을 속이는 허풍장이 종교는 현 시대 발전 속에 밀려날 때도 되었다. 그러므로 우리 공산주의자들은 종교를 반대하여 인정하지도 않는다"고 했다 (송원근, 2013).

　북한이 김일성 개인숭배를 강화하기 위해 유일사상 체계를 발전시킨 1967년 이후부터 종교적 경향성을 나타내기 시작했다고 볼 수 있다. 1970년대에 주체사상의 절대적 수령론은 신화를 통해 종교의 신적 지위를 갖게 되고 이에 대한 충성은 신앙심에서 요구하는 강력한 신에 대한 경외와 경배를 하게 하는 결과를 만들어 냈다. 북한에서 수령은 생명을 수여해줄 수 있는 절대적 존재가 되고 이에 따라 주체사상의 이데올로기는 종교적 신앙으로 진화되었다(송원근, 2015).

　김병로(2000) 교수는 수령이 주체사상에서 하나님과 같은 절대적 지위를 차지한다는 점에서 '수령교'로 통칭할 수 있다고 했다.

　한화룡 교수는 「4대 신화를 알면 북한이 보인다」는 책에서, 해방신화, 승리신화, 낙원신화, 통일신화가 수령을 절대화했다고 진단했다. 북한사람들은 김일성이 일제와 싸워 조선을 해방시키고(해방신화), 미제와 싸워 북조선이 승리케 했고(승리신화), 북한을 세계가 부러워하는 국가로 건설하여 북한을 지상낙원으로 만들었으며(낙원신화), 미제와 남조선 괴뢰도당의 압제로 신음하는 불쌍한 남조선 동포들을 해방시킬 지도자로 믿게 만들었다(통일신화). 수령이 통일을 이루지 못하고 죽자 수령론을 지속시키기 위해 한 가지 신화를 더 추가했다. 그것은 수령세습신화다. 김일성의 피를 물려받은 김정일에게 이 신화가 세습되고 다시 김정은에게 이 신화를 세습시키고 이를 정당화하는 것이다. "김정은은 천재적이다. 3살 때부터 총 쏘고 운전을 했다. 우리 청년 장군님은 군사의 영재이며 탁월한 군사 전략가이신데, 탱크 분야에서 누구도 따라올 수 없는 천재다."

　주체사상은 첫째 김일성 수령으로부터 이 사회정치적 생명을 받아야 한다고 가르치는데, 수령이 영원한 생명을 줄 수 있는 존재라는 측면에서 종교성을 가졌다 할 것이고, 둘째는 사회정치적 생명에는 뇌수는 김일성 수령이고 인민은 신체의 각 지체이며 당은 혈관이라 보고 있다.

북한의 주체사상은 사회주의, 공산주의가 최종 승리할 것이며, 지상낙원이 주체사상에 의해 이뤄진다는 종말론적 신념을 갖고 있다. 유물론적 입장에서 이상적인 유토피아를 꿈꾸며, 지상에 사랑과 믿음이 넘치는 이상사회를 건설하자는 것이다. 주체사상의 핵심어 가운데 하나는 사랑과 믿음이다. "주체사상을 아는 사람은 사랑과 믿음으로 결합된 사회 생명체를 아는 사람이다."

북한은 자본주의 사회인 남조선과 제국주의 두목인 미제국주의를 사탄의 세력으로 적대시하고 끊임없이 투쟁할 것을 강조하고 있다. 지금은 고난 중에 있어도 결국은 사회주의적인 북조선 인민공화국이 최후의 승자가 될 것이라고 종말론적 믿음을 갖고 있다. 이러한 종말사상을 믿고 있는 북한은 주체사상교 국가 또는 수령교 국가라 할 수 있다(송원근, 2015).

(자본주의 세력이라고 말하는 대한민국은 당당한 주권을 가진 나라이고, 민주화를 이룬 국가로 세계 10대 경제대국을 이룬 세계인들에게 주목받는 나라이지 북한이 해방시켜야 할 '미제의 속국'도 아니고 사탄의 세력도 아니다).

북한의 주체사상을 종교처럼 숭배하고 있다는 외형적 증거는 "김일성 혁명사상 연구실"이다. 이곳에서 주1회씩 연구모임을 갖고 있다. 이 모임에는 지역 구성원이나 직장 구성원 또는 학교 단위 구성원이 빠짐없이 참석해야 한다. 이 모임에서는 김일성-김정일-김정은의 교시된 말씀을 읽고 그들의 업적, 사상, 전통 등을 다시 교육받고 계급교양을 받는다. 이 혁명사상연구실은 전국적으로 45만여 곳에 퍼져 있는 것으로 알려져 있다. 이곳에 들어갈 때는 정장차림을 하고 김일성에 대한 존경심과 경외심을 갖고 들어가야 한다. 이곳에서 사회정치적 생명을 수여하는 수령 김일성과 만나고 그 앞에서 진지하게 참회와 회개의 시간을 갖는 '예배형식'을 갖고 있다. 이곳을 신성시하여 주체사상의 성소로 관리하고 있는 것이다.

기독교에 예배에 해당하는 행위는 '생활총화'다. 소년단에 가입하는 인민학교 2학년 이상 북한주민이면 남녀노소를 불문하고 누구나 생활총화에 무조건 성실히 참여하여야 한다. 생활총화는 자기비판과 호상비판을 통해 10대 원칙을 중심으로 주체사상에 의한 사상통제와 조직 생활을 강화하기 위한 상호 감시 통제 행위이다. 결국 생활총화를 통해 주체사상을 신념화시키고 종교화시키는 것이다.

교회의 새벽기도처럼 매일 모이는 생활총화를 '일일총회'라고 하고, 매 주일마다 모이는 주일 예배 같은 것은 '주 생활총화'라고 한다. 한 달에 한 번의 월례회를 교회에서 모이는 것처럼 '월간 총화'를 하고, 1년에 4번 '분기별 총화'를 하고, 1년에 한 번은 수련회를 하듯이 '연간 총화'를 한다. 수령의 충직한 전사로 목숨 바쳐 살아왔느냐 그렇지 못하냐가 모든 총화의 기준이며, 그것만이 선악과 성패의 갈림길이다. 수령의 뜻만을 매일 생각하며 매주 이것에 입각해 자기를 돌아봄으로 주체사상을 신앙화시키는 것이다.

기독교인은 신앙을 갖게 되면 은혜에 감사하는 것이 특징이다. 하나님의 조건 없는 사랑에 감사하게 된다. 북한에서는 이것을 만 2세부터 초상화를 향하여 "아버지 원수님 고맙습니다.

김일성 원수님, 김정일 장군님 고맙습니다"하는 인사와 교육을 시킨다. 4학년 국어단원에는 이런 글이 나온다. "하늘 땅 끝까지 따르렵니다. 해와 달이 다 하도록 모시렵니다.

수령님의 그 은혜 길이길이 전하며, 일편단심 충성을 다하렵니다." 또한 남한이나 해외에 파견되는 북한의 공작원들은 "생명의 마지막 순간까지 친애하는 지도자 동지의 높은 권위와 헌신을 백방으로 지켜 싸우겠습니다"라는 맹세를 한다.

KAl기 폭파범 김현희가 교회에 나가 예수를 믿으면서 "북한이 주체사상을 강화하기 위해 종교화시킨 것을 발견"하고 깜짝 놀랐다고 고백했다. 북한은 기독교의 종교형식을 그대로 가져와 전 인민의 주체사상화를 시도한 것이다.

북한의 수령제일주의 주체사상 교리와 달리 정통 기독교는 다음과 같은 전제를 공유한다.
1. 인간의 죽음이 하나님에 대한 불순종에 기인하기 때문에 인간적 방식으로 어떠한 노력을 하더라도 영생할 수 없으며 오직 예수 그리스도의 구속을 믿음으로써만 영생할 수 있다.
2. 인간은 결코 하나님과 같이 궁극자가 될 수 없으며 신과의 신비적 합일도 있을 수 없다. 다만 하나님에 대한 순종과 찬양, 감사, 간구 등 하나님과의 인격적 교제가 있으며 성화를 통해서 신의 성품에 참여할 수 있다.
3. 인간은 어떤 도덕적 행위나 신비적 수행을 통해서 구원받거나 완성에 이르는 것이 아니라 예수 그리스도의 구속과 부활에 대한 믿음에 의해서 구원받고 성화된다.
4. 타락한 인간의 제한된 이성과 지식으로는 우주의 모든 비밀을 밝힐 수 없으며, 예수 그리스도가 재림하여 하나님 나라가 도래하면 모든 것이 확연히 밝혀질 것이다.
5. 인간의 노력과 힘에 의해서는 지상에 유토피아가 건설될 수 없으며 예수 그리스도의 재림에 의한 하나님의 주권적 개입에 의해서만 완전한 하나님의 나라가 이루어질 것이다.

유독 기독교를 적대시하는 북한

피랍탈북민인권연대 대표 도희윤(2020)은 북한 김일성의 6.25 남침전후 당시 '기독교총회 회장'인 김익두 목사외 수천 명을 처형한 경위를 [월간 조선]에 진술하고 있다. 3년간 지속되던 전쟁 당시 황해남도 신천군에는 인구의 60%가 기독교신자였다. 로동당 안에 종교정당으로 기독교민주당 당수로 김익두 목사가 있었는데, 신천군에는 로동당의 지시가 40%밖에 먹히지 않는다며, 교인들을 설복하려고 김익두 목사를 중앙당에서 내려 보냈다. 그는 교인들을 교회 안에 모아놓고 "공산당 정권 밑에서는 하나님의 나라를 세울 수 없다.
하나님 나라를 세우려면 미군이 들어와야 한다. 빨갱이 정권을 뒤집어엎어야 한다"고 말했다. 그때 교인으로 가장한 내무원이 폭동을 선동하는 김익두를 사살하였다. 그 후에 주민들을 방송으로 불러내 매복병을 시켜 3,500명이 넘는 신자들을 잔인한 방법으로 학살했다.

결국 김익두 목사가 미군 첩보대의 지원을 받아 조직한 폭동은 수백 명의 교인의 죽음으로 끝났다. 특히 치떨리는 만행은 102명의 아기와 520명의 아기 엄마와 아줌마들을 군당방공호에 몰아넣고 휘발유를 뿌려 불을 질러 학살하였다. 북한 당국은 그 때부터 지금까지 수많은 종교 중에 유독 기독교에 대한 탄압의 고삐를 늦추지 않고 있다.

수령독재와 기독교는 함께 공존할 수가 없는 것이다. 만일 어떤 사람이 하나님께 기도를 드리다 적발 되면 용서가 없다. 그러나 불교나 민간종교에 대해서는 관대하다. 부처님께 불공을 드리다 적발되면 보안사에 불려가 욕이나 먹는 정도다. 북한에서 용납되는 종교는 수령교가 있을 뿐이다(도희윤, 2020).

5. 공산주의(사회주의)는 어떤 전략으로 나라를 망하게 하는가?

공산주의자의 기본철학은 "목적은 수단을 정당화한다"(The end justifies the means)는 것이다. 예를 들어, 나라를 사회주의 국가로 만드는 것이 목표라면, 폭력, 거짓말, 사기, 선동 등 수단방법을 가리지 않고 동원해도 괜찮다는 것이다.

1. **거짓 선동을 해서 나라를 망하게 한다.** 6·25 전쟁으로 폐허가 된 나라가 전쟁 후 70년 만에 세계에서 가장 잘 사는 나라 중에 하나가 된 것은 미국과 동일하게 이승만 대통령이 성경말씀에 따라 헌법을 만들고 자유민주주의와 시장 경제를 했기 때문이고, 북한은 모두 다 잘 살게 해주겠다는 거짓 선동을 하며 착취하는 공산주의를 도입해서 거지 나라가 되었다.

2. **대기업의 소유주를 적폐세력으로 보고 부를 대물림 못하게 하려고 상속세를 과다하게 부과해서 공산화시킨다.** 사회주의 정책은 기업주의 경영의욕 상실로 기업이 망하므로 서민이 죽고 나라가 베네수엘라나 북한처럼 망한다. 대기업의 기업주들은 수많은 서민을 살리며 서민들에게 일자리를 제공하고 부강한 나라를 만드는데 큰 공을 세운 황금알을 낳는 거위와 같은 귀한 분들이다.
3. **많이 가진 자의 재산을 놀고먹는 자에게 나누어주는 정책과 대기업을 무너뜨리는 정책으로 경제를 파탄시킨다.** 이런 분배정책을 해서 더불어 잘 살게 해주겠다고 거짓 선동하는 공산주의는 베네수엘라처럼 반드시 망한다. 반면에 소, 중, 대기업을 육성시켜 국제기업이 되면 많은 일자리가 생기고 서민이 잘 살게 된다.
4. **심은 대로 거두지 못한다.** 성경의 가르침과는 반대로 주체사상은 하나님을 대적하는 거짓된 사상이다. 열심히 일해도 내 것이 안 되기 때문에 적극적으로 일하지 않는다.
5. **기독교를 비롯한 종교를 적폐세력으로 보고 대형교회를 공격하고 방송을 통해 치부를 부각시킨다.** 연속극을 통해 가정을 파괴시키고 동성애법을 만들어 더러운 세상을 만든다. 기독교는 십계명이 있기 때문에 공산주의 외에는 기독교를 욕하지 않는다. 이렇게 잘 사는 나라를 부정하고 이 나라를 거지 나라 북한이나 베네수엘라 같은 사회주의로 만들려고 하는 사람들은 간첩이 아닌지 조사해야 한다.

주체사상 입안자로 김일성대학교 총장을 하다 귀순한 황장엽은 우리 남한에 50,000명 정도의 간첩이 암약하고 있다고 하였다. 좌파 사회주의자들은 잘못된 사상을 가지고 마치 지상낙원을 만들 수 있는 것처럼 거짓 선동을 해서 나라를 망하게 된다. 우리는 경제를 망쳐 거지 나라를 만드는 좌파들의 경제정책을 적극적으로 저지해야 한다.

5가지 사기수법

　공안검사로 과거 우파정권에서 수많은 간첩을 타진한 고영주 변호사는 공산주의자 이론은 선전이론과 실천이론이라는 2중 구조로 되어 있으며, 공산주의자들이 5가지 사기수법을 사용한다고 밝혔다. 좌경이념은 사회적 약자를 이용해 정권을 획득하려는 사기이론이다.

1. **내로남불하는 습성이 있다.** 자신들이 하는 것은 무엇이든 정당하다고 떼를 쓴다. 상대가 하면 적폐로 몰고 자신들이 하면 불법이 아니라 한다.
2. **용어혼란 전술을 사용한다** : 우리 민족끼리, 즉 민족주의는 반미, 반일하고 우리끼리 통일함을 의미한다. 민족(한겨레)은 주한미군철수를 의미하며, 평화는 전쟁이 없는 상태를 말하는 게 아니라 남과 북을 공산화한다는 뜻이다. 블랙리스트를 체크리스트라고 한다. 이석기 같은 공산주의자를 양심수라고 한다. 평화경제는 통일경제를 의미한다. 공산주의라는 용어 대신 민중민주주의, 인민민주주의, 진보적 민주주의, 프로레타리아 민주주의, 좌경이념이라고 한다.
3. **궤변을 사용한다.** 얼마 전 청와대 대변인은 "곳간에 있는 작물을 쌓아두기만 하면 썩어버린다. 어려울 때 쓰라고 곳간에 재정을 비축해 두는 것"이라는 황당한 궤변을 내놨다(사실 곡간에 있는 것은 쌀이 아니라 국민의 혈세다!). 조국의 아내 정교수가 컴퓨터를 동양대학교에서 빼돌렸을 때 유시민이 증거인멸이 아니라 증거보전이라고 한 것도 궤변이다.
4. **억지를 쓴다. 무조건 우기고 본다.** 희대의 파렴치 위선자 조국을 다른 자리도 아닌 법무장관으로 기어이 임명해 '정의'와 '공정'을 무너뜨려 놓고선 "정의와 공정의 가치를 사회의 전 영역으로 확산시켜나가고 있다"고 억지를 쓴다.
5. **반복 선전한다.** 이념설득을 위해서는 언론을 선점하는 것이 중요하다. 특히 언론을 장악해 가짜 뉴스를 반복해 퍼뜨린다.

　자유민주주의 정체를 대변하던 박근혜 정부는 이석기의 통합진보당을 해산하면서, 그들의 실체를 다음과 같이 폭로하였다. "통합진보당의 주도세력은 '민주주의가 망할 때까지 민주주의를 외쳐라, 공산주의자는 법률위반, 거짓말, 속임수, 사실은폐 따위를 예사로 해치우지 않으면 안 된다'고 한 레닌의 말처럼 용어혼란전술, 속임수 전술을 통하여 북한식 사회주의의 실현을 '민주혁명의 과업'으로 바꾸어 말하고 있다."

　문재인 정권은 지난 2년 반 동안 우리나라를 사회주의화하고 연방제 통일을 실현한다는 목표를 위해서는 거짓말, 선동, 불법, 폭력 등 불법적인 수단을 사용해도 괜찮다고 말하고 있다.

　조국 전 민정수석의 감찰무마 의혹, 유재수 전 부산시 부시장의 뇌물 및 감찰 무마 의혹과 울산시 김기현 시장을 낙선시키기 위해 청와대가 하명해 선거공작을 벌인 의혹, 버닝썬 윤규군 사건, 친정부 성향의 경영진이 포진하고 있는 우리들 병원에 대한 산업은행의 1400억 원대 특혜대출 의혹 등 어떤 정권차원의 의혹이 불거지면, 항상 관련자들과 청와대의 반응은 일단 부인하고 거짓말도 서슴치 않는다.

　이 정권을 대표하는 문재인 대통령은 정의와 공정을 앞에 내세운다. 그러나 그의 국정철학을 그대로 따르고 있는 지도자들은 목적 달성을 위해 직권을 남용하거나 거짓말과 불법을 아무 양심의 가책도 없이 자행하고 있다.

　조국 일가족의 비리 사건에 이어 연이어 터지고 있는 유재수 전 부산부시장의 뇌물 및 감찰 무마 의혹과 청와대의 울산시장 선거 개입의구심이야말로 공정과 정의를 담보해야 할 우리의 법치주의를 뒤흔들고 있다. 김기현 전 울산 시장을 낙선시키고 대통령 친구 송철호를 시장으로 당선시키기 위해서 장관, 경찰, 공무원들이 개입한 것은 어떤 기준으로도 합리화될 수 없는 것이다. 저들의 주장은 목적 달성을 위해서는 불의한 방법도 정당화된다는 것이다. 이는 자유민주주의 자체를 파괴하는 행위다. 우파 정권에서 그러했다면 좌파는 어떻게 반응했을까!

　정권 실세들이 두루 등장하는 텔레그램 내용 등은 그들에게 선악의 판단기준이 법과 양심이 아니라 피아구분이었음을 보여준다. 우리 진영에서 한 것은 다 정당화된다는 태도이다. 충성과 의리로 뭉친 그들이 2년 반 동안 개혁비협조자들을 응징하고 '적폐'에 대해 보복의 칼날을 휘두르는 동안, 대한민국의 도덕적 기반이 흔들리고 있다(이기홍, 조선일보, 2019.12.13.).

선악 이분법과 피해의식

집권 좌파는 1980년대 '행방전후사의 인식' 수준에 머물러 있다. 마르크스주의는 집권좌파와 별 상관이 없다. 주체사상이 운동권을 석권했다. 주체사상의 토대가 민족주의니까 더 잘 먹혔던 것이다. 마르크스주의보다는 주체사상의 영향을 받았다. 민주노총이나 공무원, 공공부문 노조, 한국노총, 이런 쪽에서 촛불시위를 해 정권을 만들어줬으니 집권좌파를 배신할 수도 없다. 집권좌파 86세대는 세계사에 유례가 없는 변종좌파다.

선악이분법과 피해의식은 정치팬덤을 결집시키는 중요한 동력이다. 세상은 우리 편과 반대편, 단 둘밖에 없다. 음모론에 집착한다. 자기 편이 힘든 것은 어떤 악마들의 음모 때문이라 믿는다. 대개 여기서 악마역할은 이명박, 박근혜, 아베, 자유한국당, 삼성, 기무사, 국정원, 검찰이 맡는다. 86세대는 자칭 진보세력으로 선악의 이분법과 피해의식, 한풀이로 세계관을 형성한다. 비판

• 북한은 한반도의 적화통일을 목표로 노동자와 농민은 물론, 여자 군인들을 수령결사옹위 정신으로 무장시키고 있다.

을 거부하는 이념, 우리는 그것을 도그마라 부른다. 이들이 바로 한국사회 자칭 진보세력의 주축이다. 이들은 친일파, 촛불, 노무현, 세월호, 위안부, 징용, 독도, 미투 등 상징을 좋아한다. 상징을 내세워 자신을 핍박받는 선한 자로 포장하며, 정치적 반대자에게는 가해자의 이미지를 덧씌운다(주대환, 사회민주주의연대 대표, 신동아, 2019년 12월).

청와대 민정수석실에서 수사관으로 근무하다 해고된 김태우 수사관은 '내부 고발자'로서 유재수와 환경부 블랙리스트, 울산시장 선거공작 사건 등에 대한 정보를 수차례 언론에 공개하였다. 울산시장 선거 공작에 대한 진실이 폭로되었을 때, 노영민 대통령 비서실장은 "가짜 뉴스의 범람이 현대 민주주의의 가장 큰 위기"라고 했다.

민정수석은 "김씨가 희대의 농간을 부리고 있다"고 했고, 국민소통 수석은 "미꾸라지 한 마리가 개울물을 흐린다"고 했으며, 청와대 대변인은 "문재인 청와대에는 사찰이라는 DNA자체가 없다"고 했다. 김씨의 인격과 직급에 대해 공격을 퍼부어 그의 문제 제기 자체를 깔아뭉갠 것이다. 그런데 김태우 폭로가 하나하나 검찰수사를 통해서 사실로 확인된 이상 전면 재조사가 불가피하다. 진실은 아무리 덮으려 해도 반드시 드러나게 마련이다.

공산주의와의 싸움은 정치적 갈등이며, 종교적, 영적 전쟁이다

공산주의, 사회주의는 하나님을 대적하고 교회를 파괴한다. 특히 북한의 주체사상은 김일성을 수령으로 우상화하며 하나님을 대적한다. 사단, 마귀는 살인자이며 거짓말쟁이 이다. 그들의 미혹의 영에 사로잡인 좌파들은 지금도 가짜 뉴스로, 거짓말로 국민들을 선전 선동하여 이 나라를 사회주의국가로 만들려하고 있다.

공산주의는 종교, 특히 기독교를 배척한다. 우리나라가 공산화되면, 북한처럼 교회는 파괴되고 나라는 거덜나게 된다. 공산주의자 모택동은 6,400만 명을 죽였고 스탈린은 4,500만 명을 죽였다. 김정은은 폭정으로 전국에 산재해 있는 정치범수용소를 통해 수만 명을 죽였으며 고모부 내외를 비롯해 얼마나 많은 무고한 사람을 죽였는가!

　김일성, 김정일, 김정은 삼대세습정권은 1950년 6월 25일 군사남침을 통해 수백만 명을 죽게 만들고, 1천만 명의 이산가족을 만들고, 집권 중에 수백만 명이 굶어죽게 만든 우리 민족의 반역자다. 대내적으로도 김정은은 잔인한 폭군정치를 하고 있다. 2013년 12월에는 고모부인 장성택을 고사총으로 공개 처형했고, 2015년 9월에는 군 간부들이 모인 자리에서 인민무력부장 현영철을 역시 고사총으로 잔인하게 처형했다. 그는 집권한지 4년 동안 무려 140여명의 고위간부들을 처형하거나 숙청했다. 그는 피도 눈물도 없는 잔인한 독재자다.

　북한은 여전히 대한민국의 자유민주주의 헌정질서를 궁극적으로 타도 혹은 대체해야 할 대상으로 여기고 있다. 북한의 대남적화전략은 하나도 변한 적이 없다.

　주체사상이라는 종교사상에 세뇌된 좌파 주사파 단체들이 공유하고 있는 전제는 무엇인가? 대한민국은 태어나서는 안 될 나라라는 것, 기존 자유민주주의 체제는 투쟁 전복시켜야 하는 세력이며, 친북, 친중을 추구하고 반미, 반일의식으로 무장하여야 하며, 부르조아 (자본가) 민주주의를 노동자, 농민 피지배자를 우대하는 인민민주주의(사회주의)로 거듭나게 해야 한다는 것이다. 자유민주주의 체제와 김일성수령제일주의 사이에 대결이 벌어지고 있는 것이다.

　자유민주주의 국가가 법이 지배한다는 사실은 만고의 진리이다. 법의 지배, 곧 법에 의한 통치가 제대로 작동해야 시민 개개인이 평등을 통해 자유와 권리를 누리고, 사회의 안정과 질서를 유지하며, 정의를 실현할 수 있지 않은가? 법을 우습게 알고 지키려 하지 않는다면 개인은 물론 사회와 나라가 파국으로 갈 수밖에 없다. 의와 불법이 어찌 함께 하며 빛과 어두움이 어찌 함께 사귀며, 그리스도와 벨리알이 어찌 조화하며, 믿는 자와 믿지 않는 자가 어찌 상관하며, 하나님의 성전과 우상이 어찌 일치가 되리요! 우리는 목숨을 걸고 주사파 적화통일을 막아야 한다(김홍도 목사).

사회주의는 모두 실패했다

　자본주의, 시장경제는 자생적 질서다. 소유와 상속을 중시한다. 사도행전에서는 성령 받은 사람은 자발적 기부를 하고, 상부상조하라고 가르친다. 사회주의를 실천하려면 권력이 강화되어야 한다. 기독교는 신본주의, 사회주의는 인본주의다. 시장경제를 인정하면 우익이고, 시장경제를 반대하고 계획경제를 주장하면 좌익이다. 보수는 변하지 않는 핵심가치와 기본질서와 진리를 믿는다. 미국에서는 보수와 진보가 모두 시장경제를 지지한다. 한국에서는 북한을 지지하면 좌파, 진보로 통한다.

　공산주의는 선전이론과 실천이론으로 구성되어 있다. 자유민주주의는 가짜 민주주의라고 한다. 다수의 프로레타리아(노동자)가 소수의 부르조아(자본가)를 다스리는 게 맞다고 한다. 노동자가 주권자가 되어야 한다. 농민에게는 권력을 줘서는 안 된다. 주권은 공산당 당 중앙위원회에게 주어야 한다. 주권은 수령에게 위임해야 한다. 실천이론은 결국 수령에게 주권을 위임해야 한다고 되어 있으므로 모든 공산주의, 사회주의 국가는 독재체제로 가게 되어 있다. 역사는 자유민주주의는 번성하지만, 공산주의와 사회주의는 쇠락한다는 것을 보여주고 있다. 사회주의를 표방한 소련, 중국, 북한, 쿠바, 베네수엘라, 아르헨티나 모두 실패한 것으로 드러났다.

　참여연대 출신 서울시장 박원순(2019)은 진보 시장답게 청년들에게 매달 50만원씩을 무상복지기금으로 나눠주겠다고 2019년 10월에 선심성 정책을 발표하였다. 일자리를 제공하지 않고 무상복지 정책을 쓰는 것은 사회주의 좌파들이 쓰는 전형적 정책이다. 문재인 정부는 "국민의 전 생애를 국가가 책임진다"고 선언했다. 생산과 투자는 없이 고교무상 교육, 기초 연금 인상, 아동수당 지급, 청년 구직수당 지급, 공공임대 주택 공급 등 다양한 복지정책을 사용하며 엄청난 세금을 탕진한다.

　방만한 복지정책을 남발하면 국가는 결국 부도위기에 직면하게 되어 있다.

한국은 보존자원이 빈약하여 수출만이 살길인데, 국가경쟁력이 약화되면 수출이 급감하여 단기간에 심각한 재정위기에 빠질 위험이 있다. 이러한 무리한 선심정책을 쓰다보면 결국 나라는 아르헨티나, 베네수엘라, 그리스와 같은 3류 국가로 추락하게 되어 있다. 전문가들은 정부가 대대적으로 세금을 풀어 성장과 분배를 함께 이룩하겠다는 무리수를 뒀던 그리스와 베네수엘라의 전철을 밟지 않을까 우려하고 있다(김충남, 2019).

살아있는 순교자 임현수 목사

캐나다 출신 선교사 임현수 목사는 18년 동안 150번이나 북한을 드나들면서 북한 돕기 사역을 했다. 1만 명이 넘는 고아들을 먹여 살리는 일을 했고, 15,000개가 넘는 이불지원 사업을 했고, 컴퓨터 검안기와 안경 80만 개를 지원하였고, 여자 1,000명, 남자 1,000명이 이용할 수 있는 거대한 목욕탕을 지어주었고, 평양 영어교원 강습소를 위해 영어교사와 영어교재를 지원했고, 도문기술학교에 교사들을 후원했고, 연변과기대와 평양과기대 국제이사장으로 섬기기도 했으며, 빙상 국가대표팀을 매년 6개월씩 3년 동안 캐나다에 데려와 훈련을 받게 해주었으며, 북한 여자 월드컵 축구대표팀을 토론토로 데려와 섬기기도 하였다. 큰빛교회가 그를 통해 68차례나 대표단을 파견해 식량지원, 학교지원, 병원지원, 고아원지원, 양로원 지원, 교육사업, 농업부문, 공업부문, 상

• 캐나다 큰빛교회 임현수 목사는 북한을 18년간 150번을 방문해 고아원, 빵공장 등 무수히 많은 도움을 주었지만, 김일성을 하나님으로 믿지 말고 예수님을 믿어야 한다고 발언한 것 때문에 존엄훼손 죄로 처벌받아 사형을 언도받고 949일을 독방에서 생활하다 전세계 성도들의 기도가 응답되어 극적으로 석방되어 자유세계로 돌아왔다. 그는 살아있는 순교자라 할 수 있다.

업부문, 투자사업, 서비스업, 예술문화교류사업은 천문학적인 규모였다.

　이 모든 선한 사업은 북한 주체사상의 제1계명을 어김으로 한 순간에 무효가 되어 버렸다. 임현수 목사가 김일성 대신 하나님을 믿어야 한다고 설교해 "최고 존엄 모독 죄"를 범한 것이다. 북한 돕기 사역을 하다가 "김일성 대신 하나님을, 김정일 대신 예수님을 믿고, 당 대신 교회를 세워야 하며, 43,000개의 혁명사적관을 교회로 만들어야 한다"고 강의한 것이 인터넷에서 발견되어 북한 법에 따라 사형선고를 받고 2년 7개월을 무기노동교화형을 살다가 극적으로 풀려났다. 임현수 목사는 「내가 누구를 두려워 하리요」라는 회고록에서 949일간의 독방생활을 돌아보면서 북한을 한 마디로 "사이비종교 집단"이라고 진술했다. "북한은 사회주의, 공산주의, 김일성 독재왕조가 아니다. 그저 質(질) 나쁜 사이비종교집단에 지나지 않는다."

　남한 사회는 종교의 자유를 보장하는 자유민주주의 사회이다. 다양한 사이비종교까지 포용하고 있는 종교다원주의 사회라 할 수 있다. 남북의 통일이 이뤄진다면 절대수령체제의 주체종교와 종교선택의 자유를 누리는 종교다원주의가 공생할 수 있을까? 현 정권은 자유민주주의에서 "자유"를 빼고 "평등"(하향평등)을 기본가치로 하는 사회주의를 지향하고 있다.

자유 vs 평등

　문재인 대통령은 취임 일성으로 "기회는 평등하고 과정은 균등하고 결과는 정의로울 것"이라고 했다. 적어도 추구하는 가치는 이렇지만, 조국 사건에서 나타나는 것처럼 실제는 반대로 표출되고 있다. 평등과 자유 모두 중요한 가치이지만, 이 둘이 충돌하면, 좌파적 사고를 가진 사람들은 평등의 손을 들어준다. 경제학자 공병호(2019)는 〈좌파적 사고, 왜 열광하는가〉에서 말하고 있다.

　"평등과 자유는 자주 충돌한다. 특히 결과의 평등과 자유는 절대로 함께 할 수 없다…일단 어떤 사회에서 평등을 위한 정부의 개입, 즉 평등을 위한 계획이 광범위하게 확장되기 시작하면 이는 자유의 상실로 이어진다. 평등을 구현하려면 누군가 혹은 어떤 그룹의 자유를 빼앗아야 하기 때문이다."

대한민국은 1948년 건국이후 정치적으로는 자유민주주의를 경제적으로는 자유시장 경제를 선택했다. 보수우파의 역사관은 이승만 대통령이 공산주의를 반대해 1948년 8월 15일에 자유민주주의 공화국을 수립했다는 사실을 확인함으로 시작한다. 이보다 먼저 1946년에 북한은 이미 인민민주주의와 계획 경제를 선택한 바 있다. 자유민주주의에서 자유라는 단어가 사라지면, 주사파가 장악하고 있는 현 정권에서 볼 수 있는 것처럼, 필요에 따라서 민중민주주의가 가능해진다.

민중주의(populism)는 좌파적 사고와 깊이 연결돼 있다. 좌파적 사고는 획일화와 평준화에 친화적이다. 평등은 좋은 것이지만 좌파세력은 하향 평준화를 추구한다. 좌파적 사고는 무상복지와 같이 일률적으로 공급하는 것에 깊은 관심을 기울이고 선호한다. 교육서비스도 획일화되고 평준화된 것을 공급하기를 선호한다. 소득주도성장, 최저 임금도 좌파적 사고에서 나온 것이다. "아주 예외적인 상황이 발생하지 않는다면, 한국사회에서 좌파적 사고의 약진은 상당기간 계속될 것으로 보인다. 일종의 시대정신으로 자리 잡은 이 같은 사고는 한국사회의 경제, 정치, 안보, 문화, 대북관계, 한미동맹, 한일관계 등에 전 방위적으로 영향을 미칠 것으로 예상된다"(공병호, 2019).

우리나라가 주사파들에 의해 사회주의화, 공산화되면 김정은을 우상화하는 주체사상을 추종하지 않고 살아남을 수 있을까? 주체사상 이외에 다른 종교가 허용될 수 있겠는가? 친북, 좌파 문재인 정권에서 종북, 사회주의 정책을 추구하는 문재인, 임종석, 조국과 같은 정치지도자들에게 묻고 싶은 질문이다.

우리나라는 현재 주사파가, 즉 주체사상을 신봉하는 사람들이 정계와 교육계, 언론계를 장악하고 있다(김세의, 2019). 임종석, 조국, 신동호, 이인영, 유시민, 백원우, 송인배, 김상곤, 최문순 등 386 운동권 출신이 요직을 장악하고 있다. 민변은 '민주사회를 위한 변호사 모임'으로 그 동안 국가보안법 폐지와 평택 미군기지 이전반대 등 좌파진영의 구호를 꾸준히 외쳐왔다. 변호사였던 문재인 대통령 역시 민변 출신이다. 그는 좌파성향 김명수를 대법원장으로 임명했다.

대한민국의 언론사 중 가장 큰 규모를 차지하고 있는 KBS를 비롯해, MBC와 SBS 등 지상파 방송 3사 직원의 상당수가 언론노조 소속이다. 전문 뉴스 채널인 YTN을 비롯해 MBN과 연합뉴스 TV 등의 직원들도 상당수가 언론노조 소속이다. 신문사의 경우, 조중동 3대 신문사를 제외한 거의 모든 신문사의 직원들이 언론노조 소속이다(김세의, 2019). 우리는 지금 왼쪽으로 기울어진 운동장 위에 서 있다고 해도 과언이 아니다.

먼저 주체사상 운동권에서 24년을 활동하다가 전향한 김문수 전 경기도지사는 대한민국은 이미 종북 주사파와 좌파연합에 넘어갔다면서, 주체사상은 강력한 힘이 있다면서 그 특징을 다음과 같이 요약하였다.

① 주체사상은 체계적이다
② 성경보다 쉽다
③ 살아있는 권력 김정은을 움직이는 사상이요 이론일 뿐 아니라, 조선민주주의 인민공화국이라는 국가권력이다
④ 젊은 대학생시절, 조국을 위해, 민주화를 위해, 자주통일을 위해, 최루탄을 마시며 싸우다가, 도망다니고, 잡혀서 고문당하고, 감옥을 들락거리며, 청춘을 바치고, 헌신했던 자부심을 가지고 있다
⑤ 사회인이 되어서도 운동권의 동지적 인간관계는 끊을 수 없다
⑥ 운동권출신이 서로 짝을 이뤄서 부부가 된 경우에는 혁명가정이 된다. 자녀까지 대를 이어 사상이 이어진다. 무섭다. 그래서 저는 사상을 바꾸는 것은 담배 끊기 보다 더 어렵다고 생각한다. 이런 종북 주사파들이 수백만 명 배출되었고, 지금 마침내 청와대부터 국가권력기관 뿐만 아니라 사회 각계각층을 완벽하게 장악했다. 제가 아는 한 세계 어떤 공산혁명 때보다 더 완벽하게 국가권력을 장악했다."

누가 반동분자인가? 북한에서는 자기가 살던 고향을 떠나는 것을 '반동'이

라고 한다. 탈북자는 대부분 반동분자가 된다. 그리고 탈북자들을 도우면 이는 '반동들을 도운 역적 죄'가 되는 것이다.

북한을 다스리는 영의 세력은 죽음의 영이다. 저주와 궁핍의 영이다. 적개심의 영, 증오의 영이다. 43,000개나 세워져 있다는 혁명사적관에서는 날마다 주체사상 교육이 이루어지고 있다.

평양과학기술대학은 2009년 남한의 기독교계가 5천억을 투자해 세워준 대학이다. 그런데 "첫 남북협력 대학인 평양과학기술대 내에 '김일성 영생탑'이 세워졌으며 '주체사상연구센터' 가 건립되었고, 교과목에 주체사상이 필수과목으로 개설되었다. 북한은 수령제일주의가 지배하는 주체사상의 나라다.

개인의 의견이나 사상, 가치관은 당의 결정에 파묻힌다. 모든 것이 수령의 지시에 근거하며 모든 것이 수령에게서 나온다 해도 과언이 아니다. '인민이, 인민에 의해, 인민을 위해'라는 구호는 있지만, 아무리 생각해도 인민은 로봇이지 주체가 아니다.

자유를 박탈당해본 사람은 자유의 가치를 잘 안다. 감옥에 갇혔던 사람은 자유가 무엇인지, 얼마나 소중한 것인지 안다. 자유는 인간의 기본적 권리이고 특권이며, 누구도 빼앗을 수 없고 빼앗겨서도 안 되는 기본인권이다.

「김정은이 만든 한국대통령」의 저자 이상철(2019)은 "북한은 존재해서는 안 될 나라"라면서, 북한에는 생존권이 없고 말할 수 있는 표현의 자유가 없고, 이동할 수 있는 기본적 자유가 없는 나라"라고 소개하였다.

수많은 북한 주민들이 그저 북한에 태어났다는 이유만으로 강제수용소에 끌려가, 고문, 학대, 기아, 강간과 살인을 견디며 고통스럽게 살고 있다. 자유민주주의 국가에서 볼 때, 북한은 거대한 감옥이다. 그들의 구호대로 남조선을 해방할 것이 아니라 폭압으로부터 해방되어야 할 대상은 바로 북한이다.

지금 우리나라에서는 자유민주주의 체제를 유지하려는 세력과 김일성주의 주체사상에 물든 주사파 체제를 영구화하려는 세력 사이에 종교적 전쟁이 펼쳐지고 있다고 해도 과언이 아니다. 문재인 탄핵 1천만 서명운동 본부에서는 문

• 북한의 정치범수용소는 일단 들어가면 평생 나올 수 없는 곳이다. 북한에는 생존권도 말할 수 있는 표현의 자유도 이동할 수 있는 기본적 자유도 없다. 인간이 짐승같이 취급받는 곳이다. 사람을 함부로 죽이고 여자들을 마음대로 강간하고 낙태가 아무렇지도 않게 일어나고 평생 노동과 고문으로 고통받는 거대한 노예국가다.

재인을 하야시켜야 하는 이유로 주사파가 고려연방제(낮은 단계 연방제)로 우리나라를 사회주의 공산주의 국가를 만들려하고 있다는 데 주목하고 있다. 주사파는 김일성주의자들로서 자유주의자들의 적이다. 주체사상을 추구하는 사람들이다. 주사파는 대한민국을 부정하고, 조선민주주의인민공화국이 한반도에서 정통성이 있는 국가로 생각한다. 주사파가 대한민국의 정통성을 부정하는 까닭은 이승만과 박정희의 정통성을 인정하지 않기 때문이다. 김문수 전 지사는 지금 우리나라에서 벌어지고 있는 좌우대립의 역사는 바로 주사파와 자유파 사이의 체제전쟁이라고 진단하고 있다.

문재인 정권은 종북주사파 정권이며, 김정은과 연방제통일을 하는 것이 1차 목표다(김문수, 2019). 문재인은 '공산주의자'로, 김정은의 수석 대변인으로, 남측 대통령으로 소개되고 있는데, 그는 이승만 대통령이 제헌국회를 세운 1948년 8월 15일을 대한민국 건국일로 보지 않는다. 좌파진영을 대표하는 문제인은 상해 임시정부가 수립된 1919년 4월 11일을 대한민국 건국일이라고 주장하고 있다. 임시정부가 대한민국의 뿌리라고 강조한다.

주사파 정권은 평화경제, 사회주의 고려 연방제를 추구하고 있다. 주체사상으로 물들어버린 문재인 정권은 적폐청산이라는 이름으로 한미동맹 파괴, 소득주도 성장, 자유시장 경제파괴, 국가안보해체, 원전파괴, 4대강 보 해체를 주도하고 있으며, 국제외교에서 왕따를 당하고 있다. 호남을 대표하는 목회자들은 문재인 정권이 "주체사상으로 청와대를 점령하고, 김정은 정권을 종북추종하는가 하면, 낮은 단계의 연방제를 통하여 자유민주주의를 해체하려하고 있다"고 현 상황을 진단하고 있다.

북한의 사회주의는 주체사상을 기본교리로 하는 사이비종교이다. 그런데 남한 정권의 핵심 지도자들이 "나는 사회주의자"라고 실토하고 있다. 우리 사회의 핵심 요직을 주체사상을 신봉하는 사회주의자들이 장악하고 있다.

정상을 비정상화 하다

박근혜 대통령은 취임하면서, 비정상을 정상화하겠다고 포부를 밝혔다. 촛불세력에 의해 탄핵을 당하기는 했어도 그는 큰 틀에서 정상적으로 국정을 운영했다고 할 수 있다. 그러나 사회주의자 문재인 대통령은 마치 "정상을 비정상화하겠다"는 의도로 국정을 운영하는 것처럼 보인다.

문재인 정권은 헌법과 역사, 보편적 상식, 그리고 양심 어느 잣대에 비춰보아도 납득이 가지 않는 비정상적이고 비상식적인 정책을 펴고 있다. 그를 지지한 40%의 입장만 반영할 뿐 나머지 60% 국민의 의견에는 무관심하다. 문 정권은 어떤 의미에서 비정상적인가?

1. 멀쩡한 헌법에서 자유를 삭제하고 토지공개념을 강화하는 사회주의 헌법으로 개정하려 한 것은 정상이 아니다. 헌정질서를 파괴하고, 한미동맹을 깨뜨려서 대한민국을 친중, 친북, 반미, 반일 코리아연방으로 만들려하는 것은 정상이 아니다.
2. 정경심의 표창장 위조의혹에 대해 진실을 말했다고 해서 동양대 최성해 총장을 총장직에서 물러나라고 하는 것은 정상이 아니다. 자기 쪽 사람만 우대하고, 진영정치, 반쪽정치를 하는 것은 정상이 아니다.
3. 조국의 범죄혐의가 분명히 소명된다 하면서도 구속하지 않는 것은 정상이 아니다. 피의자가 자유한국당 의원이라면 그렇게 구속영장을 기각하겠

는가?

4. 전교조와 좌파성향 교수들에 의해 중고등학교 교과서에 북한 3대 세습, 아웅산 테러, 천안함 폭침을 빼고, 이승만, 박정희 업적을 폄하하고, 대한민국이 한반도의 유일한 합법정부라는 것을 언급하지 않는 것은 정상이 아니다.

5. 헌법정신과 삼권분립 원칙에 어긋나는 공수처법과 패스트트랙 선거법을 야당을 배제한 가운데 통과시킨 것은 정상이 아니다.

6. 1조 5천억 원이나 손해를 내면서 원자력 전문가들과 국민들의 지지 의견에도 불구하고 원자력 발전소를 폐쇄하는 것은 어느 기준으로 보아도 정상이 아니다. 원전은 현재 전기를 만들어 내는 어느 발전 형태보다 가장 안전하다는 게 전문가들의 의견이다. 대통령 한 사람의 아집 때문에 월성 1호기가 경제성 평가를 3차례나 왜곡 조작한 것으로 밝혀졌다. 국내에서는 탈원전 정책을 지속하면서, 해외 순방길에서는 '우리 원전은 안전하다'며 원전 세일즈를 하는 것은 정신분열적이며 완전 자기모순적 행보다. 원전정책은 역주행을 멈추고 U턴해야 마땅하다.

7. KBS, MBC, SBS 등 공영방송과 주요 언론사가 언론노조의 영향을 받아 진실을 보도하지 않고 집권세력에 유리한 편파보도를 계속하는 것은 정상이 아니다.

8. 울산시 시장 선거에 개입하여 선거농단으로 문재인 대통령의 친구 송철호를 시장으로 당선시킨 것과 유재수의 엄청난 비리를 무마해주고 부산시 부시장으로 승진 발령한 것은 민주주의를 부정하는 농단으로 정상이 아니다.

9. 전통적인 혈맹인 미국과의 동맹관계를 약화시키며, 중국에 3불 정책을 통보하고, 친북, 친중 정책으로 안보주권을 팔아버리는 것은 정상이 아니다.

10. 우리나라는 자유민주주의 국가인데 체제 자체를 사회주의 국가로 만들려고 하는 것은 정상이 아니다.

11. 문재인 대통령이 북한 흥남 출신인데도 거제 출신인 것처럼 자신의 출생

에 대해 국민을 속인 것도 정상이 아니고, 북한의 폭정을 떠나 우리나라에 귀순해 온 젊은 어부 두 명을 처형될 것을 알면서도 생지옥으로 돌려보낸 것은 정상이 아니다.

12. 기획재정부 실무자는 "현 한국경제가 궤도를 상당히 이탈해 있다; 생산성과 잠재 성장률이 하락, 둔화하고 있다"고 진단하는데, 대통령이 "경제가 옳은 방향으로 가고 있다. 고용의 양과 질이 뚜렷한 회복세를 보이고 있다"고 같은 현실을 두고 정반대로 말하는 것은 정상이 아니다.

13. 적폐청산의 이름으로 촛불집회 때 계엄령을 준비했다는 죄목으로 국군기무사령부, 국방부, 육군본부 등 105일 동안 204명을 조사했으나 전원 무죄 판결이 나왔고, 박찬주 육군 대장 갑질 의혹도 결국 무죄가 났다. 대통령이 억울하게 고초를 당한 이들에게 정식으로 사과하지 않는 것은 정상이 아니다.

14. 문 대통령은 김학의 별장 사건, 버닝썬 사건, 장자연 (윤지오) 사건, 기무사 계엄문건을 특별지시로 여러 달 동안 조사하였으나 모두 무혐의, 무죄로 끝났다. 이에 대해 문 대통령이 사과하지 않는 것은 정상이 아니다.

15. 공수처는 대한민국의 입법, 사법, 행정 사이의 견제와 균형을 완전히 파괴하는 수퍼 비밀경찰, 비밀검찰이다. 공수처법은 자유민주주의 헌정질서를 파괴하는 헌법 쿠데타이다. 수사진행은 경찰이, 수사지휘는 검찰이, 기소는 검찰이 하도록 되어 있는 것이 최소한의 헌법 정신이다. 그런데 문재인 정권은 수사권과 지휘권을 뭉뚱그려 독점하는 전체주의(히틀러, 스탈린, 모택동, 김일성, 폴포트 체제) 폭거를 시도하고 있다. 자유민주주의의 근본원리를 짓밟는 이러한 시도는 어느 기준으로 보아도 정상이 아니다.

16. 12가지 위조, 조작 혐의, 권력남용 등 범죄 혐의가 있는데도 조국의 구속영장을 기각하고, 울산선거 개입을 주도한 송병기의 영장까지 기각하고, 평화롭게 집회를 인도한 전광훈 목사를 폭력집회를 주도했다고 누명을

씌워 구속하려 한 것은 형평에도 맞지 않고 정상이 아니다.
17. 2019년 수출은 10.3%나 줄어 10년만에 최대 감소폭을 기록했다. 반기업, 반시장 정책 정책으로 물가상승률은 54년 만에 최저를 기록하고 있다. 수출과 경제의 어려움은 '야당 탓'으로 돌리고 아파트 값이 폭등하고 부동산 정책에 실패한 것이 역대 정권이 부동산을 경기부양 수단으로 활용했기 때문이라며 '부동산이 안정화하고 있다' '부동산 문제 만큼은 자신 있다'고 하는 것은 궤변이고 정상이 아니다.
18. 조국 전 법무부 장관에 대한 공소장에 최강욱 청와대 공직기강비서관 이름이 등장한다. 최씨는 조씨의 아들 대학원 입시를 위해 허위 인턴 활동 확인서를 만들어 준 공범이자 검찰수사 대상이다. 허위 확인서 조작의 공범 혐의자가 그 사건을 수사하는 검사들을 검증하고 있다. 도둑이 자신을 뒤쫓는 포졸을 심사한다고 나선 격이다. 못하는 일이 없는 막가파 정권이지만 해도 너무 한다. 이것은 정상이 아니다.
19. 조국의 내로남불이 양파처럼 까도 끝이 없다. 최순실의 딸 정유라의 대리시험 의혹에 대해 "경악한다"고 했던 조씨가 2016년 아들의 미국 대학 온라인 시험을 두 차례 대신 쳐줬다. 같은 좌파라도 유시민이 오픈북 시험이라며 대리시험이 죄가 아니라고 어의 없는 궤변을 늘어놓고 있다. 이것은 아무래도 정상이 아니다.
20. 울산시장 선거개입의 수사대상자인 문재인과 추미애가 자기들의 불법 의혹을 덥기 위해 법과 절차를 무시하고 수사검사들을 모조리 좌천시킨 것은 직권을 남용한 것이고 비상식적이며 정상이 아니다.
21. 청주지역의 한 사업가가 문재인 대통령 부인 김정숙 여사와의 친분 관계를 이용해 터미널 부지를 매입해 후 불과 몇 개월 만에 5000억원 이상의 시세 차익을 얻었다. 대통령 부인이라는 지위를 이용해 특혜를 챙긴 것이다. 문 대통령은 지난 대선 때 아이를 키우는 엄마가 살기 좋은 나라를 만들겠다고 약속하고, 딸과 외손자는 태국 최고 명문 학교에 년 4000만

원이 드는 교육을 시키고 있다. 이는 특권과 반칙이며 정상이 아니다!
22. 적폐청산의 이름으로 두 전직 대통령과 세 명의 국정원장, 그리고 대법원장까지 감옥에 보낸 것은 아무래도 정상이 아니다. 자신이 쌓아가는 수많은 적폐는 어쩌려고 그러는가!
23. 대통령이라는 사람이 자기 아내, 아들과 딸을 제대로 관리하지 못하고 국민의 조롱거리가 되고 있는데, 친인척 비리를 감찰하는 청와대 특별감찰관을 오래 동안 비워두었다가 아예 폐지해버리는 것은 아무래도 정상이 아니다. 마음놓고 법을 어기겠다고 특별감찰관을 비워놓는 것 아닌가!
24. 대통령은 윤석열 총장을 임명하면서 '반칙과 특권이 용납되지 않고 법 앞에 모두가 평등한 사회를 만드는 게 검찰의 시대적 사명이다. 총장은 적폐수사에서 권력의 눈치를 보지 않고 사람에게 충성하지 않는 자세로 엄정하게 처리해 국민에게 희망이 됐다. 앞으로 살아있는 권력에 대해서도 똑 같은 자세로 임해 달라. 그래야 검찰 중립을 국민이 체감하게 된다'고 했다.

그래서 윤 총장은 대통령의 지시대로 살아있는 권력에 대해 공평하게 했다. 그런데 정작 청와대가 검찰과 법원이 발부한 압수수색 영장의 집행을 거부했다. 이것은 명백한 자살골이다. '후보 매수,' '경쟁자 제거,' '공약지원'을 통한 울산시장 선거개입은 13명이 기소된 것만으로도 범죄 혐의가 명백하게 드러났는데, 독재국가에만 있는 공수처법을 만들어놓고 공수처가 발족하면 검찰총장부터 수사하도록 하겠다고 으름장을 놓는 것은 정말 어불성설이고 정상이 아니다.
25. 우한폐렴 사태가 심각해지고 있는데, 대통령이라는 자가 제대로 자국민 보호대책을 세우지 않으면서, 국무총리, 법무부장관에게 '공수처신설'관련 지시를 했다. 이것은 아무래도 정상이 아니다.
26. 제조업의 성장 잠재력을 뜻하는 생산능력이 48년 만에 최저치를 기록했다. 제조업 가동률이 73%에 그쳐 외환위기 이후 21년 만에 최악이었다.

제조업 일자리는 1년 새 8만개가 사라졌다. 이런 데도 대통령은 '경제와 고용의 질이 개선되고 있다'는 발언만 반복하고 있다. 생산은 못하게 하고 소비만 부추기는 정책은 정상이 아니다. 상황이 이런데도 선거를 앞두고 아동수당, 노인수당, 청년수당 등 세금 쏟아 붙는 포퓰리즘에 더 열을 올리는 것은 누가 봐도 정상이 아니다.

(봉준호 감독의 영화나 BTS, 손흥민과 같이) 문화는 한국사회의 모순과 갈등을 자양분 삼아 전 세계로 뻗어 가는데, 모순과 갈등의 해결자여야 할 정치는 왜 매일 그 모양 그 꼴인지 답답한 노릇이다. 정말 나라다운 나라를 만들려면 문 대통령의 '과감한 변화'가 필요하다.

오죽하면 지난 대선 때 문재인을 지지했던 고 김영삼 대통령의 차남 현철씨가 대통령이라는 작자가 국민을 개 돼지로 보고 능멸하고 있다고 맹공을 퍼부었을까!

6. 주체사상은 북한 주민에게 얼마나 영향을 미치고 있는가?

주체사상의 내면화 정도는 어떠한가? 서울대 김병로(2000) 교수는 충성분자 15%, 성실분자 30%, 회의론자 45%, 반대론자 10% 정도로 분석했다. 그래도 45%에 해당하는 북한주민은 주체사상에 대해 자긍심을 갖고 있고 모든 분야에 주체사상을 창의적 북한식 사회주의라고 굳게 믿고 있다.

북한 주민 2,500만 명이 모두 주체사상에 동조하고 모두 주체사상화되어 있는 것이 아니다. 주체사상의 내면화 실태를 분석하면 충성분자, 성실분자, 회의론자, 반대론자 네 부류로 구분할 수 있다.

1. 충성분자 : 전체 주민의 15%에 해당하는 375만 명의 북한 주민이 이에 해당될 것이다. 선군정치 문화에서 120만 북한군 장교의 전원이 당원이고, 내각과 각급 공장, 기업소, 농장의 간부들도 전원이 당원이

다. 특히 체제 보위기관인 국가안전보위부와 보위총국 요원들은 직급과 관계 없이 전원이 당원이다.

2. 성실분자 : 목숨바치는 충성까지는 아니라도 주체사상에 열심히 있는 자들이 성실분자이다. 750만 명(30%) 정도 될 것이다. 이들은 북한 기득권자의 통치에 적극 순응하여 그 혜택을 공유하고 있는 자들이다. 350만 명 정도가 이런 사람들일 것이고 소속원이 800만 명에 달하는 김일성 사회주의 청년동맹 소속원들 가운데 공산당원을 꿈꾸며 충성하는 절반이 넘는 450만명 정도는 이런 집단이라고 볼 수 있다.

3. 회의론자 : 주체사상에 대해 회의를 갖고 있는 반신반의하는 자들이다. 반대론자를 빼면 950만명으로 대략 45% 가량 될 것으로 추정된다. 회의론자들은 주체사상에 대해 책자나 주고 말하라고 해야 알지, 잘 알지 못한다. 사회주의 생명체론이 무엇인지, 유기적 연합을 이룬 공동체가 무엇인지 모른다. 경제적인 어려움이 닥치거나 힘든 상황이 벌어지면 불평불만을 토로하고, 곧바로 주체사상에 돌을 던질 수 있는 사람들이다.

4. 반대론자 : 북한의 주체사상에 대해 반대하는 자들이다. 북한인구의 10% 가량 되는 250만 명은 북한의 주체사상에에 대해 무관심하든지 반대론자일 것으로 추정된다. 황장엽이나 강명도, 정성산와 같은 탈북자처럼 북한 김일성 주의 주체사상에 대해 반대하는 반체제 라인에 속한 사람들이다. 남한에 들어온 NK 지식인 연대에 속한 북한의 엘리트 집단과 같은 생각을 하며, 북한의 체제에 대해 비판적 의식을 가진 사람들이다. 북한의 수용소에 수감되어 있는 20만 명에 해당하는 사람들과 이들과 연계된 친척들이 적어도 100만 명은 될 것이다.

북한에서는 약 35%의 핵심계층이 북한 체제로부터 많은 혜택을 누리면서 살고 있기 때문에 이들이 북한의 주체사상에 대해 갖는 신념은 결코 적지 않을 것이다. 이들은 주체사상에 대해 자긍심도 갖고 있고 모든 분야에 주체사상을 창의적 북한식 사회주의를 굳게 믿고 있다.

김정은은 유훈통치를 이어가며 수령절대주의의 주체사상을 아버지 김정일처럼 선군정치로 표현하면서 인민을 통제하고 있다. 주체사상의 무너지는 집을 보수하기 위해 유일사상 10대원칙을 살짝 수정하여 유일통치 10대원칙으로 바꾸고, 자신을 백두혈통의 수령으로 세웠다. 이는 조선민족제일주의의 수령 통치의 절대성을 사수하겠다는 것이다.

사실상 주체사상에 철학적 뼈대를 제공한 황장엽(1999)은 북한의 김정일이 선군사상에 의한 주체사상을 지적하면서 다음과 같이 평가했다. "지금 북한 인민을 억압하고 착취하여 무더기로 굶어죽게 하고 있는 장본인은 바로 김정일 집단인데, 김정일은 도적이 도적을 잡으라고 외치는 격으로 혁명을 하라고 떠들고 있다"며, 김정일은 주체사상을 철저한 개인 이기주의 사상으로 전환시켰고, 폭력을 신성화하는 폭력주의로 전환시켰다.

주체사상이라는 종교

주체사상이란 "공산주의적 인간이 가져야 하는 과학적이며 혁명적인 세계관"이다. 김일성(1984) 자신은 주체사상을 다음과 같이 정의하고 있다.

"주체사상이란 한 마디로 말하여 혁명과 건설의 주인은 인민대중이며 혁명과 건설을 추동하는 힘도 인민대중이라는 사상이다. 다시 말하면, 자기 운명의 주인은 자기 자신이며 자기 운명을 개척하는 힘도 자기 자신에게 있다는 사상이다."

주체사상의 대부 황장엽은 주체사상은 인간과 인류에 충실한 인본주의 이론이라고 하였다. 마오이즘(모택동주의)의 아류로서 김일성 동지의 혁명사상이며, 김일성 혁명사상의 진수를 이루는 것이 바로 주체사상이다. 다시 말해, 김일성 부자의 영구독재를 합리화하기 위한 유사 과학적 혁명이론에 불과하며,

인민대중을 구속하고 지배하는 계급독재논리이다(함태주, 2000). 사회과학자들 중에는 주체사상을 세계 10대 종교 중 하나라고 인정하는 이들도 있다.

북한은 주체사상이라는 국가종교, 즉 국가공식 이데올로기를 갖고 있고, 이를 어린 시절부터 모든 주민에게 강제로 주입하고 있다. 주체사상이라는 모든 선전 선동수단을 국가가 장악하고 있다.

윤리학자 맹용길(1990)은 주체사상이 종교적 성격을 띠고 있음을 다음과 같이 진술하고 있다. "주체사상은 모든 혁명 사상처럼 사람들의 생각과 사고방식을 근본적으로 개조할 수 있다는 일종의 종교적 성격을 갖고 있다. 이러한 주체사상의 종교성은 수령론에서 절정에 달한다. 사실 수령이야말로 주체사상의 요약이요 핵심이라고 할 수 있으며 종교임을 분명하게 드러낸다"(p.45).

주체사상은 사람 중심의 유물론 사상으로 인간의 본질적 특성을 자주성과 창조성, 의식성으로 본다. 사람의 불행은 사회적 부조리에 기인하는 것이다. 사람이 자주민주투쟁으로 유토피아를 건설할 수 있다. 무산계급은 가진 자(자본가)의 것을 빼앗아 공정하게 나눠가짐으로써 공정하고 정의로운 사회를 만들 수 있다. 주체사상을 한마디로 말하면, '사람이 세상에서 제일 귀하고, 사람이 세상에서 제일 힘이 있다'는 사람중심의 현대 유물론 사상이다(이정훈, 2018). 문제는 이 사람이 자기 편 사람만을 가리킨다는 데 있다.

"주체사상은 사람이 모든 것의 주인이며 모든 것을 결정한다는 철학적 원리에 기초하고 있다. 사람이 모든 것의 주인이라는 것은 사람이 세계와 자기운명의 주인이라는 것이며, 사람이 모든 것을 결정한다는 것은 사람이 세계를 개조하고 자기 운명을 개척하는데서 결정적 역할을 한다는 것이다"(김정일, 1991).

인간의 모든 것을 자기 자신에 의해서 결정된다고 역설함으로써 또 다시 하나님의 자리에 자신을 올려놓는 종교적 요소를 발견할 수 있다(맹용길, 1990). 주체사상의 유일한 해석권을 가진 김정일(1987)은 "주체사상 교양에서 가장 중요한 것은 당원들과 근로자들이 혁명의 주체에 대한 올바른 인식을 갖고 혁명적 수령관을 튼튼히 세우도록 하는 것이다"고 수령을 사회정치적 생명체와 연결시키고 있다.

　북한 사회의 종교성을 연구한 김병로(2000)는 주체사상이 종교화한 과정을 설명하고 있다. "주체사상은 단순한 이데올로기로 출발하여 종교적 신앙으로 발전되었는데, 그 계기는 '수령론'이 대두되면서부터이다. 그 후 철학적 연구가 진전되면서 종교성이 심화되었다고 본다. 종교성이 심화된 것은 사회정치적 생명론이 완성되면서부터이다.

　이는 주체사상이 종교로 발전되는데 결정적인 기여를 했다. 이처럼 수령관과 주체철학과 사회정치적 생명체의 출현으로 이어지면서 주체사상 이데올로기는 종교적 신앙으로 진화되어 북한에서 종교적 기능을 대치하고 있다고 보는 것이다."

　주체사상이라는 종교에서 수령의 영도체제는 김정일과 김정은으로 이어지게 되어 있다. 수령의 유일적 영도체제가 수령의 후계자로 이어지면서 종교성은 더욱 심화되고 후계자도 결정적 역할을 하는 것으로 본다. 주체사상교에서 수령에 대한 충성과 충실성은 인민의 숭고한 의무이며, 수령의 권위는 절대적이며, 수령의 혁명사상을 신념으로 삼도록 하고 있으며, 수령의 교시집행에 있어 무조건성의 원칙을 지키도록 되어 있다.

　"노동계급의 당은 혁명의 참부모이며, 노동계급의 수령은 혁명의 최고영도자이다"(김정일,1991).

　북한은 체제에 도전하는 사람들, 주체사상에 딴지를 거는 사람들은 모두 정치범수용소에 가두고 있다. 북한에는 현재 6개의 정치범수용소에 10만여 명의 정치범들이 수용되어 있다(김영호, 2019).

마르크스-레닌주의으로부터 조선민족주의로

　찰스 암스트롱(2006)은 「북조선 탄생」에서 북한 사회주의에 대해 독특한 시각을 보여준다. 조선민주주의 인민공화국의 형성은 소비에트 공산주의를 조선화시켰으며, 북한 공산주의는 마르크스-레닌주의를 거꾸로 뒤집은 것이라고 설명하고 있다.

김일성은 1950년 이후 정치를 내적으로 사유화하였고, 외적으로는 민족화하였다(김명세, 1996). 북한의 주체사상은 물질적 상황보다 이념을 더욱 강조했다는 점은 마르크스주의와 정반대되는 것이며, 북한판 공산주의의 중심에는 민족주의와 대중주의가 강력하게 자리잡고 있다. 북한은 형식에서는 스탈린주의였지만, 내용적으로는 명백한 민족주의가 되었다. 북한의 문화형성은 형식은 사회주의, 내용은 민족주의가 되었다(변진홍, 2018).

북한 정권은 헌법상으로는 신앙의 자유를 인정하면서도 종교에 대해서는 마르크스-레닌주의에 입각한 반종교 담론을 유포하여 종교를 무력화시켰다. 대표적인 종교관련 이론서로는 「우리는 왜 종교에 반대하여야 하는가?」와 「남조선에 류포되고 있는 현대 부르죠아철학 및 사회학 비판」이라는 책을 들 수 있다. 이 외에도 「인민의 아편」, 「종교는 인민의 아편이다」, 「생활과 미신」, 「유교철학의 전파와 그 해독성」, 「봉건시기 우리나라에서의 불교정책의 전파와 그 해독성」 등의 저서들이 있다.

김일성은 1948년 제정된 북한 헌법에서 "공민은 신앙 및 종교식 거행의 자유를 가진다"고 규정한데 비해서, 1972년에 제정된 사회주의 헌법에서는 "공민은 신앙의 자유와 반종교 선전의 자유를 가진다"고 규정하고 있다. 이 조항에 대한 해설서에서 '신앙의 자유란 개개의 인민이 어떤 종교라도 믿을 수 있고, 또 어떤 종교도 믿지 않을 자유를 국가로부터 인정받을 수 있다'는 것이라고 해석한다.

흥미 있는 것은 '신앙의 자유'만을 인정하고 있을 뿐, 포교의 자유나 종교교육의 자유를 포함하는 총체적인 종교의 자유를 인정하고 있지는 않다는 것이다. 공산주의 유물론의 입장에서 볼 때, 종교는 비과학적인 관념론이며, 따라서 실천에 있어서는 반동적 행위에 경도될 가능성이 크다고 보았기 때문이다.

조중학(1966)은 「남조선에 류포되고 있는 현대부르죠아철학 및 사회학 비판」에서 "오늘 남조선에서 잡다한 종교류파들과 서로 엉키어서 사람들로 하여금

갈피를 잡지 못하게 만들고 있는 여러 가지의 사상조류들은 거의 다 세계관의 최종문제를 결국 종교에 귀착된다"고 비판하고 있다. 그는 종교의 문제를 세계관의 문제로 파악하고, 결국은 관념론 철학이 비과학적 세계관인 종교로 귀착한다고 보았던 것이다. 그는 종교의 실천적인 반동성을 제국주의와 관계에서 다음과 같이 지적하고 있다.

미제는 이미 19세기 하반기부터 조선에 대한 침략을 개시하였고 그들이 사상침략의 가장 중요한 수단으로 삼은 것은 종교였다. 조선에 파견된 기독교선교사들은 〈하느님의 사도〉로 가장하고 교회와 병원, 신학교를 설립하고 그것을 통하여 조선인민들에게 미국에 대한 숭배사상을 부식시키는 데 골몰하였다. 미제는 해방 후 더욱 발광적으로 종교를 남조선에 부식시키고 자기들이 조종하는 12개의 신학대학 및 신학교를 비롯하여 158개의 중고등학교 및 초등학교, 6개의 방송국, 5개의 신문사, 700여개의 병원, 고아원, 양로원, 4개의 출판사들을 운영하면서 〈반공〉 숭미사상을 고취하고 있다.

북한에서는 종교가 역사적으로 억압과 착취의 도구였으며 남한에 대한 미제국주의자들의 사상문화적 침략의 주요한 수단이라고 정의한다. 1972년 7 · 4 남북공동성명에 합의한 이후에는 헌법의 개정을 통하여 반종교선전의 자유를 추가하는 한편, 남한의 종교, 특히 외세와 연결되어 있어 가장 위협적이라고 판단한 기독교에 대한 연구에 본격적으로 나섰다고 볼 수 있다.

주체사상과 기독교

북한사회는 주체사상의 교리와 상징체계, 각종 집회와 모임, 행위규범과 윤리생활에 있어서 기독교인의 신앙생활 유형과 매우 유사하다. 기독교 신앙의 숭배대상인 하나님 혹은 예수와 북한의 공산주의 혹은 김일성, 김정일과 본질적으로 같을 수 없지만, 종교의 형식을 구성하는 초월적 신앙의 대상이라는 점에서는 절대 다르지 않다. 신앙의 대상을 절대화하기 위한 십계명과 '10대 원칙'에 나타난 유일성과 배타성은 기독교와 주체사상이 유사하다는 사실에 설득력을 더해준다.

　기독교의 예배당과 같은 김일성 혁명사상연구실을 도시와 농촌을 막론하고 전국적으로 독립건물 혹은 부속 건물로 건설하여 그곳에서 종교의식과 종교학습, 종교생활을 거행한다. 북한이 일반교양학습이나 예술 활동을 진행하는 문화회관과는 별도로 매우 성스럽고 엄숙한 곳으로 엄숙한 곳으로 간주하는 '혁명사상연구실'을 조성하고 김일성, 김정일과 관련된 학습과 활동을 거행한다는 점은 주체사상이 종교양식을 띠고 있음을 보여주는 중요한 요소이다. 또한 소년단, 청년동맹, 직맹, 농근맹, 여맹, 당원으로 구분하여 일주일을 주기로 진행하는 생활총화를 비롯하여 학습, 수요 강연회, 인민반의회, 아침 독보회 집회와 모임은 북한사회의 종교성을 유지시켜주는 종교의식이다. 김일성 '교시'와 김정일 '말씀'을 성문화한 성경인 '로작'과 김일성, 김정일을 칭송하는 찬양가가 갖추어져 있고 언어의 내용이나 언어사용의 패턴, 일상생활 혹은 학문, 활동에서의 교시, 말씀인용 등 행위규범에서도 주체사상은 기독교와 유사한 성향을 띠고 있다(김병로, 2000).

　1967년 연안파, 소련파, 갑산파 등을 숙청하면서 부르조아사상, 수정주의사상, 봉건유교사상, 교조주의, 사대주의, 종파주의, 지방주의, 가족주의 등 온갖 반혁명사상을 정리하였다. 이를 통해 김일성 지도부가 노린 것은 항일혁명 전통의 회복과 김일성 중심의 유일사상체제의 확립이었다. 유일사상체계의 확립을 명분으로 대대적인 숙청이 전개되는 가운데, 1967년 5월부터 북한사회에서 개인숭배의 물결이 폭발적으로 밀어닥쳤다.

　이때 김일성에 대한 충성심을 평가하는 기준으로서 「당의 유일사상체제 확립의 10대원칙」이 나왔다. 10대 원칙은 기독교의 십계명에 버금갈 정도로 강한 종교적 색채를 띤 북한의 모든 법 위에 있는 '법 아닌 법'이다. 현행 형법이나 민법에 걸리면 형식상의 재판이라도 진행되지만, 〈10대원칙에 걸린 자〉는 재판 없이 비밀리에 처형되고 있다.

　북한인민은 매일 매일을 삶에서 무엇을 실천해야 하는가? '유일사상 10대

원칙'을 준행해야 하는데, 그 내용과 순서가 십계명과 거의 동일하다. 태영호 공사는 10대 원칙은 그 순서까지 십계명을 그대로 옮겨놓았다고 증언하였다. 기독교에서 예배 의식을 위한 종교적 공간이 있듯이 주체종교에는 김일성주의 연구실이 있는데, 엄숙하고 성스러운 곳이다. 십자가와 같은 상징물로 초상화, 휘장으로 불리는 배지도 있다.

북한에서 제일 낮은 법은 헌법이고 그 다음이 북한 노동당 규약이고, 가장 높은 법은 유일사상 10대원칙이다. 10대 원칙은 십계명과 같은 최상위법이다.

1974년 제정 당시에는 유일영도체계가 김일성 이름만으로 되어 있었는데, 2013년 6월에 김일성과 김정일의 이름을 함께 넣었다. 유일사상체계확립을 위한 10대 원칙은 기독교의 10계명에 해당하는 것이다. 북한 사회는 10대 원칙을 지켜야 "구원"받을 수 있다고 가르치는 거대한 율법주의 이단이라 할 수 있다.

주체사상에서 가장 중요한 것은 북한의 최고지도자인 수령에게 절대복종해야 한다는 규범이다. 집단주의의 가장 높은 단계의 형태가 수령, 당, 대중의 결합체다. 주체사상이라는 종교에서 삼위일체로 작용한다. 여기서 수령은 개인이 아니라 곧 국가가 된다. 수령이 곧 국가이므로 나라를 지키기 위해, 수령을 지키기 위해 수령결사옹위 정신이 나온다. 따라서 현재 북한사회를 보면, 사상의 내용이나 체계, 조직생활과 규범에서 깜짝 놀랄 만큼 기독교와 유사한 점을 발견할 수 있다(김병로, 2000b).

김일성은 통치자의 권력을 강화하기 위해 1974년 2월 '김일성주의' 주체사상은 수령독재이론으로 발전하였다. 특히 1974년 「당의 유일사상체계확입의 10대 원칙」이 주민행동 강령으로 명문화됨으로써 '수령에 대한 충성심'과 '수령의 교시를 신조화'라는 것이 사회주의 문화건설의 가장 중요한 요건이 됐다.

1979년 10월부터 진행된 "숨은 영웅들을 따라 배우기 위한 운동"을 통하여 북한은 사람들에게 김정일의 영도의 〈위대성〉, 높은 〈조직적 수완〉을 대대적으로 선전했다.

파이필드(Fifield: 2019) 기자는 주체사상의 중심개념은 "온 나라가 러시아와 중국과 같은 그 공산주의 후견국가들에 전적으로 의존하고 있다는 사실을 편리하게 눈감으면서, 북한이 마치 전적으로 자급자족하고 있으며, 그 성취는 우리 인민 스스로 이루어냈다"고 주장하는 것이라 했다.

주체사상은 사람에게 (1)부모에게서 받은 육체적 생명과 (2)김일성 수령으로부터 받은 사회적, 정치적 생명이 있다고 믿는다. 문제는 여기서 말하는 '사람'이 인민, '무산계급'을 의미한다는 것이다. '기득권 세력,' 즉 '자본가'는 '사람'의 적이다. '민주화'와 '진보'는 주체사상과 동의어라 할 수 있다(금성청년출판사, 1977). 진보 좌파는 남한에서 사회주의자를 일컫는 말로 통한다.

주사파는 남한에서 주체사상을 숭배하고 따르며 행동으로 옮기려고 하는 사람들이다. 사상은 반드시 말과 행동으로 나타나게 마련이다. "대저 그 마음의 생각이 어떠하면 그 위인도 그러하다(잠언 23:7).

주체사상은 적어도 모두가 평등하게 잘 사는 나라를 약속한다. 자본주의에 대해 '부익부 빈익빈의 사회'로, 사회주의에 대해서는 '골고루 잘 사는 사회'로 등식화를 시도하고 있다. 외부사회에 대한 정보가 차단되어 있는 북한 사람들은 우리식 사회주의에 대한 자부심과 신뢰심을 갖고 있으며, 우월감을 갖고 있는 부류도 70%나 되는 것으로 나타나고 있다.

김정은 우상화

현재 북한 권력의 중심부에 있는 조선노동당의 당수는 김정은이다. 오늘날 북한은 김일성, 김정일에 이어 김정은에 대한 우상화 작업도 본격적으로 진행하고 있다. 군부대 공연 후 촬영한 사건 속에 '경애하는 최고 사령관 김정일 동지와 존경하는 김정은 대장동지를 위하여 한 목숨 바쳐 싸우자'는 글귀가 담긴 플래카드가 등장하였다. 김정은에 대한 첫 찬양가요인 '발걸음' 연주와 합창, 북한 여성들의 수예작품을 소개하는 '발걸음'의 가사를 수놓은 작품도 등장하였다(유혜란, 2012).

얼음축전에서는 '수령복, 장군복, 대장복'이라는 얼음조각이 등장했으며, 이를 통해 '김일성·김정일·김정은'으로 이어지는 3대세습을 정당화하고 있다. 북한은 2012년 2월 중앙TV를 통해 김 위원장의 지난해 군 관련 공개활동에 김정은이 1월초부터 동행했음을 보여주는 기록영화를 통해 김 위원장과 김정은을 나란히 띄우기도 했다. 북한이 김정은을 김일성, 김정일과 같은 레벨로 우상화한다는 것은 곧 김정은을 김일성, 김정일의 분신으로 우상화한다는 것을 의미한다.

'청년대장 김정은 동지에 대한 위대성 자료'라는 제목의 이 선전물은 "청년대장 동지는 3세 때부터 총을 잡고 사격에서 목표물을 명중을 시켰으며 올해는 자동보총으로 초당 3발씩 사격해 100m 앞의 전등과 병을 줄줄이 맞혔다"고 주장했다. 또 목표판(타깃)에 20발을 쏴 몽땅 10점 원 안에 명중시켰다는 것이다. 이뿐만 아니라 "10대에 동서고금의 명장(名將)을 다 파악했으며 육해공 전 분야에 정통하고 기술자도 해내지 못한 '축포발사 자동 프로그램'을 며칠 만에 완성시켰다"고 주장했다.

이 방송정론에는 김정은이 정치 경제 문화 역사 군사 등에 정통했을 뿐 아니라 2년의 유학 기간에 영어 독일어 프랑스어 이탈리아어 등 4개국 언어를 완전히 습득한 천재이며 앞으로 이를 포함해 7개 언어를 정복하기 위해 짬짬이 공부한다는 내용도 들어 있는 것으로 전해졌다. 그뿐만 아니라 3세 때 어려운 한시(漢詩)를 붓으로 척척 써내려가 주위를 감탄케 했고 북한이 핵을 개발한 것도 김정은이 해외유학을 통해 '핵을 가진 자와는 핵으로 맞서야 한다'는 결심을 굳혔기 때문이라고 선전하고 있다. 농민을 대상으로 한 자료에는 김정은이 2008년 사리원 미곡협동농장을 찾았다가 즉석에서 산성토양을 개량할 수 있는 미생물 비료를 생각해내 연구사들을 깜짝 놀라게 했으며 이 농장에서 이듬해 정보(약 9917m²·3000평)당 15t의 벼를 생산했다는 내용도 들어 있다고 한다. 지난해 남한의 정보당 쌀 생산량은 5.2t이었다.

이런 강연을 들은 주민들은 "이제는 눈비가 와도 다 쌀이 되니 먹는 문제가 다 풀렸다" "넘쳐날 식량을 어떻게 처리할지 벌써부터 걱정이 된다" "(하늘이낸 김정은이) 올해는 큰물(홍수) 피해로 농사가 망하도록 결심했다"는 식으로 비아냥거렸다고 북한 소식통은 전했다.

김정은 우상화는 김일성과 김정일 우상화 때보다 훨씬 더 황당하다. 남한에도 널리 알려진 '솔방울로 수류탄을 만들고 가랑잎을 타고 강을 건넜다'는 김일성 우상화 내용은 어린이용 전설집에 실린 것이다.

김정일 우상화도 성인을 상대로 할 때는 '3세 때 명사수'라는 식의 황당한 선전은 하지 않았다. 한 탈북자는 "선전부분 간부들이 우상화 교육을 받고 자라난 세대로 바뀌면서 오히려 한술 더 뜨는 것 같다"고 말했다. 북한의 공민들은 거대한 기계 부속품들 중의 하나로 존재하며, 수령 김정은이 조정하는 대로 일률적으로 움직인다.

주체사상은 사물을 고찰할 때, 인간을 중심에 두고 고찰하라고 가르친다. 인간의 본질적 속성은 자주성과 창조성과 의식성을 가진 사회적 존재라고 한다. 누구나 공감할 수 있는 당연한 진술이다.

그러나 하나님께로 온 인간이 하나님의 존재를 배제하고, 인간을 중심에 놓는다면, 나침반 없는 배가 표류하여 갈 길을 모르고 배회하다가 종말을 고하는 것과 다름이 없다. 하나님의 자리에 앉아 있는 수령 김정은은 우리와 같은 연약한 인간일 뿐이다. 수령도 우리와 같은 죄인이다. 자기에게 충성하는 신복들을 무자비하게 죽이는 조폭두목같은 반사회성 성격장애자다. 신적인 능력을 발휘하여 북한 인민 대중을 사랑으로 이끌 능력이 전혀 없다.

04
대한민국과 주체사상

사상을 바꾸는 것은 담배를 끊는 것보다 어렵다(김문수).

한국의 좌파와 우파의 대결은 어제 오늘 일이 아니다. 그 뿌리는 김대중이라는 좌파, 진보 세력의 원조(元祖)로 거슬러 올라간다. 한국의 종북좌파 세력은 그 동안 이합집산을 거듭하며 당명 등을 바꿔왔기에 이념이나 주의, 주장만으로 그 계보를 거슬러 올라가는 것은 어렵지만, 오늘날의 집권여당인 '더불어 민주당'의 뿌리가 김대중(1924-2009)에 있음은 틀림없다. 김대중을 지지 하느냐 안하느냐는 한국에서는 좌파나 우파, 진보와 보수를 구분하는 시금석이기도 하다(이상철, 2019).

1. 현대사를 보는 시각이 서로 다르다

우파와 좌파는 역사를 보는 시각이 서로 다르다. 우파 보수 정권은 이승만의 건국으로부터 우리나라가 시작되었다고 보는데, 좌파 진보세력은 임시정부에 대한민국의 뿌리가 있다고 전제한다. 이승만은 우리나라를 자유주의의 기반 위에 세운 최초의 선지자적 자유주의자였다. 따라서 우파 보수 진영은 이승만 대통령이 1948년 대통령에 취임한 뒤 제헌국회를 세운 1948년 8월 15일이 대한민국 건국이라는 입장이다. 국가의 3요소인 국민, 영토, 주권을 모두 갖춘 때가 바로 1948년이기 때문이다. 반면 좌파 진영은 중국 상해 임시정부가 수립된 1919년 4월 11일이 바로 대한민국 건국일이라고 주장하고 있다.

우리나라 헌법 31조는 교육은 정치적 중립성을 띠어야 한다고 명시하고 있다. 명백한 팩트만을 기술하고 학생들(국민)이 스스로 판단할 수 있게 하는게 순리다. 그러나 현 좌파 정권은 역사를 특정 이데올로기 주입의 기제로 삼고 있다. 좌편향적 시각에서 건국과 6·25.한국전쟁, 남북관계를 기술하고 있다.

현 정권은 이승만, 박정희 정권의 공헌을 인정하지 않지만, 우리는 이승만(2018)이 한성감옥에서 쓴「독립정신」에서 그의 건국가치관을 읽을 수 있다. 조선의 '백성'들을 독립된 개인, 즉 스스로의 권리와 책임을 자각하는 대한의 국민으로 계몽시키기 위해 이 책을 썼다. 책의 결론에서 이승만은 "바로 하나님을 두려워하는 것과 하나님이 주신 자유에 감사하는 것이 민주주의의 성공을 위한 필수기초라는 것, 즉 도덕이 없이는 민주주의가 있을 수 없고, 하나님에 대한 신앙이 없이는 도덕이 있을 수 없다는 것"을 말하고 있다. 그는 공화주의와 민주정의 차이, 삼권분립, 헌정주의, 종교의 자유, 개인의 자유를 거론하고 있는데, 해방 후 1948년 공산주의 이념 대신 미국의 공화주의 모델을 따라 자

• 전교조가 초중고등학교 학생들에게 이승만의 자유민주주의 입국과 박정희의 산업화 업적을 부정하고, 마치 김일성 정권이 합법적 정권인 것처럼 북한 친화적인 왜곡된 역사관을 전수하고 있다. 국가보안법 철폐, 주한미군철수, 연방제 통일의 필요성을 세뇌시키고 있다.

유민주공화국 대한민국을 건립했던 것이다.

이승만은 자유민주주의, 시장경제, 한미동맹, 기독교입국의 네 가지 원칙 위에 대한민국을 건국했다. 이 기초위에 산업화와 민주화를 이루며 지금까지 70년의 역사를 이어왔다.

대한민국의 경제발전은 세계적으로 유례를 찾기 어려운 성취의 역사다. 식민지의 고통과 전쟁의 폐허 속에서 불과 수십 년 만에 세계 10위권, 국민소득 3만 달러에 육박하는 나라 경제를 일궜다. 산업화와 함께 민주주의를 이만큼 꽃피운 나라도 대한민국이 거의 유일하다. 우리 국민 모두의 눈물과 땀으로 이룩한 '우리'의 역사다.

현재 청와대·정부·집권여당의 핵심에 80년대 운동권 출신이 포진하고 있다. 문재인 정권은 가히 80년대 운동권 정권이라 해도 무방하다. 인적 구성도 그렇고 가치 측면에서도 그렇다. 주사파 정권은 우리의 현대사를 부인한다.

문재인 대통령 2018년 임시정부 수립 100주년 기념식에서 "우리에게는 민주공화국 100년의 자랑스러운 역사가 있다. 임시정부가 대한민국의 뿌리"라고 강조했다. 북한은 1948년 9월 9일 김일성정권 수립일을 기념하는 9·9절을 사실상 건국일로 삼고 있다.

문재인 대통령은 야당 시절이던 2016년 광복절 때 "8·15를 건국절로 지정해야 한다는 주장은 대한민국의 정통성을 스스로 부정하는 얼빠진 주장"이라고 했고, 2017년 대통령 취임 후 광복절 경축사에서 "2년 후 2019년은 대한민국 건국과 임시정부 수립 100주년을 맞는 해"라고 하여 1948년 대한민국 건국을 부정했다. 이승만의 건국과 건국 70주년을 인정할 수 없다는 것이다.

8·15 해방과 분단 이후 남한과 북한에 들어선 정부에 대한 80년대 운동권 세력의 평가는 극단적으로 갈렸다. 이들에게 남한은 미국의 식민지 지배 체제를 대행하는 꼭두각시 정부였고, 북한은 민족해방을 완수한 자주적이고 정통성 있는 유일한 정부였다. 특히 NL계열 운동권은 김일성의 주체사상과 수령론을 받아들여 김일성을 레닌, 스탈린, 모택동 반열에 올려놓는 것을 서슴치 않

앉다. 반면 남한은 미국의 반식민지 혹은 신식민지에 지나지 않았다(김용태, 2017).

좌파 세력이 1948년 8월을 부인하는 이유는 크게 두 가지다. 첫째는 한국에서 건국의 주체가 된 것은 일본의 식민지 통치에 협력한 관료의 자본가였다는 사실이다. 하지만 북한에서는 친일세력을 인민재판으로 처단한 뒤 나라를 세웠기 때문에 정통성이 있다고 본다. 일부의 좌파들이 북한과 연대감을 갖는 이유가 여기에 있다.

둘째는 1948년 건국한 한국정부는 미국 및 반공주의 등의 '외부세력'에 의존해 온 반쪽짜리 정부라는 주장이다. 반면 북한은 '민족-자주'를 국시로 삼는다. 좌파에게 있어 지금의 보수세력 다수는 친일파의 후손인 독재정권에 '기생'했던 사람들이요, 청산해야 할 대상인 것이다.

문재인 대통령이 건국일에 집착하는 이유를 좌파언론은 다음과 같이 보도했다. "1919년 기원설의 핵심은 '국민주권' '민족공동체', 즉 같은 민족에게 있다"(오마이뉴스). 문 대통령은 대한민국의 역사적 성취를 부정하고 있다. 이 역사관은 어디에 기인하는가? 그것은 다름 아닌 80년대 주사파 운동권의 역사관에 뿌리를 두고 있다.

문재인 대통령은 대한민국 건국이 1948년이 아니라 1919년이라고 우기고 있다. 대통령이 나서서 역사적 사실을 왜곡하고 있다. 정치권력이 역사를 왜곡하는 것은 전체주의 국가에서나 볼 수 있는 것이다.

1919년 건국설은 역사의 왜곡이다. 1948년 7월 17일 제정된 헌법은 제헌헌법이다. 대한민국은 위대한 3.1 운동에 의해 설립된 대한민국임시정부의 법통을 이어받아 1948년에 건국되었다. 국가는 영토, 국민, 주권의 세 요소로 구성되어 있다. 임시정부에는 이런 구성요소가 없었다. 1948년 유엔총회는 대한민국을 한반도의 유일한 합법정부로 인정하는 결의안을 통과시켰다. 유엔결의안은 남한에서 한국민의 자유로운 의사표출에 의해서 성립된 정부가 대한민국 정부이고 그러한 의미에서 이 정부는 한반도에서 '유일한 합법정부'라고 인정하고 있는 것이다. 유엔이 대한민국을 한반도 전체에서 '유일합법정부'로 승인한 것은 한국이 전 민족을 대표하는 정통성을 갖고 있다는 것을 의미한다(김영호, 2019: 반면에, 북한 정권은 비민주적 투표방식에 의해서 성립된 비합법적 정권이다).

좌파 진보세력은 6.25를 통일 전쟁으로 보고 통일을 방해하기 위하여 군사적으로 개입한 제국주의 미국을 적으로 규정하고 있다. 이러한 역사관의 배경은 주체사상과 남한을 미국의 식민지로 보는 뿌리 깊은 NL의 사상(인식과 전략)과 관련이 있다....이들은 민족과 화해와 평화를 저해하는 근본적인 요소로 반공과 한미 동맹을 중시하는 기독교세력을 지목하고 있다. 이러한 좌파 사상과 교회는 양립하기 어렵다고 할 수 있다.

1971년 대통령 선거에 출마한 김대중은 당시로는 상상도 할 수 없는 선거 공약을 내놓았다. 북한과 교류를 시작하고 향토예비군을 폐지하는 것, 대중이 참여하는 복지분배 정책을 펴겠다는 내용이었다. 동서 냉전의 한 가운데서 북한을 옹호하는 듯한 발언을 서슴치 않는 김대중에게 '빨갱이' 낙인이 찍힌 것도 이때부터다.

대선 때 그는 박정희와 치열한 경합을 벌였다. 두 사람의 싸움은 김대중의 출신지인 호남지역과 박정희의 출신지인 영남지역의 지역 대결로 이어졌고, 이 선거를 계기로 호남지역은 좌파-진보, 영남지역은 우파-보수의 아성이 되어 지역 간 대립은 좌파와 우파의 대립으로 발전하게 되었다.

북한의 대남전략의 기본은 남남갈등, 즉 한국인끼리의 갈등, 정부와 시민단체의 갈등을 부추기는 것이다. 저들의 적화통일의 기본구상은 남남갈등을 유발하다가 결정적인 시기에 단번에 남한을 집어삼키는 것이다. 이 목적을 달성하기 위해 북한은 한국의 민주화운동을 적극적으로 지지하고 지원했다. 북한과 야당은 상부상조의 관계에 있었고, 김대중은 이들이 의지할 수 있는 존재였다.

'5.18'은 한국이 민주화로 방향을 대폭 수정하게 되는 계기를 제공한 반면, 좌파세력들에게 큰 정치적 공간을 만들어주었다. 좌파진영을 대표하는 노무현은 보수진영을 대표하고 나온 이회창을 "전쟁이냐 평화냐"며 광고를 냈고, 이회창이 대통령이 되면 전쟁이 날 것이라는 고도의 선전술을 펼쳐 48.91%의 득표로 차기 대통령이 되었다.

재임기간 초 노무현은 "남북문제를 해결하려면, 친미도 하고, 친중, 친러, 친일 모든 것을 해야만 한다"고 고백했지만, 그의 정책기조는 친북으로 기울었으며 김대중과 같이 그 역시 친척들과 측근의 비리가 속속 드러나고 국민의 비난을 받았다. 큰 타격을 받은 좌파 세력의 복권은 당분간 어려울 것이라 보였지만, 보수를 대표하는 박근혜의 실정으로 '노 정권 2기'라 불리는 문재인 정권이 탄생한 것은 노무현의 죽음으로부터 8년이 지난 2017년이었다. 대통령 선거에 이어 2018년 지방선거에서 '더불어 민주당'은 역사적인 승리를 거뒀다.

완전한 정권교체가 이뤄지면서, 주사파 좌파 정권은 정치, 경제, 교육, 언론을 모두 장악했다고 해도 과언이 아니다. 한국에서 이른 바 '진보-좌파'라고 자처하는 정당은 예외 없이 민노총과 서로 협력하는 관계에 있다. 예를 들어, 이석기 의원이 속해 있던 '한국진보연대'는 어떤 조직인가?

"국가보안법 철폐, 미군철수, (북한과의) 평화협정체결, 연방제 통일을 주도해온 단체이다. 그들이 말하는 연방제통일은 한 마디로 말한다면 북한에 의한 흡수통일이다. 이 단체는 연간 800회 이상의 집회와 시위, 기자회견을 여는 정치투쟁을 전문으로 하는 조직이기도 하다"(이상철, 2019).

한국 언론에 의하면, 청와대 비서실장과 정책실, 안보실의 비서관급 이상의 참모 64명 중, 3분의 1이상인 23명은 전국대학생대표자협의회(전대협)의 출신이다. 전대협 의장 출신인 임종석 대통령 비서실장이 관할하는 비서관급 이상 31명 중 학생운동 출신자는 19명으로 60%에 달한다.

"청와대에 포진한 인사들이 '주체사상(김일성주의)으로부터 전향했다거나 공개적으로 과거를 반성했다는 이야기는 들어본 적이 없다. 문대통령의 대북정책은 주체혁명 실현이 아니냐는 합리적 우려가 있다."

2. 남한에서 좌파 주사파 세력이 등장한 배경

주사파는 주체사상파이다. 주체사상을 운동노선으로 하는 세력, 주체사상을 숭앙하고 따르는 사람들이다. 주사파는 80년, 90년대에 운동권 학생들이다. 이들은 많은 훈련과 투쟁을 통해 주체사상을 학습한 이들이다.

1980년대의 대학생활은 1980년 광주민주화운동, 광주시민을 학살한 사진과 이야기 등은 젊은 대학생들에게 가장 강렬한 충격을 주었다. 박정희 시대에는 인권탄압의 문제가 있었지만 역사적 큰 흐름에서 산업화혁명, 근대화 혁명이라는 대의에 대해 다수의 국민들이 지지를 보냈다면, 광주시민을 학살하고 정권을 찬탈하였으며, 부패로 얼룩졌던 전두환, 노태우 독재는 그 어떤 명분도 80년대의 대학사회에서는 통하지 않았다.

이와 같은 정권의 부도덕성과 광주민주화 운동의 영향은 1980년대의 대학생들을 광범위하게 학생운동 민주화 운동에 참여하게 만들었다. 이와 같은 상황에서 80년대의 주요대학, 지방의 주요대학을 기준으로 할 때 전체 학생의 과반수 이상이 「해방전후의 인식」, 「전환시대의 논리」 등 좌파 역사관을 담은 기초이념서적을 공부하였고, 대학생의 10%전후는 마르크스-레닌주의 또는 주체사상을 공부하고 일부는 신념화하였다.

80년대의 민주화운동은 강력한 사상운동, 조직운동을 기반으로 하여 활동가와 대중이 함께 움직이는 본격적인 대중투쟁의 시대를 열게 된다. 이 같은 80, 90년대 학생운동, 민주화운동의 분위기는 80년대 대학사회의 정치·문화적 대세가 되어 당시에 학생운동을 하였든, 하지 않았든 80, 90년대 세대 전체에게 강렬한 의식적 영향을 끼치게 된다.

인구학적으로 80년대 세대는 60년대 베이비붐 세대를 기반으로 하게 되면서 한국사회에서 '386세대' 또는 '486세대'로 지칭되기도 하는데 이들은 80년대 이래로 한국사회의 과거, 현재, 미래에서 그 어느 세대보다 강력한 영향력을 발휘하고 있다(구해우, 2019).

사람이 책을 만들고, 책이 사람을 만든다고 했다. 급진좌파들의 이론서적들이 서점에 넘쳐났다. 리영희 교수는 '의식화의 스승'으로 추앙받았고, 「태백산맥」의 작가 조정래는 수많은 대학생들과 청년들을 좌파 역사관으로 함몰시켰다. 대한민국 정부 수립을 극렬하게 매도하는 시각이 대두되기 시작했고, 6.25를 북한 공산집단의 남침이 아니라 '민족해방전쟁'이라는 시각으로 바라보기 시작했다. 조정래의 소설 「태백산맥」에서 작가는 이승만은 천하의 친일파 앞잡이요, 정통성 없는 대한민국은 태어나지 말았어야 할 나라라고 묘사하고 있다. 소설에 등장하는 좌익적 인물이나 빨치산, 인민군은 선하고 우익적 인물 즉, 국군, 빨치산을 토벌하는 청년단은 악으로 묘사된다.

이때부터 남한은 친일파와 미 제국주의자들의 강요에 의해 분단정부를 먼저 수립했으므로 정통성이 없고, 주체사상으로 국가를 건설해 온 북한에 정통성을 부여해야 한다는 주장들이 흥행하기 시작했다. 학생들은 의식화교육을 통해 체게바라와 모택동의 전술을 배웠고, '위수김동'(위대한 수령 김일성 동지), '친지김동'(친애하는 지도자 김정일 동지)을 흠모하며 주체사상을 학습하는 주사파 그룹이 자생적으로 만들어졌다(양동안, 2017).

전두환 군사정권의 억압에 저항하면서 그 반대세력으로 전교조(89년), 참여연대(94년), 민노총(95년)이 탄생하였다. 1980년대의 군사독재에 맞서 저항했던 한국의 좌파운동권 출신들도 1990년대 이후 각 영역으로 진출하기시작했다. 저들은 정치, 경제, 사회, 문화, 교육, 언론, 예술 등 전 영역에 자신들의 진지를 구축하기 위해 많은 노력을 기울여왔다. 30여년이 지난 지금 좌파세력은 우려할 만큼 깊이 뿌리를 내렸다. 오늘 기득권측이 된 좌파 진영은 보수정권의 몰락 이후 총체적으로 전 영역을 장악해가고 있는 상황이다. 참여연대를 거쳐 간 사람들이 정권의 세 기둥이 당, 정, 청 요직을 장악하고 있다고 해도 지나친 말이 아니다.

주체사상 이론에 따르면, 국가기구는 (1)억압적 국가기구와 (2)이데올로기적 국가기구가 있다. 계급투쟁과 민중을 억압으로부터 해방하기 위해서는 먼저 이데올로기적 국가기구에 속하는 가정과 교회와 학교를 먼저 무너뜨려야 하고 다음에 억압적 국가기구인 정부와 경찰, 군대, 법원을 무너뜨릴 수 있다.

한국의 좌파 세력은 유럽의 좌파를 롤 모델로 삼고 있기 때문에 저들의 전략전술을 그대로 모방하고 있다. 오늘날 서구의 좌파들은 '자유', '인권,' 그리고 '평등'이라는 세련된 프레임을 걸친 상태에서 친동성애, 친이슬람, 그리고 페미니즘 정책들을 밀어붙이고 있다(박광서, 2018). 이들은 현재 그들의 거시적 전략에 따라 인권법, 친동성애적 차별금지법 등을 입법해 가정과 교회를 무너뜨리려 시도하고 있다.

민주화운동

386세대는 주사파 세대다. 최근 중앙일보는 "한국은 386의 나라"라는 보도를 하면서, 386세대를 민주화운동 세대로 규정하였다. 386 운동권은 1960년대 생으로 1980년대에 대학을 다닌 사람들이다. '386세대'의 이념은 바로 "좌파 민족주의"라고 말 할 수 있다. 좌파는 친미, 친일세력과 분단세력, 냉전세력을 하나로 보고 있으며, 민족을 바탕으로 북한과 대한민국은 하나로 뭉쳐야 하며, 미국은 한반도의 적이라는 개념을 심으려 하는 세력이다.

대한민국의 학생운동은 1987년 6월 항쟁으로 "민주화운동"이라는 이름으로 시작되었다고 할 수 있다. 한국의 학생운동 세력은 크게 2개의 축으로 나뉜다. NL(National Liberation: 민족해방: 자주파)계와 PD(Peoples' Democracy: 민중민주주의: 평등파)계이다. NL은 주로 '민족해방'을 외치면서 한반도의 자주독립을 위해 북한과의 협력을 중요시한다. 이 때문에 NL을 '주체사상파' 즉 '주사파'라고 부르기도 한다. 물론 NL에도 주사파와 비주사파가 있는 게 사실이다.

NL계 주사파는 기본적으로 대한민국은 정치, 사회, 문화, 전반에 걸쳐 미국에 예속된 것으로 보고, 미국으로부터의 해방과 자주통일을 성취해야 한다고 주장한다. 그러므로 주체사상 등 북한의 이데올로기는 그들에게 있어서 동경의 대상이다. 사람이 모든 것의 주인이며, 역사의 주체다. 역사란 자주성 실현을 위한 투쟁이므로 주체사상이야 말로 최종의 목적일 수밖에 없다.

미국의 부정적인 면을 인정하면서도 형식적이나마 대한민국을 민주국가로 인정한다. 그러나 자본주의 폐해로부터 민중을 해방시키고 진정한 민주주의 실현을 위해 노동자 농민들이 뭉쳐 반자본가 투쟁을 통해 평등을 쟁취해야한다.

한국 사회에서 노동자 혁명이 달성되면 그 다음 자연스럽게 통일은 가능하다는 논리를 전개한다. 이들은 계급논쟁을 하는 사람들답게 스스로를 '좌파' 사회주의로 분류한다.

반면 PD는 '민중민주'를 주로 외치면서 북한의 주체사상과는 거리를 두고 있다. 하지만 이들 역시 '마르크스–레닌주의' 진영으로서 노동자 중심의 소련 혁명을 주요모델로 삼고 있다. PD는 레닌이론에 따라 노동자 계급 중심의 혁명을 꿈꾼다면, NL은 반미 자주화 투쟁을 전면에 내세우고 있다. NL은 '반미'와 '통일'이 핵심이다. 여기에 북한 김정일이 집대성한 '주체사상'을 따르고, 북한 노동당을 대한민국 변혁운동의 지도부로 인정할 것인지 여부에 따라서 NL 내부에서 '주사파'와 '비주사파'가 구분된다. 그만큼 NL에게 북한(김정은)은 중요한 자리를 차지한다.

1987년 이전까지 학생운동의 주요세력은 NL보다는 PD에 무게중심이 있었다고 한다. 아무래도 북한에 대한 학생들의 거부감 때문이었던 것 같다. 하지만 1987년 '6월 항쟁' 이후로 무게중심이 PD에서 NL로 급속도로 옮겨갔다.

통합진보당은 NL계열 운동권과 PD계열 운동권이 대통합을 내세우며 탄생한 정당이었다. 2013년 통합진보당은 내란음모사건에 휘말리게 된다. 이석기를 중심으로 한 혁명조직 RO가 대한민국 체제전복을 목적으로 하는 사회주의 혁명을 도모했다며 내란음모, 선동, 국가보안법 위반 등의 혐의로 고발되었다. 결국 2015년 내란선동 및 국가보안법 위반 혐의가 인정돼 이석기는 징역 9년형을 받았고 통진당 의원 5명은 의원직을 박탈당했다.

좌파의 특징은 위기의 순간에는 뭉치고 안정화되면 흩어지는 것을 반복하는 것이다. 노무현 정부에서부터 '386세대'가 본격적으로 정치권에 진출하면서 NL 운동권이 주류 정치인으로 등장했다. 바로 이들로부터 진짜 반미, 진짜 친북이 나오기 시작했다고 볼 수 있다. 그리고 이들은 지금 문재인 정부 주요 직책들을 거의 다 차지하고 있다(김세의, 2019).

좌파 사상을 가진 사람들은 보편 상식보다 이데올로기를 더 중요하게 여긴다. 왜 현 정부는 성평등과 지방분권을 목적한 개헌과 더불어 국가의 성전환자 수술비용 전액 지원, 차별금지법 제정, 국가보안법 폐지, 교육청 학생인권조례 제정, 지자체 인권조례 제정, 투표연령 18세 하향 조정, 종립학교 종교과목 거부권, 인권교육 강화, 미군의 철수, 고려연방제 통일 등등 비상식적이고 이해하기 힘든 정책을 왜 밀어붙이는 것일까? 그것은 저들이 추종하는 좌파이념 때문이다.

주사파가 대한민국 권력을 장악했다

전두환의 12.12 쿠데타와 광주학살로 민주화의 꿈이 사라지자 학생들은 그 대안을 김일성의 주체사상 혁명론에서 찾게 되었다. 북한의 대남방송에 의해 전파되었던 주체사상은 대중성, 민족성, 적합성, 신속성 때문에 급속히 확산되었다. 전대협, 한총련이 전국대학 학생회 조직과 학생운동을 신속하고 완벽하게 장악했다. 학생운동을 마친 운동권은 사회로 나와서, 사회대중운동으로 투신하지 않을 수 없었다. 해마다 수십만의 학생운동권 출신들이 자연스럽고도 필연적으로 사회 각계각층으로 투신한다.

이런 종북 주사파들이 수백만 배출되었고, 지금 마침내 청와대부터 대한민국의 국가권력뿐만 아니라 사회 각계 각층을 완벽하게 장악했다. 공장으로, 직장으로 들어가 민주노총을 만들고, 정계로 진출해, 민주당, 정의당, 민중당을 물론이고, 바른 미래당, 자유 한국당에까지 미치지 않는 곳이 없다.

언론계로 들어간 기자들도 학생운동의 경험으로 민주화를 계속한다며, 언론노조를 결성하여, 지금 KBS, MBC, SBS, 한겨레신문, 경향신문을 붉게 물들였다. 고시에 합격하여 민변, 우리법연구회, 국제인권법연구회를 결성하여, 대법원장과 헌법재판소와 법원, 검찰, 청와대, 서울시와 각급 지방자치단체까지 모두 장악했다. 운동권 학생들이 교사가 되어 전교조를 결성하여, 어린 학생들을 붉게 물들이고 있다. 문화예술계도 석권했다. 입법, 사법, 행정, 교육, 문화, 방송, 예술, 경제계, 기업, 동네 구멍가게까지 완벽하게 붉은 혁명사상으로 물들었다(김문수, 2020).

이 정권에도 '언더'조직이 있는가

1980년대 대학 운동권에는 '언더'(under)조직이 있었다. 말 그대로 지하에서 활동하며 학생운동권을 실제로 움직였다. '언더'에서 운동방향을 정하고 투쟁방침을 세우면 전대협이나 각 학교 총학생회 등 전위 조직이 이를 수행했다. 유시민 노무현재단 이사장, 김경수 경남지사도 서울대 운동권에서 '언더'에 속했다. 안희정 전 충남지사는 고려대의 대표적 '언더'였다. '언더'들은 전대협을 만들고 이인영, 우상호, 임종석 등을 전면에 내세웠다.

80년대 '언더'들은 노무현, 문재인 정부를 거치며 차례로 수면위로 떠올랐다. 앞서 언급한 사람들도 대부분 공직을 맡거나 공개적으로 활동하고 있다. 그러나 유재수 사건을 보면 이 정권에 아직도 드러나지 않은 '언더'조직이 있는 것 아닌가 하는 의심이 든다(황대진,「조선일보」, 2019).

전대협(전국대학생협의회)

일단 문재인 정부에서 활동하는 사람들을 파악하는데 있어서 가장 중요한 조직은 전대협이다. 전대협은 '민족해방민중민주주의혁명(NLPDR) 노선'에 따라 '반미 구국통일전선'을 형성했다. 1970년 김일성은 다음과 같은 교시를 발표했다. "남조선은 미제와 그 주구세력인 매판자본가, 지주, 반동관료배가 국가주권과 생산수단을 쥐고 있는 식민지 반자본주의 사회이다. 남조선 혁명은...인민민주주의 혁명이다."

따라서 전대협은 북한의 혁명노선에 따라 '반미 구국통일전선'을 형성하며 주한미군 철수를 통한 미제국주의와 우파 정권을 타도한 후, 친북 정권인 민중민주정권을 수립하고자 했다. 최종적으로 북한과의 연공통일을 통한 사회주의 국가건설을 목표로 삼았다.

전대협은 북한의 3대 투쟁노선인 '자주, 민주, 통일' 투쟁을 지향했으며, 대한민국 사회를 '미국 제국주의에 종속된 식민지 자본주의 사회'로 규정했다. 친북, 반미가 그들이 추진하는 핵심가치인 것이다. 한국언론에 의하면, 청와대 비서실장과 정책실, 안보실의 비서관급 이상의 참모 64명 중 3분의 1이상인 23명은 1997년 대법원에서 반국가단체로 지정된 전국대학생대표자협의회(전대협)의 출신이다.

대한민국의 실질적 대통령으로 불리는 사람이 있다. 전 대통령 비서실장 임종석이다. 1989년 전대협 3기 의장출신이다. 현 민주당 원내대표 이인영은 고려대 총학생회장 출신이다. 임종석은 확고한 반미의식을 가진 것으로 유명하다. "미국이 그 동안 공작정치, 경제수탈 등으로 한국민에게 큰 고통을 주어왔다. 반미투쟁이야말로 조국 통일 투쟁의 관건이다. 북한과 일치하는 통일방안을 신봉한다"(한겨레신문, 1989. 10.15). 같은 사상을 가진 신동호는 전대협 초대 문화국장 출신으로 현재 청와대 연설비서관을 맡고 있다. 청와대 민정비서관인 백원우는 전대협 3기 연대사업국장 출신으로 2004년부터 8년간 민주당 국회의원을 하면서 국가보안법 폐지와 주한미군 축소 입장을 내세웠다. 이들은 운동권 시절 아침을 김일성 장군 충성 서약서를 암송하면서 하루를 시작했던 이들이다. 청와대에 포진한 인사들이 '주체사상'(김일성주의)으로부터 전향했다거나 공개적으로 과거를 반성했다는 이야기를 들어본 적이 없다. 문대통령의 대북정책은 주체혁명 실현이 아니냐는 합리적 우려가 있다.

민주사회를 위한 변호사모임(민변 : Lawyers for a Decmocratic Society).
민변은 좌파성향의 변호사들의 단체다. 1988년 인권 시국 사건의 변론을 주로 맡아 온 중진변호사 30명과 소장 변호사 16명이 참여해 결성했다.

민변은 노무현, 문재인이라는 두 명의 대통령을 배출했지만, 더불어민주당 소속의 정치인들 가운데 민변 출신 국회의원이 11명이나 된다. 서울시장 박원순, 성남시장(현 경기도지사) 이재명 외에 국회의원들도 많이 있다. 한국 정치를 40년 가까이 취재해 온 베테랑 기자는 "민변은 좌파세력의 결집체"라고 단정했다.

민변은 대한민국의 민권운동에 그 뿌리를 두고 있다. 인권변호사 1세대라고 할 이병린 변호사를 비롯하여 1970년대에는 이돈명, 한승헌, 조준의, 홍성우, 황인철 변호사 등이 유신시대의 시국사건 변론을 주로 담당하였다. 1996년 안기부법과 노동법 날치기 통과에 맞서 초유의 변호사 철야농성을 벌인 적도 있다. 5.18 광주사태를 민주화운동으로 만드는데 앞장섰다. 민주화를 가치로 내걸면서 사실은 공산화에 앞장서온 단체라는 강한 의혹을 받고 있는 단체이다(조원룡, 2019).

민주노총

민노총은 진보정당 시민단체의 요새이다. 그 산하에는 수천 명이 넘는 대형 방송사 기자, 신문기자, 편집자 등으로 이루어진 언론노조가 있다. 7만 명이 넘게 가입된 초, 중, 고교 교사들 단체인 전교조, 15만 명의 공무원노조를 포함하여 73만여 명의 조합원을 둔 거대조직이기도 하다.

한국의 노사분규는 세계적으로 악명이 높다. 주한 미국상공회의소 대표는 "회사의 경영 상황에 상관없이 매년 월급을 무조건 올려야 한다고 생각하며 노사협상을 하는 나라는 한국뿐'이라고 했다. 한국은 140개국 중에서 노사협력, 정리해고 비용 등 최하위권이다. 한국의 노사협력 지수는 125개국 중에서 120위로 최하위권으로 나타났다.

민주노총은 촛불시위 등을 통해 정권창출의 지원군으로 역할을 했기 때문에, 민노총이 막강한 '권력집단'으로 행세하는 것은 어쩌면 당연한 일인지 모른다. 그러나 노동시장의 유연성을 높이려면 정규직 노조에만 이중삼중으로 혜택이 돌아가고 있는 노동관련 법제를 개혁하지 않으면 안 된다(김충남, 2019).

전교조

전국교직원노동조합(전교조)는 1991년 1월 "참교육"을 기치로 중고등학생들에게 의식화교육을 실시한다는 목적으로 시작한 중고등학교 교원들의 노동조합이다. 1997년 국정교과서 폐지를 주도했으며, 민중의 자식들에게 자본주의 체제를 전복하고 대한민국을 사회주의 체제로 만드는 것을 목표로 민중을 위한 교육을 표방하고 있다. 그들이 말하는 민중교육의 핵심은 (1)미국을 몰아내고 우리끼리 통일을 이루자는 민족이론과 (2)새마을, 자유를 빼고 노동자, 농민, 도시민이 주인이 되어야 한다는 인민민주주의, 즉 민주교육이론, 그리고 (3)노동, 농민으로 연방제통일을 이뤄야 한다는 민중교육이론이다. 게다가 혁신학교라는 이름으로 공산혁명교육을 진행하고 있다.

이탈리아 공산주의자 안토니오 그람시는 사회 혁명을 위해서는 진지전(陣地戰)을 펼 것을 주문한 것으로 유명하다. 그람시에게 혁명은 화끈한 사건이 아니라 사회전체가 조금씩 변해가는 유기적 변화의 과정이었다. 열전이 땅과 사람의 몸뚱이를 점령하는 것이라면, 사상전, 문화전쟁은 사람의 머릿속을 점령하는 것이다. 전교조는 학교에 진지를 구축했다. 진지전은 정치, 사회, 문화, 예술, 언론, 교육 등 사회 전 부문에 걸쳐 전개되는 싸움이다. 따라서 주사파는 보수 우파의 진지를 야금야금 점령해가며 반공, 반북, 친미, 친일사상을 서서히 무너뜨리고 있는 것이다.

전교조는 대략 4개 정도의 그룹으로 나눠볼 수 있다. 하나는 식민지 시대 '교육노동자 조합'에서 출발, 미군정기의 '조선교육자 협회'를 거쳐 4.19 당시 '교원노동조합'으로 이어지는 뿌리깊은 혁명 운동세력이고, 둘째는 1989년 전교조 결성 당시 그 막후에서 사태를 진전시킨 남한 사회주의 운동 세력, 그리고 세 번째는 전대협, 한총련에서 노동, 농민, 빈민운동 등 사회운동으로 전환하는 이들을 교육시킨 '투신팀' 출신자 그룹이다. 당시 주사파 운동권은 교사로 임용될 교대와 사대 출신들을 모아 사상 교육을 시켜 조직적으로 예비좌익 교사들을 양산했다. 반미 종북 교육이 광범위하게 펼쳐진 것은 그들이 주사파의 아이들이기 때문이다(남정욱, 2012).

전교조는 어떤 집단인가?

이들이 "참교육" 이라고 말 하는 것은 "민중혁명교육"을 두고 하는 말이다. 이들이 얘기 하는 "참교육" 은 다음 3가지를 두고 하는 말이다.

1. **민족교육** : 외세를 몰아내고 우리 민족끼리 잘살아 보자고 하는 말 이다. 이것의 진실은 미군철수를 얘기 한다. 남한은 친일파를 청산하지 못했는데, 북한은 '완전하고 복구 불가능한' 친일청산을 했다고 찬양한다. 이들은 "우리 민족끼리"라는 프레임을 자주 사용한다.
2. **민주교육:** 대기업과 부자들이 노동자, 농민들을 착취했기 때문에 우리들은 항상 가난하게 살수 밖에 없다. 우린 빼앗긴 부를 당연히 탈취해 와야 하고 노동자, 농민, 도시빈민이 주인 되는 인민민주주의를 만들어야 한다.
3. **인간화 교육** : 노동자, 농민, 도시빈민이 주인 되어 연방제통일을 이룩해야 한다.

"민족, 민주, 인간화 교육은 전체적인 우리 운동의 방향인 자주, 민주, 통일이라는 변혁적 이념에 맞닿아 있는 슬로건이다." 자주, 민주, 통일을 하나의 말로 엮으면 민족해방 민중민주주의혁명이 된다. 이들이 주입하려는 핵심개념은 '친북'과 '반미' 그리고 '반국가'다(남정욱, 2012).

주사파에서 추구하는 이념 그 대로 반미, 반일, 친중 사상으로 제국주의를 극복하고 북한친화적인 정부를 세워야 한다고 가르친다. 서울시 교육청을 비롯해 전국 대부분 교육감이 좌파 전교조를 지지하고 있다. 전국대의원대회, 중앙위원회, 집행위원회, 지부, 지회, 분회 등 시군구까지 전국적 조직을 갖고 좌편향된 역사교육을 진행하고 있다. "전교조 교사들은 북한이 주장하는 감상적 민족주의(우리민족끼리)를 무기로 학생들에게 통일교육을 교육시킨다"(남정욱, 2012).

사회과목은 굉장히 문제가 많다. 교과서와는 별도로 부교재라는 것을 전교조 교사가 만들어 학생들에게 강매한다. 이 부교재는 '한겨레,' '경향신문,' '오마이뉴스,' '프레시안' 등의 사설과 기사를 짜깁기 해 놓은 것이다.

좌파성향의 교과서를 분석한 「월간조선」(2015년 11월호)에 의하면, 이승만과 박정희 정권에 대하여는 '독재,' '탄압,' '억압' 정권으로 지목하는 반면, 김일성 정권에 대해서는 '권력강화' '권력독점'이라고 기술하고 있다. 미군은 '점령군'으로, 소련군은 '해방군'으로 묘사하는 교과서도 있다.

"우리 사회가 미국에 군사권, 경제권, 교육 주권까지 빼앗긴 미국의 식민지이고(2006. 12. 전교조 홈페이지), 정부는 반공의 깃발 아래 살아남은 군국주의자들과 친일파들이 장악한 미국의 꼭두각시 정부"(2004. 교사소모임 사례)라고 주장한다. 완전한 역사와 현실 왜곡이다.

전교조가 우리 학생들에게 하고 싶은 말은 자주의식의 걸림돌이자 장애물이 미제국주의라는 것이다. "미국은 분단의 원인제공자이며 한국 전쟁의 당사자이며 한국의 전시작전권을 갖고 있고 한미상호방위조약에 의해 한반도 군사대결 체제의 주요 구성부분이다. 통일운동의 최고경지는 반미운동이고 현 통일운동의 걸림돌은 미국과 수구냉전 세력이다"(이 겨레 살리는 통일, 전교조출판국, 2001).

우리나라의 교육기본법은 '교육은…정치적, 파당적 또는 개인적 편견을 전파하기 위한 방편으로 이용해서는 안 된다. 교원은 특정 정당이나 정파를 지지하기 위해 학생들을 선동해서는 안 된다'고 명백하게 규정하고 있다. "교사는 자신의 개인사상을 주입해서는 안 되고 양자의 입장을 충분히 고려, 보충하여 지도를 해야 한다. 공무원은 정치적 중립을 지켜야 하고 학생에게 정치적 언급을 해서는 안 된다"(김현진, 2019). 그러나 전교조 교사들은 좌편향된 사상으로 세뇌교육을 주도하고 있다.

2019년 10월 23일 서울 관악구 봉천동 인헌고등학교에서는 학생들이 〈나는 전교조가 싫어요. 교사가 현 정권에 반대하는 학생들을 탄압한다. 우리는 정치 노리개가 아니다〉는 취지로 전교조 교사들이 일방적으로 현 정권에 편향된 사상을 주입시키고 있는 것에 반발하여 기자회견을 하는 일이 벌어졌다. "교사들이 학생을 상대로 거리낌 없이 정치적 발언을 하고 조국을 비판하면 일베, 수구, 꼴통이라고 몰아붙이고, 조국 전 법무장관 관련 뉴스를 믿으면 개 돼지라고 했다." '법과 정치'같은 사회과목의 경우, 수업은 보수정부 실정만 부각시키는 식으로 이루어진다. 어떤 교사는 'MB나 박근혜는 국격을 말할 자격이 없는 사기꾼'이라고 했다"고 공개했다. "'우는 나쁘고 좌는 착하다'고 선입견을 불어넣으려 한 건 학생들의 자유를 침해한 것이다. 국어 시간엔 국어 수업을, 과학 시간엔 과학수업을 듣고 있다". 일방적 사상교육에 저항하는 학생들은 학생수호연합을 결성하여 다른 고등학교 학생들과 함께 전교조 교사들의 사상주입교육에 저항할 것을 선언하였다.

　2019년 11월 전국의 16개 중고등학교 학생들이 인헌고등학교 학생들에 동조하여 전교조 교사들의 정치편향 교육에 맞서 '전국학생수호연합'의 이름으로 결의문을 발표하였다. 이들은 결의문에서 "정치 세력화된 특정 교사 이익집단이 교육현장에서 본인들의 정치적 이데올로기를 30여 년간 주입해 학생들을 마루타로 사용해 왔다. 우리 학생들의 정신적·사상적 독립을 지키기 위한 '진정한 학생 독립운동'을 전개할 것이다"고 선언했다.

　교과서는 할 수 있는 한 모두가 동의할 수 있는 내용을 학생들에게 가르쳐야 한다. 그러나 현행 역사 교과서의 종교 서술 분량을 살펴보면, 이슬람교 46.1%, 불교, 19%, 천주교 15〉5%, 힌두교 104%, 정교회 6%, 개신교 3%로 이슬람 편향이 심각하다. 충격적인 것은 기독교가 한국문화에 가장 많은 영향을 미치고 있는 종교인데도 불구하고, 개신교가 힌두교보다도 훨씬 적은 3%로 현행 교과서는 모든 종교 중에서 가장 적은 분량을 할애하고 있다(한국교회연합 종교문화쇄신위원회, 2019).

현행 교과서의 동성애 옹호와 성평등과 젠더 페미니즘 편향 성교육도 심각한 이념편향성향을 보이고 있다. 현행 교과서는 이슬람을 모든 종교 중에서 가장 우수한 종교처럼 왜곡은 물론 미화시키고, 마치 이슬람 홍보 책자나 포교책자로 여겨질 만큼 이슬람 홍보내용으로 가득 차 있다. 교육부는 이러한 교과서 내의 특정 종교 편향 현상을 즉시 시정하여야 할 것이다.

진정한 스승(교사)은 우리를 독자적으로 사고하도록 도와주는 사람이다. 주체사상을 반영하는 친북, 반미, 반일로 편중된 사상을 심어주는 것은 교사들이 할 일이 아니다. 서지문(2019) 교수는 말했다. "전교조 교사들은 이념교육으로 학생들을 무더기로 좌경화시켰다. 전교조 교사들에게 설득당한 학생들은 더욱 불행한 경우이다. 자기 사회의 체제가 비인간적인 불의의 온상이자 전복시켜야 할 체제이며 북한의 흉악한 인권유린 정권이 희망의 빛이며 충성의 대상이라고 믿게 되면 어떻게 한 마음으로 정진하며 시민으로서 행복할 수 있다는 말인가?"

지금 인터넷 공간에서는 '일베'와 '좌좀' 간에 언어전쟁이 벌어지고 있다. '일베'는 우파 성향 인터넷 커뮤니티, '좌좀'은 좌파좀비를 줄인 말이다. 학생도 교사도 자신의 양심과 가치관에 따라 자유롭게 의견을 낼 수 있어야 한다. 좌파 이념으로 무장한 전교조가 교육공간을 점령하고 일방적 이념을 강제하고 있다. 이것은 나라의 장래를 위해 시정되어야 할 풍토다.

서울시교육청은 11월 21일 학생들에게 정치편향교육을 시킨 교사들을 조사한 후에 "정치 편향교육은 없었다"고 판결을 내놨다. 조사를 총괄한 서울시 교육청 장학관이 좌파성향인 전교조 핵심인사라 해도 이것은 상식에도 맞지 않는 불공정한 판결이다. 전교조 출신 교육감이 전교조 교사들을 봐주는 판결을 한 것이다. 조사책임자가 전교조 핵심간부인데 어떻게 공정한 판결을 할 수 있겠는가! 한국교총은 "정치편향 교육이 갈수록 심각해지는데 교육부와 시·도 교육청은 미온적인 대처와 수수방관으로 일관하고 있다"고 반발했다(조선일보, 2019. 11. 21).

전교조는 현실에 눈을 가린 채 교육도-국기도-태극기도-애국가도-군대도 팽개치고, 한반도기 들고 교주에게 맹신하듯 OO행사장을 주도했다. 촛불난동 주동자들은 좌익혁명 세력이다. 이들은 전국연합 민중연대 통일연대 출신이다. 이들 단체들은 국가보안법철폐 - 주한미군철수 - 연방제 통일을 주창해왔고, 민노당-민노총-전교조 등도 같은 노선을 걷고 있다(조원룡, 2019).

좌편향 역사 교과서

좌편향 중-고등학교 역사 교과서 문제는 심각하다. 교과서가 공통적으로 이승만 박정희 정부의 건국과정과 산업화 공로는 독재정권의 악덕으로 희석하면서 촛불시위를 찬양하고 문재인 정권의 탄생을 미화하고 있다. 간단하게 정리해보면 다음과 같다.

1. 대한민국은 '정부수립', '조선민주주의 인민공화국 수립'으로 기술하여 정통성이 북한에 있는 것으로 이해하도록 서술하였다.
2. 남북 분단의 책임이 소련과 북한이 아닌 남한에 있는 것처럼 왜곡하였다.
3. 북한의 남침으로 시작된 6.25 전쟁의 책임이 남북한 모두에게 함께 있는 것처럼 기술하고 있다.
4. 공산침략에 맞서 나라를 구한 연합군과 국군을 학살자로 모독하고, 북한의 수많은 양민 학살만행은 기재하지 않았다.
5. 북한에서의 토지 강탈을 토지 개혁으로 미화하고 대한민국의 농지개혁은 평가절하 하였다.
6. 김일성이 독립운동을 주도한 것처럼, 과장하여 기술하고 이승만의 독립운동은 부정적으로 축소, 왜곡하여 기술하였다.
7. 주체사상을 비판하는 데에는 인색하고 많은 분량을 주체사상을 해설하는 데 할애하였고 '북한에 대한 부정적 인식이 형성되지 않도록 주의하라'는 지침도 적어놓았다.
8. 김대중 대통령은 긍정적 사진으로 4장, 북한 김일성은 긍정적 사진으로 3

장을 소개한 반면, 박정희 대통령의 사진은 부정적인 사진으로 단 1장을 게재했다. 전교조 교사들은 육체적 체벌을 가하지 않는다고 자랑하지만, 그들은 아이들에게 정신적 폭력을 가하고 있다. 학부모 한 분은 "악하디 악한 전교조 교사들이 가득한 학교에서 우리 아이들을 어떻게 구출해 낼까, 엄마로서, 대한민국의 국민으로서 억장이 무너진다"고 토로했다.

전교조를 집중적으로 연구한 남정욱(2012)은 "전교조는 일종의 병이다. 영혼을 타락시키고 온화한 사람도 폭군으로 만든다. 법과 질서에 대한 경멸이 확산되면서 나라가 무정부 상태로 진입하고 있다"고 진단하고 있다.

2014년 지방선거에서 좌파 교육감이 대거 당선되고 교과지식보다 체험, 토론 등을 강조하는 '혁신학교'가 확대되면서 학력저하 현상이 심각해지고 있다. 특히 수학과 과학과목의 학력 부진이 심각한 수준인 것으로 드러나고 있다 우수학생 비율이 추락하는 것도 큰 문제다. 과학시술이 이끌어가는 4차 산업혁명 시대에 정작 교실에서는 과학이 홀대받고 있다는 비판이 나온다.

전교조가 교육계를 장악하면서, 외국어고, 특목고를 일반고로 전환하자는 정책이 펼쳐지고 있다. 자유경쟁 보다는 평등을 기치로 정책을 펴는 것도 수긍할 수 없지만, 모든 학생들의 수학능력을 하향평준화하는 정책을 펴는 것은 이해가 가지 않는다(조선일보, 2019. 12. 3).

시인 김지하(2019)는 젊은이들에게 당부하고 있다:

젊은이들아! 우리 조국은 대한민국이다. 전교조에 의해 교실에 태극기가 사라졌고 애국가 교육마저 사라져 국적 없는 국민을 길러내고 있다. 전교조 척결에 국력을 쏟아야 대한민국을 지킬 수 있다.

자사고, 외국어고, 특목고는 유지되어야 한다

정부는 교육에 있어 국민의 교육받을 권리, 학교선택권을 잘 유지할 책임이 있다. 사학에는 자주성을 부여하고 교육 신장에 충실하도록 해야 하는 의무도 있다. 자사고는 건학이념에 맞춰 학생들의 다양한 꿈과 끼를 끼워주고 미래 인재를 양성하기 위해 정해진, 교육체계와 제도 아래 엄격히 운영되고 있다. 국가균형 발전을 위한 교육정책을 추진하려면 수준 높은 인프라를 지닌 명문고가 대한민국 전역에 자리해야 한다. 그래야 교육기회의 평등이 구현된다.

자사고는 평준화 교육으로 무너진 공교육을 살리기 위해 다양성과 수월성 교육을 위해 도입된 것이다. 그런데 좌편향 교육부는 자사고를 입시 위주 학교, 학교 서열화의 주범이라며 획일적 평등교육으로 몰아가고 있다. 하지만 자사고가 폐지된다 해도 입시경쟁과 사교육 열기, 학교서열화는 또 다른 형태로 이어질 것이다. 정부는 교육제도 법정주의를 지켜야 한다. 교육정책은 일관성을 유지해야 하고 예측이 가능해야 한다. 학교유형 같이 중요한 사항을 해당 사학들과 단 한 번 협의도 없이 추진한다는 것은 있을 수 없는 일이다(김철경, 2019, 대광고 교장).

우리나라 헌법 31조는 교육이 정치적 중립성을 띠어야 함을 명시하고 있다. 따라서 교과서는 특정 정치 입장이나 사관(史觀)을 강요하는 게 아니라 객관적 사실에 바탕을 두어야 한다. 그러나 현 주사파 정권은 노골적으로 교과서를 특정 이데올로기 주입의 기제로 삼고 있다.

공산사회에는 정치이념 교육이 정신교육의 목적일 뿐 아니라 그 성패를 정권과 민족의 운명으로 삼는다. 가장 중요한 교육의 목표는 학생을 위한 교육이지 선생을 위한 교육은 허용될 수 없다(김형석).

2020년에 사용할 고교 한국사 교과서를 보면, 해방 후 한국은 '정부수립'으로, 북한은 '조선인민민주주의 공화국 수립'으로 서술해 정통성이 북한에 있는 것처럼 기술하고 있다. 대한민국이 '유엔이 인정한 유일의 합법정부'라는 내용을 비롯해 북한 도발, 북한 세습체제, 북한 주민의 인권문제는 거론하지 않았다. 천안함 '폭침'은 천안함 '사건'으로 묘사했고, 한국이 이룬 기적적 경제성장과 산업화에 대한 서술은 줄이고, 민주화, 촛불집회는 대대적으로 다루고 있다. 이와 같이 편향적 내용을 담은 교과서 집필진은 모두 좌파 교수, 전교조 교사라고 한다. 교육의 중립성을 지키려면, 교사는 균형 잡힌 다양한 사료를 주고 학생들이 스스로 판단할 수 있게 해야 한다.

남한이 적화통일 되는 것을 원치 않는다면 전교조는 우리가 도려내야 할 암 덩어리다(고영주).

언론노조

언론노조에는 2016년 기준으로 3개 본부, 100개 지부, 29개 분회가 있다. 즉 132개의 노동조합에 모두 1만 3천여 명이 가입돼 있다. 지상파 3사가 언론노조에 가입돼 있다. 조선, 중앙, 동아일보 등 몇 개 언론사를 제외한 거의 대부분이 언론노조에 소속돼 있다. 그 영향력은 막강하다.

박근혜 보수정권이 무너지고 진보좌파 정권이 들어선 이후 정계는 물론, 언론, 노조, 교육계를 사실상 주사파가 장악했다고 해도 과언이 아니다. 한국의 사회생태계는 참여연대와 민변, 한노총, 그리고 전교조가 장악한 상황이다. 좌파단체인 '전국민주노동조합총연맹'(민노총)의 하부조직인 '전국언론노동조합'(언론노조)은 문재인 집권 이후 전국의 주요 신문과 TV방송을 장악했다. 조국사태가 진행되는 동안 언론의 보도행태를 보면 이를 확인할 수 있다. 정부, 국회, 법원 외에 언론까지 4권을 모두 장악했다고 진단하는 이들도 있다. 문 정권과 노조의 언론장악은 완성단계에 접어들었다 해도 과언이 아니다.

KBS와 MBC가 좌편향의 색채를 띠게 된 것은 1998년부터 2008년까지 김대중, 노무현 두 정권 시절부터다. KBS가 친북성향을 선명히 드러낸 것은 노무현 대통령 취임 이후 선거를 강력하게 밀어준 좌파매체인 한계례 신문 논설주간 정연주를 사장으로 임명한 후 부터다. 정연주의 KBS는 사내에 남북교류협력단을 꾸려 북한과의 교류사업을 적극 추진했다.

언론노조에 의해 움직이는 언론은 처음부터 박근혜에게는 적대적이었다. 결국 힘을 합쳐 박근혜를 탄핵시켜 주사파 정권을 세우는데 성공했다. 왜 언론은 이렇게 다르게 반응하는가? 사건은 비슷한데, 대통령만 다르다. 박근혜와 문재인, 그것이 보도가 다른 가장 큰 차이다. 문재인 대통령에게 유리한 내용은 노골적으로 홍보하듯이 보도하지만, 불리한 것은 애써 외면한다. 우파가 하는 일은 실눈을 뜨고 감시하고, 좌파 활동은 너그럽게 봐주는 공권력이라며 더욱 분개한다(성창경, 2018).

우리 사회의 시민단체엔 '시민'이 없고, 민주노총엔 '민주'가 없고, 인권단체엔 '인권'이 없고, 여성단체엔 '여성'이 없고, 환경단체엔 '환경'이 없다고 한다. 거의 모든 단체들이 주사파 가치로 물들어있기 때문이다.

문재인 정부들어 노조가입 근로자가 크게 늘어나 전체 노조원이 작년 말 233만 명을 넘었다. 민노총이 현 정권에서 몸집을 급격하게 불린 배경에는 문재인 정부가 있다. 법외노조 판정을 받은 전교조를 합법화하려 추진하고 있다.

KBS 이사장으로 있다 주사파 정권이 들어서면서 밀려난 역사학자 이인호(2019)는 "1년에 수천억 원 예산을 받아서도 적자 체제가 고착화돼 있으며, 정치권력이 내부에 굳건히 자리 잡고 있어 공정성도 잃은 지 오래에요. 내부에 정치세력이 들어와 있고 방송자체가 완전히 권력화 돼 버렸어요. 그러니 사장이 바뀔 때마다, 대통령이 바뀔 때마다 왔다 갔다 눈치 보기 바쁘죠. 특히 새 정부 들어와서 친정부적인 노조가 들어와 있으니까, 정권에 불리한 내용 있으면 아예 안 내보내거나 편파적으로 보도해요. 그러니 사람들이 외면하고 유튜브쪽으로 대거 이동하잖아요. 말도 안 되는 상황이에요"라고 지적했다.

참여연대(People's Solidarity for Participatory Democracy).

좌파적 사고에 익숙한 사람들이 즐겨 사용하는 용어는 연대, 단결, 평화, 민족, 자주 등이다. 참여연대는 권력기관이나 재벌의 행태를 감시하게 할 목적으로 진보적 학자 조희연과 인권변호사 그룹 박원순, 그리고 운동권 출신이 1994년에 만든 단체이다. 정치, 경제 권력의 남용과 횡포를 견제하고 고발하는 권력 감시활동과 함께 시민의 정치적, 경제적 권리를 확대하고 참여를 제도화하기 위한 종합적인 정책방안을 연구하고 제시하는 대안 제시활동을 병행한다. 참여연대는 한국사회의 좌경화에 앞장서 투쟁해온 싱크 탱크들의 집단이다(조원룡, 2019).

2006년부터 현재까지 한미FTA 폐기운동, 2008년 광우병 위험 미국산 쇠고기 수입반대 촛불행동, 2010년부터 천안함 진상조사를 위한 정보공개운동, 2011년부터 제주해군기지건설저지 시민행동, 2014년부터 현재까지 세월호 참사진상과 책임규명활동 등 좌편향된 한국진보연대의 하위 연대단체로서 좌파운동의 전략사령부인 한국진보연대의 하청을 받는 정책집단으로 기능하게 되었다.

현재 우리나라 각계의 요직에 있는 이들은 거의 모두가 참여연대 출신이라는 데 주목할 필요가 있다. 김상조 개혁실장, 김연명 청와대 사회수석, 탁현민 대통령 행사기획, 김수현 전 정책실장, 조국 전 법무부장관, 김연철 통일부 장관, 장하성 주중대사, 박원순 서울시장, 조희연 서울시 교육감, 박주민 민주당 의원, 이재정 민주당 대변인, 이석태 헌법재판관 등은 모두 조국펀드가 권력형 범죄일 가능성 높다고 폭로한 김경율 참여연대 경제금융센터 소장이 20년을 근속했던 참여연대를 거쳐 간 사람들이다(조선일보, 2019. 10. 1).

문 정권에 비판적인 많은 학자들과 언론인들, 그리고 변호사들은 입을 모아 이렇게 말한다. "자유민주주의 사회에서 정의를 실현하는 것은 언론(미디어)과 법치, 그리고 정당한 절차다. 문 정권 아래서는 이 세 가지가 모두 실종돼 버렸다."

충성맹세

최근 2019년 10월 일본의 월간지 HANADA가 남한의 이석기, 문재인, 박원순을 포함한 주사파들이 조선민주주의인민공화국 최고사령관 김정은에게 충성을 맹세하였다고 보도한 적이 있었다. 이것이 완전히 진실된 뉴스라고 할 수는 없다고 해도, 충성맹세문의 내용은 다음과 같다.

우리 남조선의 혁명전사들은 김일성 주석님과 김정일 국방위원장님의 조국통일 유훈을 높이 받들어 공화국 남반부에서 박근혜 괴뢰도당의 자유민주주의 체제를 무너뜨리고 전 조선반도에 주체사상화를 실현 하는데 한목숨 초개와 같이 바치고, 세월호 사건으로 흥분된 국민정서를 범국민적 반미, 반정부 시위로 발전시킬 것, 국가보안법을 철폐시키고 주한미군을 남반부에서 완전히 몰아낼 것. 우리는 남쪽정부의 검찰, 경찰 등 사법부와 행정부에 침투하여 정부의 행정 기능을 마비시키고, 김정은 장군님의 지도와 령도에 따르도록 할 것, 남조선의 입법부인 국회에 진출하여 전 조선반도의 주체사상화를 위한 남북연방제 통일방안을 실현시킬 것. 남조선의 진보적 대학생 청년들에게 주체사상과 장군님의 위대성을 널리 선전하고, 반미 반정부 폭동과 시위를 조직, 지도하여 남조선 사회의 혼란과 갈등을 지속적으로 조성해 나갈 것. 전교조를 통해 남조선의 청소년들에 대한 맑스 레닌의 공산주의 사상과 김일성 주석께서 창시하신 주체사상 교육을 강화하여 남조선 청소년들을 미래에 확실한 장군님의 혁명 전사로 키울 것, 일단 유사시에 제일 먼저 국군 및 경찰의 무기고를 습격하여 총을 들고 남조선의 국군, 경찰, 정보기관 등을 습격, 우익 반동세력들을 사살하고 김정은 장군님의 거국적인 남조선 혁명과 통일전쟁에 합세할 것, 우리는 예전에도 그래왔듯이 영광스러운 조선로동당과 위대한 김정은 제 1비서님의 믿음직한 혁명 전사로써의 명예와 자부심을 가슴깊이 간직하고, 언제나 주체적인 조국통일의 선봉에 설 것이다.

　주사파들이 김일성 수령의 가르침(주체사상)을 따라 한 목숨을 초개와 같이 버리겠다고 신앙고백을 하고 있는 것이다. 자유민주주의와 주체사상 간(인민민주주의, 사회주의)의 갈등, 박근혜 배후의 영세교, 세월호 배후의 구원파, 주체사상이라는 종교 간의 영적 전쟁이 한반도 위에서 벌어지고 있다고 해도 과언이 아니다.

　박근혜 전 대통령을 탄핵하게 만든 단초는 그의 종교였다. "박근혜는 '영세교'라는 종교에 빠져서 최순실의 지도에 따라 중요한 결정을 내렸던 최태민의 신도라는 의혹이 있다. 대통령이 집무하는 청와대에서 굿판(샤머니즘 의식)까지 벌인 적도 있다"(JTBC 보도). 국가 지도자가 어떤 종교적 신앙을 갖는가는 매우 중요하다. 북한에서 부총리 사위로 있다가 귀순한 강명도 교수는 지금 우리나라에서 종교의 자유를 지지하는 "자유민주주의 체제 vs 주체사상을 등에 업고 있는 사회주의 체제간의 판 갈이 싸움"이 벌어지고 있다고 간파한 적이 있다. 지금 남한에서 벌어지고 있는 국론의 분열도 결국 종교의 자유를 억압하려하는 좌파 세력과 기독교, 불교, 천주교 등 종교의 자유를 지키려는 세력 간의 영적 갈등이라 할 수 있다.

이단전문가 탁지일(2014)은 이단들은 다섯 가지 영역에서 자의적인 성경해석을 시도하고 있다고 간파한 적이 있다.

1. 이단지도자(교주)를 신격화하기 위해 성서를 이용한다.
2. 이단 지도자의 비성서적인 주장을 합리화하기 위해 성경을 이용한다.
3. 자신들의 주장이 허구가 아니라 현실화될 수 있다는 구체적인 증거를 제시하기 위해 성경을 이용한다.
4. 자신들의 사회적 영향력을 강화하기 위해 성서를 이용한다.
5. 자신들만이 참된 기독교(종교)이고 자신들만이 구원받을 수 있다는 배타적인 구원관을 강조하고 신도들을 효과적으로 통제할 수 있는 근거를 마련하기 위해 성경을 이용한다.

우리는 이런 증상을 통일교, 천부교, JMS, 신천지, 안증회, 구원파 등 이단에서 발견한다. 김일성 주체사상에서 우리는 잘못 적용된 성경해석을 발견한다.

수령론

주체사상에서 김일성의 위치는 절대적이다. 주체사상은 김일성제일주의이다. 김일성에 대한 북한 주민들의 지지는 열렬하며 결코 무시할 수 없다. 북한 주민의 60-70% 이상은 김일성을 절대적으로 신봉하고 있으며, 많게는 99% 이상이 지지하고 있는 것으로 평가되고 있다. 고난의 행군을 거치며, 2,000년대 들어 그 후계자 김정은에 대한 지지가 많이 감소되고 있는 것은 사실이지만, 김일성에 대한 충성심은 여전한 것 같다.

북한 주민은 왜 김일성을 숭배하는가? 다음 내용이 역사적 진실에 근거한 것이 아니라 할지라도 북한 인민은 다음과 같은 이유로 김일성을 신격화하고 있다. (1)항일운동을 주도했으며 일제를 타도하고 민족해방을 성취하였다. (2)한국전쟁에서 미국과 대결하여 승리를 거두었다. (3)전 후 급속한 경제성장을 이룩한 업적이 있다.

김정일(1992)은 "혁명운동에서 인민대중의 자주적인 사상의식이 결정적인 역할을 하는 만큼 혁명과 건설에서 반드시 사상을 기본으로 틀어쥐고 나가며, 인민대중의 자각성과 적극성을 높이기 위한 사상개조사업, 정치사업을 모든 사업에 앞세워야 한다"고 역설하고 있다.

우리나라로 귀순한 전 북한외교관 고영환은, 북한체제가 무너지지 않는 이유로 ① **김씨 우상화** ② **당의 유일사상 10대원칙** ③ **정치범 수용소** ④ **공개처형**을 들었다

이 모든 것은 김씨 우상화와 신격화로 요약할 수 있는 주체사상과 밀접하게 연관되어 있다. 주체사상은 북한 사회를 통제하는 핵심원리이며 교리이다.

북한의 70년 역사는 〈김일성 회고록〉 총 8권에 기록되어 있다. 이 책에 김일성은 죄나 실수가 한 가지도 없는 완전한 사람으로 묘사되어 있다. 김일성은 중국에서 활동했을 뿐 한국의 해방과 아무 관계가 없는 인물이다. 그러나 북한의 역사는 위대한 수령이 일본을 무찔러 조국의 해방을 가져다주었다고 가르친다. 현재는 김정은이가 절대적인 존재로 우상화되고 있다.

북한은 종교국가다. 기독교와 공산주의를 합해놓은 나라다. "위대한 수령 김일성 동지는 영원히 우리와 함께 하신다." 이것이 주사파들이 매일 암송하는 신앙고백이다.

북한에서는 하나님께 돌려야 할 영광을 김일성에게 돌린다. 수령이 방문한 곳은 다 성지가 된다. 수령이 방문했던 장소는 모두 특별히 구분되어서 표시된다. 또 김일성, 김정일, 김정은의 손이 닿은 것은 무엇이든지 신성시된다. 북한은 백두혈통 김정은을 "존엄"이라고 신격화하는 나라다. 주사파는 위수김동(위대한수령 김일성 동지 만세!), 위지김동(위대한 지도자 김정일 동지 만세!)을

반복해서 외친다.

  수령의 뜻만이 존재하는 나라, 수령에게 아부하는 사람들만 살아남는 나라가 북한이다. 그들은 '김일성은 하늘도 머리 숙일 수밖에 없는 절세의 위인'이라는 역겨운 말을 70년 동안 반복하고 있다. 김씨 일가의 우상화 작업을 위해 국가 전체 예산의 40% 가량을 사용하고 있다. 북한 전역에 김일성 동상이 38,000개가 세워져 있다. 거의 모든 주민들은 아사 직전인데 우상화 작업에 어마어마한 돈을 쏟아 붓고 있는 것이다.

  북한의 우상숭배는 권력 유지 수단이므로 예산을 아끼지 않는다. 북한의 김일성 교에 빠진 광신도들은 수천만 개도 넘는 김일성과 김정일 사진을 매일 정성껏 닦는다. 먼지가 있으면 비판을 받기 때문이다. 집집마다 김일성 초상화를 모신다. 단 한 사람도 예외 없이 가슴에 배지를 부착하고 다닌다.

  북한에서는 성경책이 발견되면 기독교인들을 데려다가 광장에 세워놓고 비판을 하게하고, 고아들을 동원해서는 "너희 부모들을 죽인 원수는 예수 믿는 사람들이다"라고 선동하여 죽인다. 김일성 삼부자 사진이 실린 신문을 함부로 다루면 즉시 감옥행이다.

• 대한민국 우리가 지키겠다고 나선 학생들
젊은이들아! 우리 조국은 대한민국이다. 전교조에 의해 교실에서 태극기가 사라졌고 애국가 교육마저 사라져 국적없는 국민을 길러내고 있다. 전교조 척결에 국력을 쏟아야 대한민국을 지킬 수 있다(시인 김지하).

북한에서는 일단 수령을 대적하면 그가 누구든 철천지 원수처럼 여기는 '수령절대숭배' 문화가 있다. 김일성, 김정일을 태양이라고 숭배한다. 북한 전역에 김일성, 김정일 동상이 3만 8천개가 서 있다. 국가차원에서 우상숭배를 강요한다. 김일성을 하나님이라고 고백해야 한다. 이 법을 어기다 걸리면 아무리 좋은 일을 많이 해도 소용이 없고, 오히려 좋은 일이 인민과 수령 사이를 갈라놓았다면서 '국가전복음모죄'를 덮어씌운다.
   북한은 주체사상이 지배하는 노예국가이다. 태영호(2018) 공사는 진술하고 있다. "북한 주민에게는 인간의 기본권리인 의사표시의 자유, 이동의 자유, 생산수단을 보유할 자유, 자기 자식을 자기가 관할할 수 있는 자유조차 없다. 단언컨대 오늘의 북한은 현대판 노예사회다. 거듭 말하지만 북한은 나라전체가 오직 김정은 가문만을 위해 존재하는 노예제 국가다."
   북한을 16차례나 방문하며 도와주었던 케네스 배 목사는 2013년 국가전복죄로 기소돼 15년을 언도 받고 복역하다 2014년 자유세계로 돌아왔다. 그가 북한당국의 조사를 받을 때, "제가 어떻게 북조선을 전복하려 하였습니까?" 하고 물었을 때, "당신은 기도와 예배로 북조선을 전복하려 하였다"고 호통을 쳤다고 한다. 종교와 신앙의 자유는 인간의 근원적 자유에 해당하는 것이다. 그러나 북한에는 이런 기본적 자유, 종교와 신앙의 자유가 없다.

주사파

   주체사상파(主體思想派, 주사파)는 대한민국의 민족 해방 계열의 하나로 조선민주주의인민공화국의 지도이념인 주체사상을 지지하고 그에 따른 정치 운동을 하는 사람들을 가리키는 말이다.
   그렇다면 '주사파'로 불린 NL파는 어떤 특징이 있는가? 이들은 '민족주의'를 배경으로 한국사회가 관료독점자본과 해외자본에 의해 종속되어 있다고 믿는다. 그런 차원에서 NL파는 한국사회가 제국주의 지배하의 식민지 상태에 놓여있으니 식민지에서 해방시켜 주체성을 회복해야 한다고 주장했다.

여기서 저들이 이념적 대안으로 채택한 것이 바로 '김일성 주체사상'이며, 반제국주의 민족자주투쟁에 참여하게 된 것이다. 당시 저들의 눈에 군부독재세력은 미 제국주의의 대리통치 세력이었으며, 기독교는 미 제국주의의 등에 앉아 강력한 정치세력이 된 극우반공집단이자 미국 원조분배의 참여자였다. 이들에게는 미국과 기독교를 타도하는 것이 지상과제였다. 반면에 계급투쟁론을 강조하는 세력이 등장했는데, 이것이 PD계열이었다. 민족해방이 먼저냐 계급투쟁과 혁명이 먼저냐 등과 같은 논쟁을 거듭하며 사회구성체론을 구체화나갔다.

주체사상으로 뭉쳐있는 전대협에서 주체사상을 가르치다 전향한 이동호 교수(2019)에 의하면 주사파는 주체사상을 신봉하는 공산주의자를 일컫는다. 이들에게는 양심수는 공산주의자이고, 통일은 연방제 통일을 의미한다.

주사파들의 역사인식은 "대한민국은 태어나지 말았어야 할 나라. 대한민국은 미국의 식민지이다"라는 전제에서 시작한다. 전대협 연대사업국장을 역임하고 전향한 이동호 교수는 주사파가 가지고 있는 세 가지 특징사상은 (1)친북, (2)반미, (3)보수세력에 대한 적대감이라고 요약했다.

첫째로 이들은 주체사상, 혁명론으로 무장하고 있어 김일성을 위대한 수령, 김정일을 친애하는 지도자라고 찬양, 숭배한다. 핵무기를 비판하지 않으며 북한의 비참한 인권상황에 대해 침묵하며, 항상 북한 편에 선다.

국가보안법을 폐지해야 한다고 주장한다. 둘째로, 인민민주혁명론에 따라 모든 불행의 원인이 미국이라고 믿으며, 한미연합사 해체, 주한미군철수를 추진한다. 셋째, 보수세력에 대한 증오심과 적대감 때문에 대한민국의 건국, 한강의 기적을 부인하고, 적폐청산의 이름으로 보수세력에 대한 정치보복을 감행한다. 낮은 단계의 연방제로 자유민주주의 체제의 남한을 사회주의로 전환해 북한에 받치려 한다.

80년대 중반에 학생운동에 스며든 것은 다름 아닌 북한의 주체사상이다. 촛불시위를 통해 체제전복운동을 주도했던 핵심세력은 80-90년대에 좌파사상으로 훈련받은 사람들이다. 이들이 도모하는 한국의 적화통일은 어디까지 와

성평등합법화 저지를 위한 연합대성회
10일 / 목포실내체육관

• 신(新)마르크스 주의는 '동성애'와 '인권'의 이름으로 전통적 보수가치를 무너뜨리려 하고 있다. 주사파 정권은 차별금지법이라는 이름으로 동성애를 제3의 성이라며 합법화시키려 하고 있다.

있는가? 이동호 교수는 주사파의 목표가 다음과 같이 달성되고 있다고 밝히고 있다:

- 미군철수(와해단계)
- 국정원폐지(완성)
- 국가보안법폐지(완성)
- 동성애합법화(추진중)
- 우익단체 사살(추진중)
- 기독교분열(거의 완성)
- 언론접수(완성)
- 노조접수(완성)
- 사법부접수(완성)
- 행정부접수(완성)
- 우익인사수감(완성)
- 원전파괴(에너지종속국가)
- 좌우이념대립 갈등심화(완성)
- 역사왜곡(완성)
- 국회장악(완성)

- 시민단체장악(완성)
- 국가경제파탄(완성단계)
- 사회시스템을 자본주의에서 공산국가 계획경제로(완성단계로)
- 군병력감축(완성)
- 딱하나 남은 것은 미군철수

이동호(2019) 교수는 '머지않아 사회가 혼란하다고 군과 경찰을 동원하여 국민을 통제할 것이다. 국민들은 저항 한 번 못하고 꼼짝없이 자연스럽게 국가가 전복될 것이다'고 예고하고 있다.

386운동권의 전향

박노해나 사노맹은 군부독재가 낳은 시대의 산물이었다. 권리주장을 제대로 하지 못하는 노동자를 대변하는 노조 운동을 했다. 그런 노조 운동세력이 반공 보수 정권에서는 사회주의 혁명을 꿈꾸는 반국가 집단이 됐다. 그들은 잘해야 고도성장 과정에서 소외된 근로자 계층의 불만을 대변한 현장 운동가였다.

386운동권 중 일부는 북한 주체사상을 추종했다. 북한 공작금을 받은 사람도 있었다. 1989년부터 일어난 동구권의 연쇄붕괴와 소련의 해체를 지켜보면서 그들은 변했다. 사노맹 멤버를 비롯한 수많은 386 운동권이 냉전 종결과 함께 생각을 바꿨다.

박노해 시인의 부인 김진주는 이렇게 말했다(〈조선일보〉, 2016. 5.11). "굳게 믿었던 사회주의가 무너지는 걸 지켜보면서, 모든 걸 다시 생각했죠. 사람관계가 계급으로만 나눌 수 있는 건 아니구나. 운동도 예전과 같은 방식으로는 안 되겠구나. 혁명적 계급투쟁 말고 문화적으로 할 수 있는 운동이 있겠구나."

좌파나 운동권 인사들은 공산 혁명이라는 거대한 실험극 무대가 끝났다는 정세인식이 확실했다. 사회주의 방식으로는 프로레타리아의 궁핍한 처지가 바뀌지 못한다는 것을 깨달았다. 성찰 끝에 386운동권 주축 세력은 정치권에 진입해 여럿이 국회의원이 됐다. 그 중에는 보수진영에 귀순해 뉴라이트 집단에 참여한 사람이 적지 않고, 심지어 극우 단체에서 활약하는 인물까지 나타났다.

안병직 전 서울대 교수나 이영훈 전 서울대 교수, 김문수 전 경기도 지사가 대표적 사례다. 그들은 서울 상대에서 안병직 사단을 꾸린 핵심 인물이다. 안병직은 처음에는 좌파 시각에서 한국 경제론을 강의했다.

처음에는 자본주의 세상은 반드시 망한다고 가르쳤다. 그러나 교환 교수로 2년간 도쿄대를 다녀와 생각이 180도 바뀌었다. 자본주의는 번창할 것이라고 깨달았다. 식민지 근대화론은 어느 순간 박정희의 개발독재를 미화하는 방향으로 발전했다.

안병직의 수제자 격인 「반일 종족주의」의 저자 이영훈 교수가 스승을 뒤따랐다. 몇 년 사이를 두고 안병직 제자격인 노동 운동가 김문수도 방향을 틀었다. 박정희가 사망한 후 자본주의의 총본산 미국을 1개월 시찰한 뒤 박정희를 존경하고 새마을 운동을 찬양하기 시작했다. 그 외에도 남북을 오가며 주체사상에 심취했던 김영환도, 주사파를 지도하던 이동호 같은 이들도 전향하여 보수우파 지도자로 활동하고 있다.

전 〈조선일보〉 주필 송희영(2019)은 "글 보수, 입 보수, 생활 보수, 교회 보수, 게릴라 보수, 생계형 보수, 언론인 보수" 등 각 영역에서 보수주의 철학을 실천할 사람들이 필요하다고 제안하고 있다. 우리나라에는 보수 색체가 강한 단체와 협회, 조직들이 많다. 이들은 얼마든지 보수 진영의 중간 거점으로 활용할 수 있다.

종교계가 대표적이다. 이번에 이승만 광장과 청와대 앞 시위에서 자연스럽게 표출된 것처럼 기독교와 천주교, 불교가 역시 사회주의 세력에 저항하는 강력한 보수 세력임을 확인할 수 있다. 개신교는 100여 년 전 개화기부터 한국에서 친미적 분위기를 조성하고 해방 후에는 반공이념을 확산시켰다. 일제 식민지 초기에는 1,500명의 선교사들이 한반도에서 전도활동을 했다는 기록이 있다. 공산당 치하에서 견디지 못하고 남하한 유력 교회들은 일찌감치 반공, 친미 노선을 선택했다.

종교계, 사회단체 외에도 보수 진영의 거점이 될 만한 집단은 적지 않다. 법조계, 의사, 전문 경영인, 엔지니어, 교수, 군 장성, 외교관 등을 더 꼽을 수 있을 것이다.

지금까지는 반공, 친미, 친재벌적 경제성장, 창조경제, 국민 행복 등을 공감하는 목표로 삼았다. 이제 젊은이들의 관심을 사로잡고 보수진영을 단합시키고 새 목표를 설정하려면 보수 언론과 보수 정책연구소가 필수다. 새로운 보수 허브는 단체든, 매체든, 연구소든 자발적 참여로 결성돼야 한다. 여기서 정책노선을 놓고 전문가들이 논쟁을 통해 합의를 끌어낼 수 있을 것이다.

문재인 주사파 정권의 언론 통제와 탄압

독일 나치 정권에서 교묘한 선동정치로 젊은이들을 전쟁터로 끌어낸 선전장관 파울 요제프 괴벨스(Paul Joseph Goebbels: 1897-1945)는 "사람들은 한 번 말한 거짓말은 부정하지만, 두 번 말하면 의심하게 되고, 세 번 말하면 아내 그것을 믿게 된다"고 했다.

북한이 독재체제를 유지하려고 전 인민을 주체사상이라는 날조된 틀에 가둬 놓고 하나의 통일된 언론으로 통치하고 있다는 것은 상식이다. 마치 사이비 이단 교주가 혹세무민 날조된 교리로 신도를 홀리는 것과 흡사하다. 방송의 생명은 공정성이다. 그러나 우리나라 대부분의 언론이 언론노조의 좌파에 경도된 편파보도로 역사의 흐름을 바꿔놨다는 것은 잘 알려진 사실이다. 허위날조된 뉴스를 통해 광우병 소동을 벌였고, 세월호관련 보도로 촛불시위를 유도해 국민여론을 흔들기도 하였다(최도영·김강원, 2013).

대한민국의 언론자유가 질식사 일보 직전의 사경을 헤매고 있다. 과거 '민주화운동' 경력을 훈장처럼 달고 완장을 찬 문재인 정권이 집권하자마자 공영방송의 경영진을 자신들의 입맛에 맞는 인사들로 전면 물갈이하면서, 공중파 방송은 이제 과거 저녁 9시만 되면 어김없이 방송되던 '땡전뉴스'에 버금가는 정권 홍보 방송으로 전락해 버렸다. 친정부적 성향의 함량 미달자들로 방송을 도배하고, 다양하고 은밀한 권력장치를 통해 언론을 보이지 않게 탄압하면서, 자신들의 치부를 가리고 국민의 눈과 귀를 틀어막고 있다.

미국 프리덤하우스(Freedom House)의 2019년 '세계 자유지수평가'에서 한국은 전체 212개 국가중 61위를 기록했다. 특히 한국의 언론자유는 2011년부터 8년 연속 완전한 자유국가로 인정받지 못하고 '부분적 자유(partly free)국'에 머물러 있다.

KBS·MBC 등 공영방송을 장악해 편파방송으로 언론자유를 해치고 있다. 게다가 좌파 편향적인 언론노조는 한겨레신문, 경향신문, 등 대부분 미디어의 보도방향에 영향력을 행사하고 있다.

정권이 바뀌면서, 언론노조의 압력에 따라 KBS, MBC의 사장이 바뀌고 이사가 교체되며, 보수진영에 속했다고 인식되는 기자와 직원들이 밀려 났다는 것은 널리 알려져 있는 사실이다. 김장겸 MBC 전 사장은 MBC를 노조가 이끄는 노영방송이라고 부르고 있다(성창경, 2018; 김장겸, 2019).

왜 공영방송인 KBS와 MBC의 시청률이 급격히 떨어지고 있는가? 사장이 된지 8개월만에 언론노조의 압력에 의해 해고당한 김장겸(2019) 전 MBC사장은 다음과 같이 진단한다:

"공영방송의 몰락은 경영진이 쫓겨나고 언론노조 간부 출신들로 채워지면서 이미 예견돼 있었다고 볼 수 있다. 지상파는 독과점 지위를 상실한 지 이미 오래다. 신임 경영진은 임원 경력이 없을 뿐더러 주요 보직에 대한 경험도 없고 주로 노조 활동을 하다 벼락출세한 사람들이다.

이런 사람들이 독과점 시대와는 다른 상황을 이해하고 돌파할 능력이 없었던 것이 아마도 몰락으로 이끈 큰 이유일 것이라 생각된다. 또 다매체 시대에 무한 경쟁에 몰린데도 불구하고 경영적인 마인드 보다는 이념 투쟁의 프레임에서 벗어나지 못한 것도 근본 이유일 것이다. 공룡과 같은 몸집인 양대 공영방송의 예견된 몰락이라고 볼 수 있다."

방송통신위원회(방통위)는 2019년 초 "구글과 유튜브, 페이스북 같은 해외 인터넷 사업자의 위법 행위가 계속될 경우 국내 서비스 임시중지를 명령할 수 있는 제도를 도입, 추진하겠다"고 밝혀서 큰 논란을 일으키고 있다. 이처럼 정부가 반자유, 반민주적인 언론 통제라는 죽음의 계곡으로 들어가는 이유는 간단하다. 현 정부가 통제할 수 없어서 여론 형성에 불리하고 정부에 대해 비판적인 유튜브 세력을 잠재우고 때려잡겠다는 검은 의도를 드러낸 것이다.

특히 네티즌들은 지금 문재인 정부가 북한, 중국, 러시아, 이란, 베네수엘라, 파키스탄 같은 독재국가나 민주주의 후진국에서 자행되고 있는 '인터넷 여론통제' 방식을 도입하는데 강한 거부감을 나타내고 있다. 정권 재창출을 위해서라면 민주주의의 기본권인 국민의 알 권리와 언론자유, 그리고 개인의 사생활 보호쯤은 침해하고 검열하고 들춰봐도 괜찮다는 반민주적인 독재의 망령이 지금 문재인 정권의 뼛속까지 깊이 박혀 있는 것이다. 급기야 자유민주주의의 핵심가치는 개인의 자유와 여론의 숨통마저 틀어막는 북한식 전체주의 사회를 닮아가려 하고 있는 것이다(장성민, 2019).

'보수논객' 전원책 변호사는 최근 (2019년 11월 11일) "내가 운영하는 유튜브 방송이 문재인 대통령과 여권에 비판적이라는 이유로 사실상 구글의 '블랙리스트'에 포함돼 각종 불이익을 받고 있다. 친문네티즌들이 보수 유튜브 방송에 대해 지속적으로 '신고'버튼을 누르는 상황은 자유민주주의가 보장하는 사상·언론·표현·출판의 자유에 대한 억압"이라고 했다.

현 정권 치하에서 사람들은 어디서 시사정보를 취득하고 있는가? 지난 여러 정권에서 홍보수석을 역임한 김경재(2020)는 예전과는 다르게 지금은 인구의 25%가 TV에 의존하고 있고, 14%가 라디오에, 9.3%가 신문에, 그리고 무려 31.6%가 유튜브에 의존하고 있다고 밝히고 있다.

유튜브를 보는 이들 중에 좌파가 10%라면, 보수우파는 85%가 좌편향된 언론을 보지 않고 '신의 한수,' '이봉규 TV'와 같은 유튜브를 정보취득원으로 삼고 있다는 것이다.

3. 북한의 주체사상 비판 : 무엇이 문제인가?

NL파가 신봉하고 있는 북한의 주체사상이란 과연 무엇이며, 어떤 배경에서 생겨난 것일까? 마르크스 사상과의 관련성은 무엇인가?

우선 북한이 주체사상을 전면에 내세우게 된 배경에 대해 살펴보자. 북한이 주체사상을 주장하게 된 배경에는 스탈린 사후 소련 내에서 스탈린 격하운동이 전국적으로 진행되는 상상하지 못했던 일이 벌어졌기 때문이다. 김일성은 북한에도 이런 끔찍한 일이 일어날까 두려워서 지도자의 위상을 높이는 관념체계를 수립할 목적으로 황장엽을 통해 탄생시킨 것이 바로 '주체사상'이다. 따라서 주체사상의 핵심은 '민족'이 아니라 '지도자 김일성의 중요성'을 강조하는 데 있다.

1970년 북한 김일성은 민족해방 인민민주주의 혁명에 대한 교시를 발표했다. "남조선은 미제와 그 주구세력인 매판자본가, 지주, 반동관료배가 국가주권과 생산수단을 쥐고 있는 식민지 반자본주의 사회이다...남조선 혁명은 미제국주의 침략세력을 반대하는 인민민주주의 혁명이다."

1982년 김정일의 이름으로 소개된 김일성의 논문 〈주체사상에 대하여〉는 두 가지를 역설하고 있다. (1)모든 분야에서 자주성을 강조해야 한다. (2)최고, 최종의 발언권과 영도권은 김일성에게 귀착된다. 여기서 '주체'란 김일성에 대한 절대 복종을 강조하기 위한 표어이며, 소련과는 다른 북한 고유의 수령제도가 있다는 것을 강조하는 데 그 목적이 있었다.

북한은 주체사상이 마르크스-레닌주의에 기초한다고 억지를 부리지만, 사람중심의 세계관을 내세우면서 유물론을 포기하고 있다.

주체사상을 종합적으로 평가한다면, 주체사상은 서로 모순되는 사상들을 '수령절대주의'라는 하나의 목적달성을 위해 논리적 일치성 없이 통치논리에 따라 혼합한 비논리적인 사상이라는 것이다.

황장엽의 인간중심철학과 김정일의 수령절대주의는 서로 모순된다. 주체사상은 북한의 유일 독재 통치를 위한 모순으로 가득한 사상이다. 김일성 우상화를 통해 북한 주민을 통제하기 위한 수령 독재사상을 학습한 결과는 무엇인가?

주체사상은 처음에는 인민대중을 혁명의 주체라고 치켜 올리면서, 뒤에 가서는 그 실천은 노동당을 통해서만 가능하고, 또한 영도자의 지도가 있어야만 가능하다고 말을 뒤집어 놓았다.

결국 김일성의 일인독재를 받아들여야만 한다는 것이다. 한 마디로 김일성과 그의 후손들을 대대로 섬기라는 것이 주체사상이다. 이 독재에 대한 우상화는, 창소년들의 자주의식을 마비시키는 노예화하는 수단이 될 뿐 아니라 우상화 과목의 비중이 33.3%로 높다보니 학생들의 창조적 지혜를 키우기 위한 학습시간이 그만큼 적어져 북한의 젊은이들에게서 창조적 지혜를 얻지 못하게 했다.

문제의 심각성은 주체사상에 영향을 받은 386 주사파 운동권 출신들이 현 정부의 대북정책을 '종북' 혹은 '친북' 방향으로 몰아가고 있다는 것이다.

민노총과 한국진보연대는 이와 같은 전략적 목표에 따라 2017년 서울 시청 광장에서 한미연합군사훈련 중단, 사드배치철회, 남북대화개시, 평화협정체결, 한일위안부합의와 군사협정(GSSOMIA) 철회 등 친북반미구호를 외쳤다.

박근혜 탄핵에 앞장섰던 "박근혜 정권 퇴진 비상국민행동에 주체사상으로 무장한 전교조, 민노총, 참여연대, 민변, 백남기 투쟁본부, 진보좌파 시민단체 이외에 범민련남측본부, 연방통추 등 이적단체 민권연대와 환수복지당, 재건통진당이 참여했던 것"은 조금 도 놀라운 일이 아니다(조선일보, 2019. 9.27. 전면광고).

민주주의 국가에서 언론의 역할은 절대적이다. 대한민국의 대다수 언론인들이 민주노총 산하 언론노조 소속이고, 이들에 의해 대한민국의 여론이 흘러가고 있다. 언론노조는 1988년부터 시작해 30년 이상 긴 역사를 갖고 있다.

현재 대한민국에서 가장 위험한 좌파 성향 언론은 JTBC로 보인다. 한겨레신문이나 경향신문, 한국일보 등과 달리 방송이라는 매체를 가지고 있을 뿐만 아니라 거대기업의 든든한 지원까지 받고 있다. 2016년 10월 24일 JTBC가 단독 보도한 '최순실 PC파일 입수…대통령 연설 전 연설문 받았다' 보도는 대한민국의 운명을 바꿔버렸다. 지금까지도 최순실 PC입수 경위와 관련해서 계속 엇갈리는 진술이 나오고 있다. 진실 확인을 위해서는 변희재의 책 〈손석희의 저주〉(2017년)와 우종창 기자의 〈대통령을 묻어버린 거짓의 산〉(2019)을 읽어 보길 권한다.

문재인 대통령이 취임하고 NL계열 운동권 출신 인사들이 정부의 중요한 자리를 차지하고 있다. 17명의 주사파가 청와대 요직을 차지하고 있으며, 정부와 언론 그리고 법원과 변호사 집단, 교육단체까지 NL계열 주사파는 광범위하게 각 요직을 굳건히 지키고 있다.

NL계열 내부에서는 주체사상파 즉 주사파가 있다. 주사파는 현재 북한의 지도자인 김정은의 아버지 즉, 김정일이 집대성한 '주체사상'을 따르는 사람들이다. "조국처럼 공산주의(마르크스–레닌주의, 주체사상, 사회주의 등을 통칭하는 용어)에 이론적으로 빠져든 이는 전향이 어렵다는 것이다." 대한민국 언론은 민주노총 산하 언론노조가 장악한 상황이다.

주사파의 3대 역사적 과오

진리를 알찌니 진리가 너희를 자유케 하리라. 요한복음 8장 32절

80년대 주사파 활동을 하다가 전향한 구해우(2019)는 80년대 학생운동이 한국현대사 발전과정에 기여한 공이 70%요 과가 30%라고 하였다. "공이 70%라는 것은 1980년대 학생운동이 한국의 성공적인 민주화의 실현과정에서 그 공이 지대하다고 할 수 있기 때문이다. 그리고 80년대 학생운동이 그 운동과정에서 마르크스–레닌주의와 주체사상을 수용한 이유도 본질적으로는 전두환, 노태우 군사독재를 종식시키기 위한 반독재민주화투쟁의 수단으로써 선택한 측면이 강하기 때문이다.

그러나 80년대 학생운동과정에서 주체사상을 수용함으로써 한국 현대사에 해를 끼친 과오도 인정할 필요가 있다. 그래야만 비슷한 과오를 되풀이 하지 않을 것이기 때문이다.

1. 주사파의 첫 번째 과오는 **민주화운동 과정에서 북한의 노동당과 직, 간접적 연계를 가졌다는 것이다.** 남과 북의 대결적 상황이 지속되는 가운데 민주주의 체제의 근간을 허물어뜨릴 수 있는 전체주의 집단 북한 노동당과의 연계는 분명히 과오로 지적되어야 할 문제이다.
2. 주사파 학생운동의 두 번째 과오는 (김현희가 산 증인으로 살아있는 데도) **북한에 의한 KAL기 폭파테러를 조작이라고 몰고 간 투쟁을 한 것**이다. 북한체제의 폭력성과 부도덕성을 가장 극명하게 드러낸 1987년 KAL기 테러사건에 대해 한민전의 '구국의 소리' 방송 등의 영향을 받아 KAL기 테러사건이 미국과 한국정부에 의해 조작된 것처럼 여론을 확산시킨 것은 심각한 범죄행위라 할 수 있다.
3. 세번째 구체적인 과오는 **임수경을 평양에 보내는 등 평양축전 참가투쟁을 한 것**이다. 1989년 평양축전은 북한의 노동당이 88년 서울 올림픽에 대항하는 대형이벤트로 준비한 것이었다. 이 행사는 북한체제의 경제적 어려움을 가중시켜 90년대 말 북한주민의 대형 아사사건의 한 원인이 되기도 하였다. 특히 1980년대 말과 1990년대 초 소련 동구권이 대부분 붕괴되었을 때 임수경의 방북은 북한체제의 정당성과 우월성을 선전하는 강력한 무기역할을 하였다.

한국사회의 현재 가장 큰 사상적 문제는 종북주사파보다 친북주사파의 문제이다. 역사적으로 볼 때, 종북주사파는 이석기의 통진당 사태를 거치면서 많이 쇠락하였다. 1990년 전대협을 통해 전국 대학생들을 의식화하면서 퍼뜨린 반미반독재, 친북적 사고가 더 심각한 문제가 되고 있다(구해우, 2019). 반미, 친북적 사고는 2002년 '효순이, 미순이 사건'과 2008년 '광우병 촛불시위 사건'으로 표출되었고 '북한인권법,' '제주도 해군기지문제,' '천안함폭침사건' 등을 대하는 태도에 영향을 미치고 있다.

　이제 대한민국의 언론은 '반미'와 '친북'으로 이어지는 NL계열의 흐름에서 벗어나야 한다. 새로운 미디어 환경이 이 문제를 자연스럽게 해결할 수 있는 것으로 보인다. IT강국 대한민국에서 어린아이부터 노인에 이르기까지 유튜브 동영상을 보지 않는 사람은 없다. 언론노조가 장악한 대한민국 언론이 이제 더 이상 일방적인 영향력을 발휘할 수 없는 시대가 다가오고 있다.

　뉴스의 핵심가치는 사실보도이다. 이를 위해 중립성과 객관성, 공정성 등이 강조되고 있다. 기자는 '사실'(message)을 '전달하는 사람'(messenger)이다. 그런데 요즈음 기자는 '사실을 전달하는 사람'이 아니라 '전달하려는 사실'(message) 그 자체가 되려고 한다. 관찰한대로 '전달'하려는 것이 아니라 '전달하고 싶은 대로 관찰'하는 것이다(성창경, 2018).

　민주노총은 지난 촛불집회를 주도한 단체 가운데 하나다. 노동현장보다 정치, 사회적 갈등 현장에 더 많이 있었다고 할 수 있다. 민주노총 산하에 있는 많은 노조 가운데 언론노조와 전교조 등이 이념과 정치성향이 강한 것으로 평가받고 있다. 민주노총의 기본과제에는 노동자의 정치세력화와 민족자주성, 민족문화, 그리고 조국의 평화적 통일 실현 등의 강령이 눈에 띈다. 노동과 함께 정치, 민족, 평등, 통일 등에 방점을 두고 있다고 보아진다. 민주노총은 단순한 '노동조합 단체'가 아니다.

　언론노조의 강령은 민주노총의 것과 비슷하다. 정치위원회는 정치역량을 강화하고 민주노총 및 진보정치세력과 연대하여 노동자 민중의 정치세력화를 추진하고 있다. 132개의 노동조합에 모두 1만 3천여 명이 가입돼 있는 최대언론사 노조 카르텔이다. 본부라는 것은 노조원이 1,000명이 넘는 조합으로 KBS, MBC, SBS가 여기에 해당한다. 지상파 3사가 언론노조에 가입돼 있다.

　조선, 중앙, 동아일보 등 몇 개 언론사를 제외한 거의 대부분이 언론노조에 가입돼 있다. 문재인 정권에서 강한 영향력을 행사하고 있는 것은 자명하다. 촛불집회는 크게 보도하지만, 태극기 집회는 아무리 많이 모여도 거의 보도하지 않는다.

텔레비전과 신문의 힘은 약해질 것으로 전망된다. 대안언론의 힘 역시 갈수록 더 확대될 것으로 예상되고 있다. 문재인 정권이 집권하면서 KBS, MBC, JTBC가 좌파진영만을 대변하는 뉴스만 보도하고 있기 때문에 우파진영은 정규재, 이언주, 조갑제, 김동길, 고성국, 고영신, 전원책, 황장수, 신의 한수, 변희재, 추부길, 성제준 등 유튜브라는 대안언론을 통해 진실된 뉴스를 전달하고 있다. 최근에는 일본 월간잡지를 통해 이석기, 문재인, 유시민, 박원순을 비롯해 우리나라 정계 교육계, 종교계의 요직에 있는 이들이 김정은에게 충성맹세를 했다는 것이 보도 되었다. 이것은 일부가 가짜뉴스일 수도 있지만, 이들에게 주체사상은 하나의 종교이며 신앙이다. 이대로 가다가는 우리나라가 평화경제라는 이름으로 낮은 단계 고려연방제를 거쳐 북한에 흡수통일 될 수도 있다. 조국 사태를 통해 대학생, 교수, 외교관, 국회의원, 변호사, 의사, 목회자들이 문재인의 좌파독재에 동의할 수 없다는 시국선언을 발표하고 있다. 일반국민 대부분이 상황의 엄중함을 직시하기 시작했다. 우리는 현 상황에서 자유민주주의 체제가 공산주의 사회주의로 넘어가는 것을 방치할 수는 없다.

전국 380여 대학의 6,000여명의 교수들이 2019년 10월 22일 "사회정의를 바라는 전국교수모임 기자회견"을 갖고 문재인 대통령에게 조국법무부 장관을 임명한 것, 패스트트랙, 공수처 설치 졸속설치 날치기 통과시도를 중단할 것, 안보, 외교, 경제를 문란하게 하는 것 등 헌정질서를 유린한 데 대해 사과할 것을 요구하였다.

좌파와 우파

대한민국의 역사를 보면, 우파가 진보적이고, 좌파가 보수적이라고 말하는 게 맞을지도 모른다. 우리나라에서는 우파는 자유시장경제와 도시의 확장, 세계주의를 중요시하고, 좌파는 부의 평등분배와 농촌, 민족주의를 중요시하는 측면이 강하다. 그러나 언론은 지겨울 정도로 우파는 보수, 좌파는 진보라고 용어를 정해서 보도하고 있다. 우파와 좌파는 가치판단이 없는 용어이고, 보수와 진보는 가치판단이 포함된 용어이다. 보수는 낡은 수구세력의 유물 같지만, 진보는 젊은 청년들이 좋아할만한 단어다.

일반적으로 보수성은 익숙한 것을 선호하는 인간내면의 심리적 경향성을 의미한다. 한국보수주의 형성에 결정적 영향을 미친 이승만과 박정희는 사실 '진보적'이었다. 한국의 보수세력을 대표하는 이승만 대통령은 왕조체제를 완전히 부정하고 자유민주주의의 이념 도입이라는 '건국혁명'과 전통적 지주-소작제도를 타파하는 혁명적 '농지개혁'을 통해서 '보수(conserve)' 할 것을 만들어 나갔다. 한편 한국 보수주의 형성에 결정적 영향을 미친 박정희 대통령은 근대화의 기치 하에 '산업혁명'을 달성했을 뿐만 아니라 새마을운동이라는 농촌의 경제적 발전과 '국민정신개조운동'을 동시에 추구했다. 이 점에서 이승만과 박근혜는 '진보적'이었다(김영호, 2019).

민주주의의 발전, 경제의 성장과 분배, 자유와 평등, 인권의 보장 등은 보수나 진보의 전유물이 아니다. 민주주의는 보수나 진보가 공히 신봉하는 인류 보편의 가치다. 원칙을 지키며 혁신을 통해 변신하는 것이 진정한 보수다.

한 가지 좌우가 동의하는 것은 '우파는 자유를 중심가치로 삼고, 좌파는 평등을 중심가치로 삼는 집단'이라는 것이다. 언어사용에서 진보는 '앞으로 나아감'을 의미하고, 보수는 '정체됨'을 의미하기 때문에 보수는 출발부터 수세적 위치에 처해있다. 우리에게는 혁신적 보수가 필요하다. 혁신이란 보수를 진일보한 단계로 올려놓는 하나의 패러다임의 전환인 것이다. 그래서 차세대 보수를 대변하는 이언주(2019) 의원은 '자유의 가치를 전면에 세우고, 기술혁신을 주도할 수 있어야 한다'는 신념과 용기로 무장된 새로운 보수, 혁신적 보수가 필요하다고 주장하고 있는 것이다.

우리가 추진해야 할 보수의 정체성은 무엇인가? "근면하고 검소하며 언행이 일치하고 가족의 가치와 충효의 전통을 중시한다. 또 미풍양속을 계승하고 개인주의적 성취와 발전을 정당하게 평가하며 상부상조의 협동정신을 높이 기린다. 상호경쟁과 시장 논리를 옹호하고 국가적으로는 자유로운 민주공동체를 굳건히 믿고 국민적 합의로 공산주의를 배격하며, 자존의 애국심을 고취시키는 것이라 할 수 있다"(전옥현, 2019).

노재봉 전 국무총리는 역사적 문맥을 고래해 보수-진보를 규정할 필요가 있음을 다음과 같이 지적한 적이 있다. "우리는 자유민주주의세력과 전체주의 세력이 마치 동일한 정통성에 합의 기반을 가진 두 개의 상대적 세력인 것처럼 '보수 대 진보'라는 허구의 도식으로 세력과 의식을 분류하는 의도적 조작을 엄중히 규탄하며, 한반도에서의 자유민주주의는 정치적으로 보수가 아닌 진보이여, 전체주의는 진보가 아닌 반동으로 규정함이 이론적으로 현실적으로 정확한 정의임을 천명한다."

민족공조라는 미명하에 북한 주민을 굶겨죽이고 정치범수용소에 수만명의 주민을 가두어 인권을 탄압하는 북한 정권에 대해서 비판 한 마디 하지 못하는 한국의 '진보'를 자처하는 세력은 '진보'가 아니라 '반동'이라는 점을 쉽게 알 수 있다. 이것은 우리 사회에서 널리 통용되는 '보수-진보'의 양분법이 완전히 잘못되었다는 것을 보여준다(김영호, 2019).

북한은 사실상 신정체제로 주체사상을 이념으로 나라를 이끌고 있다. 대통령 탄핵으로 집권한 주사파 운동권세력들은 스스로를 '촛불혁명세력'으로 규정하고 자신들이 하는 모든 일을 '정의'로 분식해서 국민들을 선동하고 있다. 사회주의 혁명군처럼 행세하고 있다. 최저임금의 과도한 인상과 근로시간 단축도 사회주의적 구상이다. 배급식 복지를 확대하는 것도 모두 우리 사회가 사회주의화되는 현상이다(이언주, 2019).

상황이 이러함에도 불구하고 문재인 정부는 우리 국민의 안전과 재산보다 북한과의 묻지마식 교류나 협력, 통일에만 집착하고 있다. 현재 한국사회는 불안한 안보, 엄청난 국가채무, 절망적인 청년실업, 심각한 저출산, 급속한 고령화 등 수많은 난제를 안고 있다. 자유경쟁 시장경제는 흔들리고 퍼주기 식의 포퓰리즘 남발로 표류하고 있다. 진보세력임을 표방하며 집권한 문재인 정권은 지금 반미, 반일 정책을 노골화하고 있으며, 맹목적인 친북, 친중으로 나라를 풍전등화의 위기로 내몰고 있다.

왜 그런가? 주사파의 가치관이 행동으로 표현되고 있는 것이다. 주체사상은 종교적 측면이 있다. 그 기본교리에 따라 말하고 행동한다. 김일성을 하나님으로 신앙해야 하는가, 아니면 창조주 하나님을 신앙하는가? 궁극적 가치관, 세계관이 충돌하고 있다. 따라서 북한에게는 종교와 신앙의 자유가 가장 큰 아킬레스건이다.

북한은 말한다. "미국의 핵무기는 두렵지 않다. 핵무기를 사용하지 않을 것이기 때문이다. 우리가 두려워하는 것은 성경과 기독교의 전파다." 북한체제는 신앙의 자유를 가장 두려워하고 있다(태영호 공사).

우리가 주체사상이 지배하는 나라 북한에 더 우호적일 이유가 있는가? 막연하고 추상적인 '민족'보다 우리에게 '자유'가 우선이다. 우리는 자유민주주의 체제를 지켜내야 한다. 맹목적인 북한우호적인 태도는 위험하다.

4. 주사파가 성을 왜곡하고 결혼/가정을 무너뜨리려 한다

기독교세계관은 국가와 가족 그리고 종교와 같은 가치를 중요하게 생각한다. 그러나 마르크스에게 국가와 가족은 붕괴시키고 해체해야 할 대상이었다. 마르크스는 자본주의를 지탱해주는 권위가 국가와 가족 그리고 종교와 같은 것들이라고 생각했다. 마르크스는 국가, 가족, 종교와 같은 권위를 무너뜨릴 수 있다면 필연적으로 공산사회가 도래한다고 믿었다.

19세기 들어 '신은 죽었다', '인간이 신이다'고 외쳤던 인본주의 철학자 니체는 개인이든 집단이든 억압된 성욕의 해방을 위해 절대진리나 도덕을 파괴하라고 가르쳤고, 프로이드는 '억압된 성욕의 해방'이라는 개념을 확산시켰다. 이 사조가 신마르크스주의(Neo-Marxism)의 이름으로 한국문화에 침투하고 있다.

동성애 합법화 운동

서구 사회는 탈기독교, 절대가치의 제거, 그리고 철저한 세속적 인본주의사상을 확산시키면서 "동성애"와 "인권"이라는 이름으로 전통적 보수 가치를 무너뜨리려 하고 있다. 그 과정에서 성소수자의 권리와 인권의 이름으로 동성애를 합법화하려 시도하고 있다.

창조론을 믿는 보수 기독교적 세계관과 진화론을 주장하는 마르크스 진보세력간의 세계관적 싸움이 전개되고 있는 것이다. 우리가 주사파 정권이 추진하는 차별금지법을 저지해야 하는 이유는 다음과 같은 가치관 때문이다.

우리는 인간에게 주신 하나님의 최고의 선물 중의 하나가 섹스라고 믿으며, 그것은 사랑의 가장 아름다운 표현인 동시에 섬김과 교제의 극치라고 믿는다 (창세기 2:18-25; 고린도전서 7:1-7). 한나는 영성이 있는 경건한 여자였지만 남편과 잠자리를 같이 한 여자였다(사무엘상 1:19,20). 성경이 동성애를 죄라고 하는 이유는 영성과 섹스가 대립되거나 기독교가 금욕주의적이기 때문이 아니다. 영성(spirituality)과 성애(sexuality)는 분리되어 있는 것이 아니라 함께 가는 것이다.

창조질서를 깨는 비정상적인 행위이기 때문에 동성애를 죄라고 한다. 남자와 여자는 동등하지만 각각 독특한 육체적 차이와 성적 매력을 갖고 있다. 남자는 남자다운 성적 욕망과 매력이 있고 여자는 여자다운 성적 열정과 매력이 있다. 남자와 여자는 하나님의 형상대로 만들어졌기 때문에 모든 면에서 동등하지만, 신체적으로나 정서적으로 차이가 있을 뿐이다. 그러기에 남녀의 이성애적 사랑은 이러한 하나님의 창조질서의 고차원적인 아름다움을 표현하는 인간의 존재론적인 자기과시인 것이다.

그러나 동성애는 남자와 여자라는 하나님의 형상을 가진 인간의 정체성과 성적 정체성을 파괴한다. '제3의 성' 운운하는 동성애는 바로 그와 같은 창조질서를 파괴하며, 남녀의 성적 차이와 매력을 의도적으로 해체한다. 바울 사도는 그것을 일컬어 '역리(逆理)', 즉 성을 본래의 디자인대로 순리적으로 사용하지 않고 '비순리적으로 혹은 비정상적으로 사용하기 때문에' 죄라고 말했다(로마서 1:26,27). 섹스란 본래 남자와 여자가 그들이 갖고 있는 생식기의 구조와 몸의 특징, 성적 정체성의 차이와 매력을 바탕으로 즐기고 사용하도록 만들어졌는데, 그것을 고의적으로 거꾸로 사용하거나 비정상적으로 만드는 것이 문제라는 것이다. 그 밖에도 동성애는 인간사회의 보편적인 가치인 이성애적 사랑과 일부일처 결혼제도를 파괴할 뿐만 아니라 자녀 출산을 불가능하게 만들며, 가족의 정체성과 정서붕괴를 가져온다. 동성애는 성기구조상 성행위 방법에 많은 무리가 따르며 각종 질병과 오염에 노출된다. 이것은 모두 하나님이 디자인하신 아름답고 고차원적인 성정체성을 파괴하고 비정상적으로 만드는 것이다. 따라서 우리는 성경을 따라 '동성애는 하나님이 미워하시는 죄'라고 하는 것을 명백히 밝히고 선포하는 것이다(성인경, 2004; 정동섭, 2015).

인권은 죄를 지을 수 있는 권리가 아니다. 남자와 남자가 결혼을 하고, 여자가 여자와 결혼하는 것은 순리가 아니다. 남자 며느리를 두고, 여자 사위를 상대한다는 것이 말이 되는가! 성경은 음행하는 자나 간음하는 자나 탐색하는 자나 남색하는 자는 하나님의 나라를 유업으로 받지 못하리라(고전 6:9-10)고 말했다. 한국의 동성애자들(남색하는 자들: homosexual perverts)은 AIDS 감염률이 두 배 더 높은 것으로 나타났다.

현재 동성애에 대한 관용도가 한국은 찬 18%, 반 57%로 세계적으로 볼 때 중간 순위(40개국 중 20위)이다. 우리나라 에이즈 감염도와, 특히 압도적으로 동성애자 가운데 에이즈 감염율이 높다는 현실에 대해, 감염자와 국민들은 물론이지만 그 누구보다 정부부터가 경각심을 높여야 할 것으로 보인다. 경제적 성취도가 높은 선진국 대열에 낀 한국이지만, 에이즈 대책만큼은 가장 '후진국'이라는 지적을 면하기 어려울 것 같기 때문이다. 성적으로 문란하고 타락하면 그 나라는 망한다는 것이 역사의 교훈이다. 우리는 동성애를 지지하는 차별금지법을 막아내야 한다.

전 세계에서 꾸준히 줄고 있는 에이즈 환자수가 우리나라에선 '폭증'하고 있다는 가공할 조사 결과가 나왔다. 2010년대 초반은 800명 수준으로, 2013년엔 처음으로 1,000명을 넘어섰고, 2016년엔 1,199명이 발생해 누적 감염자 수가 15,108명에 달했다. 우리나라 에이즈 감염도와, 특히 압도적으로 동성애자 가운데 에이즈 감염율이 높다는 현실에 대해, 감염자와 국민들은 물론이지만 그 누구보다 정부부터가 경각심을 높여야 할 것으로 보인다. 동성애가 에이즈 감염과 비례한다는 것을 알면서도 동성애를 부추기는 것은 합리적이지도 상식적이지도 않다.

11월 29일 전국 기독교 지도자들은 선언문에서 국민의 이름으로 대통령에게 명령하고 있다: "우리는 하나님의 심판을 자처하는 반인륜적 동성애 합법안을 절대로 반대한다! 우리는 절대다수가 역차별 당하는 소수차별 금지법을 절대로 반대한다! 인간의 참된 인권과 윤리 도덕과 미풍양속을 파괴하는 각종 인권 조례를 폐기하라! 역사를 뒤바꾸고 정권의 앞잡이 노릇을 하는 국가인권위원회 및 비전문가들로 구성된 모든 위원회를 해체하라!"

• 2011년 월간 신동아는 국민이 원하는 국회의원에 대한 여론조사를 실시했다. 이때만 해도 문재인은 연령별, 지역별로 고른 지지를 받았다. 사람들은 그가 공산주의에 물든 친북 좌파라는 것을 눈치채지 못했다.

05
대한민국의 현실 진단

깨어나라! 대한민국

✱

　오늘의 한국에서 대통령과 여당은 이해할 수 없는 말을 스스럼 없이 하고, 의심스러운 정책을 편다. 자유민주주의의 대한민국이라는 조항에서 자유를 삭제하자는 제안을 한다. 헌법수정은 미결상태로 있으나, 자유 시장경제는 정부가 개입함으로 이미 수정단계에 있다. 적폐청산이라면서 전 정부의 대통령을 비롯한 고위인사들은 감금한다. 원전폐기, 4대강보 철거 등도 적폐청산의 일환인 것같이 보인다.

　"보수는 씨를 말리겠다." "현 여당이 20년 아니 100년을 집권하도록 하겠다"라는 등의 섬뜩한 말을 여당 지도자가 예사로 한다. 중국과 북한처럼 일당 독재체제를 염원하는 발언이다. 교회에 대해서도 전혀 호의적이지 않다. 동성애를 합법화하려는 법안을 만든다. 동성애가 합법화되면 그것을 교회가 성경말씀에 따라 정죄하지도 못하고 만일 한다면 범법자가 된다.

　6.25 전쟁을 두고 북의 주장대로 북침이라는 역사왜곡을 허용하는가 하면, 남침의 주모자를 국군의 창설자라 하며 미화한다. 나라를 어디로 이끌려는 것인지 국민이 종잡을 수 없게 만들고 있다(김영재, 2019).

1. 우리나라는 총체적 난국을 맞고 있다

우리나라 보수 우파를 대표하는 소설가 복거일(2020)은 "나라의 정체성도, 경제도, 안보도, 외교도, 도덕성과 예의염치도 죄다 무너진 세상"이라고 진단했다. "지금 정권은 사악한 정권이예요. 전체주의에 바탕에 두고 대한민국을 무너뜨리려고 작심한 사람들로 구성되어 있기 때문에, 그냥은 쉽게 안 바뀝니다.... 현 정권이 모델로 삼고 있는, 북한이나 베네수엘라 정권 같은 경우를 '프레질 레짐'(fragile regime)이라고 합니다. 이런 정권은 유리처럼 단단해서 누르면 강하게 버티지만, 한번 충격이 가해지면 깨져버립니다. 일단은 경제보다 안보가 시급합니다. 경제적으로 어려워지더라도 일단 공산화가 되는 건 막아야 합니다. 우선은 안보가 중요하고, 현 정권을 밀어내는 게 중요해요."

'국민의 소리' 대표 장기표 (2020)는 현 정권을 경제파탄 안보포기, 교육붕괴, 외교고립 등 총체적 국정파탄 정권이라 규정하고 "무능하고 부패한 문재인 정권은 헌법파괴와 국정 논단도 모자라 주사파정권은 북한에 대한 짝사랑으로 나라를 위태롭게 한다"고 했다.

한반도 미래전략가 장성민(2019)은 우리나라가 처해 있는 현실을 다음과 같이 진단했다.

오늘날 대한민국이 세계 10대 경제부국으로 올라설 수 있었던 결정적 힘은 '3대 기둥' 위에 우리 대한민국이 세워졌기 때문이다. 3대 기둥은 첫째 정치적 자유민주주의, 둘째 경제적 자유시장주의, 셋째 군사안보적 한미동맹체제다. 대한민국이 여기까지 올 수 있었던 것은 이 세 기둥덕분에 가능했다. 이 세 개 기둥이 민주주의의 본질인 개인의 자유를 잘 유지하고(자유민주주의), 키우고(자유시장주의), 지켰기(한미동맹) 때문이다. 그리고 대한민국이라는 국가가 더 큰 자유를 지향하고 갈망하며 끊임없이 자유의 확산을 추구하는 쪽으로 국가발전을 이끌어왔기 때문이다. 그 결과 자유와 민주주의가 오늘의 대한민국의 국력의 총화이자 국부의 필요충분조건이 되었다.

　그런데 대한민국을 여기까지 잘 성장시켜온 이 세 개의 기둥이 문재인 정부 등장 이후 심각하게 흔들리고 있다. 외부적 위협으로부터 대한민국을 안전하게 지켜주면서 1953년 휴전협정 이후 지난 66년 동안 전쟁 없는 평화 속에 산업화와 민주화의 기적을 동시에 이룰 수 있었던 토대가 된 한민동맹체제는 한미 연합훈련의 중단 및 축소, 한미·일 삼각안보체계 붕괴 등으로 통해 거의 무력화, 불능화 상태에 이르고, 이에 따라 대한민국의 자유는 위협받고 위태로워지고 있다. 그리고 헌법에서 자유의 가치를 삭제하려는 시도에서부터, 드루킹 불법댓글조작사건을 통한 여론조작 연루의혹, 삼권분립의 무력화와 법치주의의 파괴를 통한 공권력의 사유화에 이르기까지 자유민주주의의 기둥 또한 심각하게 흔들리고 있다. 여기에 문 정부의 경제정책은 정부의 경제에 대한 지나친 통제와 간섭이 기업활동의 자유를 침해하고 투자 감소와 국부의 해외유출을 초래했으며, 소득주도 성장론을 앞세운 최저임금인상은 오히려 서민들의 소득을 감소시키고 양극화를 확대시키면서 오늘의 경제적 번영을 이룩해 온 자유시장주의는 매우 심각한 위기를 맞기에 이르렀다.

　문재인 정부 정책으로 가장 큰 피해를 본 분야는 원자력이다. 탈원전 정책으로 원자력 전공 인재들의 미래마저 위태롭게 되었다. 한국에선 과학도들에게 외면당하는 한국원자력은 해외에선 세계 최고의 경제성과 기술력을 인정받고 있다. 원전인재의 씨가 말라가고 있다. 탈원전 정책은 원자력 산업뿐 아니라 원자력 및 양자공학과를 공부하려는 학생들에게 큰 상처를 주고 있다. 대부분 국민이 반대하는데도 왜 탈원전을 고집하는지 안타까울 뿐이다.

　문재인 정권의 소득주도성장론은 일자리 만들기와 증세라는 두 가지 기둥으로 이루어져 있다. 가계의 소득이 늘어나면 소비가 늘어나고, 소비가 늘어나면 기업생산이 확대되고, 기업생산이 확대되면, 고용이 늘어나고, 고용이 늘어나면 다시 가계의 소득이 늘어난다고 주장한다. 이게 바로 소득주도를 통한 경제의 선순환 성장이라는 것이다. 유감스럽게도 소득주도성장론은 사실상 세금주도성장, 소득주도 빈곤으로 우리나라 현실상 실현가능성이 희박한 탁상공론이다. 극히 저조한 경제성장이 이를 말해주고 있지 않은가!

문재인 정권 재정 당국의 얘기는 정직하지 못하다. 공종부문 일자리 81만개를 만들려면 세금을 더 걷거나 국가부채를 높이거나 두 가지 방법밖에 없다. 세금을 더 걷으면 경제침체라는 원치 않는 결과를 초래할 수 있다. 국가부채를 늘이면 모든 부담은 다음 세대가 짊어지게 된다.

포퓰리즘 정책은 그 자체로서 대중 영합적 성격을 갖는 동시에 대중을 동원해야만 관철될 수 있는 속성을 지닌다. 지금 문재인 정권은 동시다발적으로 포퓰리즘 정책을 쏟아내고 있다. 공공일자리 확대, 전면적인 비정규직의 정규직 전환, 최고수준의 최저임금 인상, 임금 감소 없는 근로시간 단축, 사회적 일자리 확대, 부자 증세, 대폭적인 건강보험보장확대 등을 동시다발적으로 추진하면서 대대적인 대중동원의 태세를 갖췄다. 민노총, 전교조, 재야 단체 등 핵심 지지층을 앞세우며 본격적으로 대중동원에 나설 것이다(김용태, 2017). 시장자본주의 대신 무상복지와 국가자본주의 계획경제를 시도하다 망한 그리스나 베네수엘라와 같이 되지 않을까 걱정이 앞선다.

나라가 모든 영역에서 하향 평준화되고 있고, 운동장이 많이 기울어지고 있음을 보여주는 지표는 자살률이 급증하고 있다는 것이다. 우리나라 자살률은 OECD 최악이다. 인구 10만명당 자살자 수가 우리는 26.6명으로 OECD 평균(11.5명)의 두 배를 훨씬 넘는다. 작년 한 해에만 1만 3670명이 스스로 목숨을 끊었다. 하루 평균 37.5명꼴이니 38분마다 1명씩 최악의 선택을 한 셈이다. 자살은 무망감(hopelessness)의 표현이다. 복지부에 따르면, 자살은 '고통 받는 상황에서 벗어나는 선택'이다.

문재인 대통령은 취임사에서 "한 번도 경험하지 못한 나라를 만들겠다"고 선언했다. 20-30년 뒤 우리 청년들이 우리나라의 주역이 되었을 때 대한민국은 어떠한 나라가 되어 있을까? 이대로라면 틀림없이 '한 번도 경험해보지 못한 불행한 나라'가 될 것이다!

허현준 전 청와대 국민소통비서관실 행정관은 화이트리스트에 관여한 혐의로 1년 반을 복역한 후 석방되어 입장문에서 소회를 피력했다. "지금의 이 폭정은 급진적 좌익들이 오랫동안 준비하고 예정하던 것이다. 겉으로는 인권과 민주주의, 차이의 존중, 다양성 등의 미사여구로 위장하지만 그들의 정신세계의 근본은 '계급투쟁'에 잇닿아 그들이 설정한'적대계급의 파멸'을 목표로 한다. 또 급진적 좌파의 독존은 우리 사회의 근본을 흔든다. '목적을 달성하기 위해서는 어떤 수단과 방법을 써도 잘못이 아니다'라는 교만과 독선적 행위가 윤리적 질서를 해체하고 있다."

2. 문재인 정권은 국가주의 포퓰리즘 독재다

문재인 정권 핵심 세력들은 자신의 정부를 촛불 정부라고 부른다. 문 정권에서 신학은 촛불의 명령이다. 촛불의 명령을 확정하고 해석하는 주체는 오로지 자신들 뿐이라고 확신한다. 국정기조를 촛불의 명령이라고 규정한다. 따라서 국정기조는 의심받거나 훼손되어서는 안 된다고 주장한다. 착각은 자유지만 이런 아전인수가 없다.

대통령은 70년대 운동권 출신이고 청와대 비서실은 80년대 운동권 출신들이 장악하고 있다. 전대협 3기의장 임종석을 비서실장에 앉혔고, 1급 이상 비서관 64명 중 23명(36%)이 전대협 소속의 주요대학의 총학생회장 출신이다. 대통령의 생각에 주로 영향을 미치는 것은 대통령을 둘러싼 청와대 참모들이다. 이들이 '집단사고의 오류'에 빠진 가운데 나라의 정책방향을 주도하고 있는 것이다.

문재인 정권은 누구도 가보지 않고 아무 것도 증명되지 않은 길로 치닫고 있다. 돌이키기에는 너무 큰 희생을 치러야 할, 아니 다시 돌이킬 수 없는 국가 정책들이, 야당의 무기력과 보수의 지리멸렬을 틈타 대중 동원의 열기 속에 마구 추진되고 있다.

　인민민주주의연방제를 추구하는 문재인 정권은 브레이크 없이 폭주하는 기관차처럼 거듭 국민을 무시하며 좌익독재의 길을 치닫고 있다. 문재인은 대통령이 되자마자 자유민주주의에서 자유를 삭제한 민주주의, 곧 북한식 인민민주주의로 바꾸는 헌법개정안을 국회로 보냈다.

　그들은 국민적 지지로 정권을 잡았으니 자기의 뜻대로 하는 것이 뭐가 문제냐고 얘기한다. 지지율이 높으니 그게 국민의 뜻이고 그게 바로 민주주의라고 주장한다. 촛불로 집권했으니 자신들이 곧 정의라고 생각한다. 그리고 대한민국을 집단적으로 '국가적 포퓰리즘 실험대상'으로 삼고 있다.

　대만민국 경제는 중병에 걸린 지 오래다. 집권 2년반 문재인 정권이 받아든 경제 성적표는 참으로 참담하다. 고용, 투자, 수출, 생산, 소득, 분배, 성장 무엇 하나 온전한 게 없을 정도이다. 소득주도 성장 경제정책, 민노총 우대의 노동정책, 규제 하나 제대도 풀지 못하는 혁신정치 등 문재인 정권의 경제정책은 국가경제를 파멸로 이끌고 있다(최광, 2019).

　국민의 혈세를 물 쓰듯 낭비하며, 도덕적으로 치명적 결함을 지닌 캠코더 인사들을 고위공직에 낙하산으로 내리꽂고, 국부와 일자리를 창출하는 기업을 적대시하는 문재인의 폭주를 이대로 두었다가는 우리 자손들도 쓰레기 통을 뒤지게 될 것이다. 살아서 그런 꼴을 보지 않으려면 마땅히 우리는 지금 문재인 종북 독재에 맞서 일어나 문재인의 독주를 막아야 한다.

　냉정하게 보면, 문재인 대통령은 41%의 득표로 당선된 대통령 이상도 이하도 아니다. 그는 국민의 뜻과 정의를 독점할 아무런 권한이 없다. 정의를 독점했다고 착각하는 순간, 지도자와 국가는 불행한 길로 들어가게 마련이다.

　문재인 정권의 소득주도 성장은 가능하지도 지속될 수도 없다. 우선은 총선에서 득표하기 위해 무직자들에게 무상복지 정책을 쓰고 있다. 정부는 지나친 현금복지, 서울시 청년구직수당 확대, 그리고 안산시는 무조건 등록금 200만원 지원 공약을 하고 있다. 이러한 무상복지는 유권자들을 잠시 동안 현혹할지 모르지만 우리 국민은 그렇게 어리석지 않다.

"묻지 마 경제, 퍼주기 경제로는 문제해결이 안 된다. 세금으로 일자리를 만드는 포퓰리즘은 게으름뱅이 국민을 양산할 뿐이다. 애초에 설정 자체가 잘못 됐다. 경제는 가계와 기업, 즉 민간이 주도하는 거다. 정부가 나서서 소득주도니 포용경제니 하고 섣불리 나선다고 되는 게 아니다…무엇보다 소득주도니 포용경제니 하는 경제기조부터 바꿔야 한다. 고집하다가 다 망한다"(정진홍,2019).

우리 시대의 비전과 대안은 소득주도 경제가 아니고 혁신주도 성장을 통한 지속가능한 복지국가다(김용태, 2017).

지금 이 나라에는 경제비관론이 팽배하다. 윤중현 전 장관은 "이 나라가 이대로 가면 무너진다"고 했다. 케임브리지대 장하준 교수는 "현재 한국 경제상황은 국가비상사태다. 한국경제가 운명 직전의 중환자와 같다"라고 했다. 한국의 경기선행지수는 20개월 연속 하락중이다. 생산과 설비투자 및 건설투자가 줄어들고 있고, 반도체, 자동차, 조선, 석유화학 분야 영업이익이 모두 줄어들고 있다. 그런데도 문재인 대통령은 "국가경제가 견실한 흐름을 유지하고 있다"고 낙관하고 있다.

2019년 11월 한국일보는 경제전문가 보수, 진보 다양한 성향의 경제전문가 21명을 대상으로 문 정부 전반기 경제정책에 대한 심층 인터뷰를 시행한 결과를 "문정부 전반기 경제평가"라는 제목으로 발표하였다.

문 정부는 가난한 계층의 지갑을 채워주겠다면서 경제학 교과서에도 없는 반 기업, 반 시장경제 성격의 '소득주도성장 정책'을 폈지만 결과는 정반대로 나타나고 있다. 전문가들은 문재인 정부 전반기 경제정책 전반을 '낙제점 수준'(10점 만점에 5.5점)으로 평가했다. 전문가들은 2%가 위태로운 경제성장률, 역대급 '고용참사,' 추락하는 제조업, 저출산·고령화 대응미비, 거꾸로 가는 소득양극화 등을 감점의 주요근거로 들었다. 이들은 공히 '시장현실을 무시한, 의욕만 앞세운 정책'이 이 같은 현실의 원인을 제공했다고 지적했다. 문 정부의

3대 경제정책기조 (△소득주도성장, △혁신성장, △공정경제) 가운데 대표격인 소득주도 성장이 가장 박한 점수를 받았다고 보도했다. 실제 '전반기 가장 잘한 정책'을 묻는 질문에 '잘 했다고 할 게 없었다'는 응답이 가장 많았다.

한편 동아일보에서는 2019년 11월에 문재인 정부 전반기 경제 실적에 대한 여론조사 결과를 발표하였다. 잘못하고 있다는 평가가 압도적이었다. 경제성장은 63.2%, 일자리 창출은 60.1%, 국민통합은 59.2%, 적폐청산은 46.3%, 남북관계개선은 46%가 잘못하고 있다는 평가가 나왔다. 후반기 경제전망에 대해서는 52.9%가 나빠질 것이라고 전망했다.

지금 이 순간 한국경제는 살아남을 수 있느냐 없느냐의 중대기로에 서 있다. 정부가 정책방향을 어떻게 잡느냐에 따라 한 나라의 경제가 거덜나기도 한다. 소득주도 성장의 치명적 결함은 실증된 성공사례가 없다는 것이다. 그런데도 규제혁신은 말뿐이고 노동개혁은 손조차 대지 않고 있다. 문제만 생기면 오로지 세금을 거두어 나눠주는 것으로 때운다.

경쟁국들의 경제는 순항하는데, 왜 유독 한국경제만 가라앉고 있는가? 민주노총 등 이익집단의 반대와 평등이념으로 인해 정부는 해야할 것은 하지 않고 하지 말아야 할 것은 하고 있기 때문이다. 반드시 해야 할 노동개혁이나 공공부분 개혁은 외면하면서 최저임금인상, 비정규직의 정규직화, 주 52시간 근로제 등 민주노총이 요구해온 것들을 우선적으로 시행하고 있다. 따라서 기업이나 자영업자들은 더욱 어려운 곤경에 처하고 있다(김충남, 2019).

2019년 들어 이미 우리 경제의 효자 종목이 반도체 수출도 급락세를 보이고 있고, 한 두 개 품목을 빼고 주력수출품 대부분이 모두 내리막 길이다. 그런데도 문 대통령은 '우리 경제를 바꾸는 이 길은 반드시 가야할 길'이라며 기존정책을 고수하겠다고 다짐하고 있다.

문재인 대통령이 집권한 후 국민의 행복도는 떨어지고 있고, 영양실조 사망자는 년 100명으로 늘어나고 있고 자살률도 올라가고 있다. 2019년 현재 하루 평균 36명이 자살하고 실업자 수는 120만 명으로 집계되고 있다(조선일보,

2019. 11.11). 현 정부는 지난 2년 반 동안 삶의 질이 좋아지고 있다고 억지를 부리고 있지만, 전문가는 다르게 평가하고 있다. "최근 영양실조 사망은 기근이나 전쟁 등으로 음식을 구하지 못해 죽는 전통적 의미의 아사(餓死)라기 보다 대부분 경제난 등으로 삶의 의욕이 떨어져 곡기를 끊은 경우가 많다"는 것이다.

민주주의 시대에 국민의 동의와 지지만큼 중요한 일은 없다. 절대다수의 국민이 현 정부의 정책을 반대하고 있다. 소득주도성장, 원전파기 등의 정책은 국민 대다수가 원하는 정책이 아니다. 지금이라도 다수의 국민의 소리에 귀를 기울이기를 바란다.

사회가 불안하면 먼저 외부로 튀는 것이 자본이고 인재(두뇌)다. 자녀는 외국에 내보내고 이민도 늘고 돈도 빠져나가는 현상이 증가한다. 사립고-외고-국제고를 일반고로 전환하려는 문재인 정부의 '평등교육'이념이 노골화되면서 자녀를 외국으로 보내는 일은 늘어날 것이다. 한국은 이미 두뇌유출지수가 2018년 대상 63개국 중 최하위권인 41위로 내려 앉았다(스위스 세계인재보고서). 미국에서 이공계 박사학위를 딴 한국인 유학생 대부분이 졸업후 미국잔류를 희망했고 실제로 절반가량이 남았다. 한국은 머지않아 '머리'가 빈 나라가 될지도 모른다.

국민은 이 나라가 어디로 이끌려 가는지 깜깜이 신세다. 지도자의 덕목 중 으뜸은 국민의 신뢰와 희망이다. 국민이 믿고 평안하게 살며 미래에 대한 안정감을 갖도록 하는 것이다. 대통령이 나와서 국민에게 어떤 말이라도 해줬으면 좋겠는데 그는 북한과의 '평화' 이외에는 어떤 것도 말한 것이 없다. 국민은 안보와 외교, 경제, 교육 등 모든 분야에서 눈이 가린 채 끌려가는 기분이다. 국민은 불안하고 답답하다!

하버드대 로버트 배로 교수는 "한국이 과거 고성장의 영광을 다시 누리고 살려면 지금이라도 경제정책의 방향을 투자와 생산성을 늘리고, 기업 시장의 자유를 보장하라"고 조언 했다.

3. 반미(反美), 반기독교(反基督敎) 사상으로

좌파는 다양한 모습을 띤다 해도 그 근원은 마르크스와 레닌의 사상에 뿌리를 두고 있다. 해석과 실천에 있어서 입장차가 있지만 주사파는 두 개의 노선으로 나뉘어져 있을 뿐이다. 이승만은 '분단의 원흉'이라는 것이며 친북, 반미에서 입장을 같이하고 있다. 좌파는 민족해방세력으로 민족을 바탕으로 북한과 대한민국은 하나로 뭉쳐야 하며, 미국은 한반도의 적이라는 개념을 심으려고 한다(김세의, 2019). 문제는 이들에게 철학적 이념과 종교적 신념을 제공한 것이 주체사상이라는 것이다. 주사파는 김일성의 주체사상을 신봉하고 따르는 사람들이다.

주사파의 기본전제는 우리나라가 불행한 것은 미국 때문이라는 것이며, '대한민국은 태어나서는 안 되는 나라'라는 것이다. 주사파를 대변하는 전교조는 대부분 "반(反)대한민국적이며, 친북적이며, 반미적, 반기업적이어서, 대한민국의 건국과 호국, 그리고 경제발전에 대해 부정적으로 해석하고 있는 반면에 북한에 대해서는 호의적이고 긍정적이다"(김충남, 2019).

주사파는 크게 둘로 나뉘어 있는데, 하나는 주체사상을 추종하는 다수파 NL(National Liberation: 민족해방) 계열이고, 또 다른 하나는 마르크스-레닌주의를 신봉하는 소수파인 PD(People's Democracy: 민중민주) 계열이다. 북한의 지원을 받는 NL계는 주사파 주류이고, 지원을 받지 못하는 PD계는 비주류로 통한다. 북한의 대남혁명론인 '민족해방인민민주주의혁명'에 입각해서 한국사회의 사회주의 혁명을 성취하려는 NL파를 주사파라고 부르는데, 이들이 운동권의 다수세력을 차지했다. 최초의 주사파 조직은 반미자주화반파쇼민주화투쟁위원회(자민투)이다. 그 외의 주사파 조직으로 한총련, 범청학련, 범민련, 한국진보연대 등이 있다. 주사파와 연대하여 참여연대를 만들었으며, 천주교 정의구현사제단의 주요인사들 역시 NL계열이다(조갑제 닷컴, 2012).

NL은 1980년대 주사파 이론가 김영환이 작성한 강철서신 등을 통해 철저하게 김일성 주체사상을 학습한 운동권 세력을 중심으로 결집된 남한 최대의 좌파세력이다. 반미 학생운동이 체계화되고 이론화되면서 전대협은 반미투쟁의 중심세력으로 부상한다. 전대협과 한총련의 다수파, 조국통일범민족연합, 한국진보연대, 민권연대, 민주노동자전국회의 등이 NL계열이다. NL은 한-미-일 동맹의 한 축을 끊기 위해 반일감정을 이용하기도 한다. 동성 결혼 이벤트를 주도하고 동성애 정치투쟁을 벌이고 있는 김조광수 감독도 전대협의 NL 출신이다.

PD는 민중민주파를 말한다. 이들은 NL노선에 반대하고 NL과 맞섰던 '제헌의회파'의 한계를 비판하면서 등장한다. 민족민주혁명(NDR)노선을 추종하는 세력이 다수로 레닌주의자들이다. 대표적으로 남한사회주의노동자동맹(사노맹)과 전국민주주의학생연맹(전민학련)이 있다. 민족민주혁명에 의해 남한사회를 공산화시키는 것을 목표로 한다. 여기에 대표적인 조직이 조국 교수가 핵심요원으로 활동했던 사노맹(남한사회주의노동자연맹)이었다. '사노맹'은 레닌주의 NDR이 조직한 자생적 사회주의 조직으로 남북한 정권을 모두 비판한다(이정훈, 2019).

주체사상 NL계와 PD계의 공통 전제는 한국이 미국의 식민지라는 것이다. 민족과 반미를 핵심가치로 하고 있다. 이들은 '민족주의'를 배경으로 한국사회가 관료독점자본과 해외자본에 의해 종속되어 있다고 믿었다. 그런 차원에서 NL파는 한국사회가 제국주의하의 식민지 상태에 놓여있으니 식민지에서 해방시켜 주체성을 회복해야 한다고 주장했다. 당시 운동권 주사파는 전두환, 노태우 군부독재 세력은 미 제국주의의 대리통치 세력이며, 기독교는 미 제국주의의 등에 앉아 강력한 정치세력이 된 극우반공 집단이라고 보았다.

여기서 저들이 이념적 대안으로 채택한 것이 바로 '김일성 주체사상'이며, 반제국주의 민족자주투쟁에 참여하게 된 것이다. 결국 '미국의 식민지'(?)인 한국을 주체적인 국가로 건설하려면 어떻게 해야 하겠는가? 주사파 두 진영이 힘을 합쳐 제거하려는 타도대상은 '미제국주의와 그와 연결된 제국주의 첨병이자 극우세력인 '기독교'였다. 종북과 반미, 반기독교는 주사파의 기본 가치이다.

　전대협은 북한의 3대 투쟁노선이 '자주, 민주, 통일' 투쟁을 지향하며, 대한민국사회를 '미국 제국주의에 종속된 식민지 자본주의 사회'로 규정했다. 전대협은 '민족해방민중민주주의혁명'(NLPDR) 노선에 따라 '반미구국통일전선'을 형성했다. 전대협의 주요 목표는 북한의 혁명노선에 따라 '반미구국통일전선'을 형성하며, 주한미군 철수를 통한 미 제국주의와 우파 정권을 타도한 후, 친북 정권인 민중민주정권을 수립하고자 했다. 그리고 최종적으로 북한과의 낮은 단계 연방제, 연공 통일을 통한 사회주의 국가 건설을 목표로 삼았다(김세의, 2019).

강남좌파

　'강남좌파'라는 용어는 J교수를 좌파언론 오마이 뉴스의 오연호 기자가 인터뷰를 한 것을 「진보좌파플랜」이란 책으로 출판하면서 등장한 '신조어'이다. 전대협의 80년대와 한총련의 90년대의 계보를 잇는 기존의 NL와 PD의 영향은 받았으나 직접 가담하지는 않았던 신세대 좌파가 출현한다. 이들은 공장에 위장취업하는 아버지의 80년대 좌파가 아니라 세련된 연예인이나 좋은 학벌을 기반으로 전문직 종사자로서 여유 있는 생활을 하는 이미지로 급부상한다. 인권운동과 정치운동을 하는 새로운 좌파 이미지가 형성되면서 신세대들의 지지를 획득할 수 있었다.

　한국에서 80년대 386운동권 세대가 정치, 경제, 사회, 문화 전 분야에서 핵심세력으로 부상하면서, 특히 학계가 이들에 의해 장악되면서, 이들에 의해 신세대 좌파들이 대학에서 양성되고, 학계와 법조계를 포함한 사회 지도층 인사들도 성장하는 가운데 급진적 사상을 추종하는 신세대 좌파가 육성되었다.

　반미를 외치면서 자녀를 미국에 유학보내고, 평등교육을 주장하면서 자녀들은 외국어고와 특목고를 보내는 이들이 바로 강남좌파들이다. 네 자식은 평준화, 내 지식은 자유화가 386세대 정치인의 교육을 바라보는 기본 태도다. 어디

그뿐인가? 이들이야 말로 부동산 규제하는 투기꾼이자, 자식을 미국유학을 보낸 반미 주의자며, 성폭력을 저지르는 여성주의자, 태양광 운운하며 민둥산 만드는 환경론자다.

조국의 경우에서 보듯이, 이들의 특징은 내로남불 언행, 몰염치, 위선으로 나타나고 있다. 강남좌파는 도덕적 파탄으로 경멸의 대상이 되고 있다. 좌파들은 '자유,' '인권,' 그리고 '평등'이라는 세련된 프레임을 걸친 상태에서 친동성애, 친이슬람, 그리고 페미니즘 정책들을 밀어붙이고 있다(박광서, 2018).

주사파 운동가들의 방향전환

소련과 동구권 사회주의 국가들의 붕괴를 보면서 마르크스-레닌주의에 대해 회의하기 시작하면서, 종북주사파들 중에 전향하는 이들이 속출하였다. 1994년 여름 80년대 주사파 조직들을 이끌던 김영환, 조혁, 구해우, 김철홍, 이동호 등 80년대 사상운동, 조직운동, 대중운동에 대해 반성하면서 새로운 사회운동의 전환을 모색하였다. 〈강철서신〉으로 유명한 김영환은 주사파운동의 대표적 리더였는데, 김일성과의 면담 이후 북한의 현실, 북한지도부의 사상문제에 대한 이해의 빈곤에 실망해 결국 사상전향을 하고 북한민주화운동, 뉴 라이트운동에 앞장서게 되었다.

1997년 초 망명한 황장엽에 의해 북한의 주체사상은 허구이고, 진짜 주체사상, 인간중심철학을 근본적으로 새롭게 모색해야 한다는 주장이 제기되었고, 북한 민주화운동그룹은 황장엽과 이 같은 견해를 교류하며 협력하게 되었다.

24년 동안 주사파 활동을 하다가 전향해 24년째 자유우파의 투사로 활동하고 있는 김문수 전 경기도 지사는 증언하고 있다. "젊은 대학생시절, 조국을 위해, 민주화를 위해, 자주통일을 위해, 최루탄을 마시며 싸우다가, 도망다니고, 잡혀서 고문당하고, 감옥을 들락거리고, 청춘을 바치며, 헌신했던 자부심을 가지고 있다. 사회인이 되어서도 운동권의 동지적 인간관계를 끊을 수가 없다. 그래서 저는 사상을 바꾸는 것은 담배 끊기보다 더 어렵다고 생각한다"(김문수, 2020).

　사상이란 한 국가공동체에서 대단히 중요한 역할을 한다. 조선시대에는 정도전의 성리학에 조선왕조 500년의 근간을 이루었다면, 1948년 건국 후에는 기독교, 천주교, 불교를 비롯한 자유주의적 공화주의 사상이 지난 70년 역사를 이끌었다고 할 수 있을 것이다. 주지하는 바와 같이 북한(북조선)은 주체사상에 기초한 왕조국가, 신정국가를 이루고 있다.

4. 미국을 멀리하고 중국을 가까이?

　주체사상의 핵심사상은 국가보안법을 폐기하고 "한미동맹을 해체하라"는 것이다. 친미정책을 파기하고 친중, 친북으로 외교노선을 수정하라는 것이다. 문재인 정부가 출범한 이후 취해온 의문투성이 외교 안보 조치들 역시 한 방향을 가리키고 있고 거기엔 '친중전략'(親中戰略)이 숨어있다. 환경평가를 핑계로 미룬 사드 정식배치, 안보 역량을 약화시킨 남북군사합의, 한일 간 지소미아 군사정보보호협정 파기, 한미일 안보협력 대신 중국포함다자협력 추구 등은 한미동맹 해체로 가는 징검다리가 될 수 있다. 이는 모두 중국에 이로운 조치다. 문 정부 외교는 '미국을 멀리하고 중국을 가까이 하는'(遠美親中) 전략이다. 그 목적은 북한과 '일국양제'(한 국가 두 체제) 식 연방제 통일을 하는데 중국의 도움을 받으려는 것이다.

　중국과 북한은 한반도에 미군이 있는 한 통일에 협력할 수 없다는 입장이므로, 문 대통령은 통일과 미군 철수를 함께 추진해야 할 수도 있다. 결국 '미국을 버리고 중국과 손잡는' 결단의 순간을 직면해야 한다.

　2017년 중국 방문을 앞둔 10월말에 문재인 대통령은 외무부장관 강경화를 중국에 보내 "3가지를 하지 않는다"(三不)라고 약속했다. 즉 "사드의 추가 배치를 하지 않는다. 한미일 미사일 방어체제에 들어가지 않는다. 한미일 협력관계를 군사동맹으로 삼지 않는다"는 것이었다. 미국보다 중국을 가까이 하겠다는 의중을 전달한 셈이다.

미국을 버리고 중국과 손잡는 것이 이 문재인 정부가 꿈꾸듯이 남북한 공동 발전과 평화통일로 가는 길일까? 한국이 한미일 삼각동맹에서 이탈해 북중러 삼각체제에 편입되는 상황을 가정해 보자. 한국사회는 엄청난 충격과 혼란에 휩싸이게 될 것이다. 무엇보다 경제가 받는 충격은 1997년 IMF 이상이 될 수 있다. 좌파가 꿈꾸는 것처럼, 북한개발붐이 일어나기도 전에 한국 경제부터 무너질 수도 있다. 핵무력을 가진 김정은 일인 독재체재는 한국의 정치, 경제, 사회 전반을 짓누르게 될 것이다. 말이 '평화적 연방제 통일'이지, 북한주도의 흡수통일이 될 수 있는 것이다.

사회주의 중국과 손잡아서 성공한 나라는 예전에도 없었고 지금도 없다. 중국과 국경을 접한 14국 중 러시아를 제외하고 중국보다 잘 사는 나라는 하나도 없다. 북한 대외경제성 관리조차 "미국과 동맹을 맺은 한국은 잘 사는데, 중국과 동맹 맺은 우리는 못 산다"고 하소연 하겠는가! 중국 땅 끝에 위치한 한국이 3만 달러 수준에 오른 것은 한미동맹의 뒷받침이 있었기 때문이다. 한미 동맹을 버리고 중국 줄에 서는 선택은 지난 70년간 누려온 자유민주와 풍요의 정치 경제 구조를 근본부터 파괴하는 일이다. 미군이 주둔하는 곳에는 자유민주 정치가 가능하지만, 중국 인민해방군의 힘이 미치는 곳엔 감시와 억압이 있을 뿐이다. 미국은 한국의 '친구'지만, 중국은 '친구'가 될 수 없다.

종교의 자유를 기반으로 하는 자유민주주의 체제인 미국과 종교의 자유를 억압하는 중국의 사회주의 체제 가운데, 하나를 택해야지, 중국과 북한의 사회주의 체제를 선택하는 것은 어리석은 선택이 아닐 수 없다.

지난 70년간 우리는 한·미 동맹을 근간으로 북·미·러의 위협을 막으며 평화와 발전을 누려왔다. 그런데 '한 번도 경험하지 못한' 미 대통령과 '한 번도 경험하지 못한' 나라를 만드는 한국 대통령의 포퓰리즘이 겹쳐 마치 쓰나미가 안보 방파제를 넘어올 듯한 상황을 맞고 있다. 지금 미국에선 비록 일각이지만

한·일의 자위적 핵무장, 핵 공유협정, 전술핵 재배치 등을 공개 거론하고 있다.

문재인 정권의 핵심을 구성하는 80년대 운동권 출신 인사들의 역사관의 핵심은 대한민국 현대사에 대한 부정이며, 현대사 왜곡의 근본원인은 미국에 있다는 인식이다. 현 주사파 정권은 남한에서 권위주의적 군사정권이 유지되고 재벌을 필두로 개발독재를 추진하는 배경에는 미국이 있다고 믿는다. 남한은 단지 미국의 반식민지 내지 신식민지에 불과하며 남한에서 생산되는 성과물의 대부분은 미국이 차지하고 그 일부를 군사정권과 재벌이 나누어가질 뿐이라고 인식한다. 따라서 자주적인 통일국가를 수립하기 위해서는 당연히 미국을 몰아내야 한다고 주장하는 것이다.

우리의 안보의 '본질'은 무엇인가? 그것은 대한민국이라는 국가정체성과 자유민주주의·시장경제라는 헌법가치를 지키는 일이다(김용태, 2017). 안보와 평화 중 우선순위는 당연히 안보다. 안보는 국가의 기본책무다. 전쟁을 대비할 때 평화도 지킬 수 있는 것이다. 튼튼한 안보 없이는 평화도 없고, 경제적 직격탄을 맞게 되기 때문이다. 한미동맹에 근본적인 변화가 생긴다면 이들 외국자본이 일시에 철수할 가능성을 배제할 수 없고 이로 인해 한국경제가 공황상태에 빠질지도 모른다. 따라서 전작권 전환은 신중을 기하는 것이 마땅하다.

국제정치학자 이춘근(2019)박사는 미·중 패권전쟁에서 한국은 미국편에 서야 한다고 말한다. 자유민주주의와 자본주의에 세일혁명까지 보태 21세기를 주도하게 될 미국과의 동맹을 앞으로도 더욱 돈독히 해나가야 하는 것이 한국의 안보와 경제 발전을 위한 최선의 방책이 될 것임은 의문의 여지가 없다.

5. 대통령 임기 반환점에 서서 : 경제가 옳은 방향으로 가고 있다?

문재인 정부가 임기 반환점을 돌았다. 지난 2년 반에 대해 전문가들의 진단이 있었다. 그간 잘한 일, 못한 일이 다 있었겠지만 당장 머릿속에 떠오른 건

답답함이다. 우리 사회의 원로 박찬종 변호사는 "채점불가"라고 진단했다. 국정운영은 일방적이었고, 사회는 둘로 갈라졌고 대통령은 그 중 한쪽 이야기에만 귀를 기울이는 것 같았다. 그래서 답답한 사람들은 거리로 나가게 되었고 이는 또 다시 격한 갈등과 대립을 부추겼다. 취임할 때 대통령은 퇴근길에 시장에 들러 마주치는 시민과 격의 없는 대화를 나누겠다고 했지만, 시간이 갈수록 대통령은 점점 더 평범한 시민들에게서 멀어져 갔고 듣고 싶은 이야기만 듣고, 만나고 싶은 사람만 만났던 것처럼 보인다. 결국 그 답답함의 원천은 소통이 되지 않는 정치, 불통 국정운영과 관련이 있다.

하지만 불통국정운영에는 '집권당'이라는 더불어민주당의 잘못이 크다. 민심의 흐름을 읽고 그것이 국정운영에 반영되도록 전달하는 것이 집권당의 역할이지만, 지난 2년 반 동안 민주당은 존재감이 없었다. 많은 국민이 힘들어하거나 분개하는 일이 생겨도 당이 나서서 그 민심을 대변하려고 하지 않았고, 오히려 문대통령의 그늘에 숨어 지냈다. 민주당이 대통령의 뒤에 숨어지내면서 정쟁의 중심에 대통령이 놓이게 되었고, 야당 역시 무력해 보이는 여당보다 대통령을 직접 향하게 되었다. 그러면서 우리 정치의 질은 더 나빠졌다.

올해 한국 경제는 잠재성장을 3%도 찾아먹지 못하고 1%대로 떨어질 것이 확실시된다. 요즘 경제수치마다 통계치를 발표한 이래 최저·최장기라는 말을

•문재인 대통령은 중국 정부에 '사드추가배치하지 않는다, 한미일 미사일 방어체계에 들어가지 않는다. 한미일 협력관계를 군사동맹으로 삼지 않는다'는 삼불(三不)원칙을 약속했다. 해양동맹을 버리고 북한, 중국에 친화적인 대륙동맹으로 가겠다는 뜻을 밝힌 것이다.

든다. 축적해 놓은 부도 별로 없는데 성장 엔진이 식어가는 것이다. 상장이 멈추면 국가위상 하락은 불가피하다.

문 정부가 아무리 더불어 잘 사는 사회를 만들려고 해도 성장이 없는데 좋은 분배가 이루어질 수 없다. 좋은 분배가 없으면 사회적 갈등과 분열은 높아진다. 성장과 분배는 조화를 이루며 같이 가야한다. 소득주도 성장, 주 52시간 근무, 기업 제재 등 더불어 잘 살려는 시도가 하위층의 고용과 소득을 축소해 오히려 부익부 빈익빈을 심화시키고 있는 역설적 상황은 '성장 없는 분배'가 갖는 위험성을 말해준다.

기생충 박사 서민 교수는 진단했다. "최저임금인상, 노동시간단축, 비정규직의 정규직화는 소독주도정장의 3가지 축이다. 소득주도 성장은 완전한 실패로 끝났고 경기침체에도 불구하고 물가가 마이너스라 디플레이션 우려까지 나온다. 이쯤 되면 경기는 '폭망' 수준이다. 소득주도성장, 최저임금인상, 탈원전 정책, 한일무역갈등, 자사고폐지 등 모두 의도하지 않은 결과를 촉발하고 있다. 86세대 정치인들은 자사고 논란에서 보듯이, '네 자식은 평준화, 내 자식은 자율화'가 교육을 바라보는 기본태도다. 부동산 규제하는 투기꾼이자, 자식을 미국 유학 보낸 반미주의자이며, 성폭력을 저지르는 여성주의자, 태양광 운운하며, 민둥산을 만드는 환경론자, 부패한 도덕가이다. 주사파 정치인은 마치 강남좌파처럼 내로남불의 행태를 보이고 있다(신동아, 2019년 12월).

2년 반 전 문 대통령은 취임사에서 "한 번도 경험해 보지 못한 나라다운 나라를 만들겠다"고 했지만, 지금 펼쳐진 상황은 정반대 의미에서 "아무도 경험해 보지 못한 나라" 꼴이 돼버렸다. 경제와 고용, 외교, 안보에서 교육, 국가 통합까지 국정 온갖 분야에서 정책 실패와 부작용의 경고음이 요란하게 울려 퍼지고 있다. 국가 발전과 국민 생활 개선이라는 '진보'를 이루는 대신 오기와 아집, 끝없는 '내로남불'로 가득 찬 2년 반이 되었다고밖에 할 수 없다.

2년 반이 지났건만 문제인 정권의 정체를 모르겠다. '혁명-포용-공정-평화'를 내걸지만 상대적이고 추상적이어서 통치이데올로기가 손에 잡히지 않는다. 이 정권은 진보라고 불린다. 경제적으로 사회주의를 추구하면서도 애써 감춘다. 반 기업, 반 시장 경제정책을 쓰고 있다. 소득주도성장(세금주도성장), 최적임금인상, 주 52시간 근로제 정책으로 자영업자들은 나자빠지고, 서민은 평당 1억 원짜리 미친 아파트 값에 절망한다. 1%대 저성장의 늪에 빠져들고 투자-소비-수출 등 경제지표가 모두 곤두박질치고 있다(고대훈, 2019).

지난 11월 문 대통령은 '국민과의 대화'에서 "부동산 가격이 안정돼 있다"고 말했지만, 시장동향은 정반대로 나타나고 있다. 부산 해운대 등지에선 투기 수요가 몰려 집값이 하루가 다르게 급등하고 있다. "부동산 문제는 자신 있다"는 말을 비웃기라도 하는 듯하다.

한국경제에 대한 청와대의 주관적 진실은 경제가 잘 나가고 있다는 것이다. 그러나 객관적 진실은 외국 언론의 보도를 통해 드러나고 있다. "한국경제가 50년만에 최악상태에 빠져들고 있다. 이에 따라 외국인투자가들도 한국으로부터의 '자본도피'를 본격화하고 있다.

한국경제의 토대를 지탱하는 수출도 하락세를 멈추지 않고 있다. 연간 수출 감소율이 두 자릿수(11%) 감소를 기록하는 것은 2009년 금융위기 이후 처음이다. 영국의 파이낸셜 타임즈(Financial Times)는 지난 11월 29일 한국경제가 '반세기 만에 최악'이라고 보도했다. 주요경기지표가 OECD 하위권에 머무는 가운데 저출산과 고령화 등 구조적 문제까지 겹쳐 장단기 정책이 시급하다는 견해가 나오고 있다(자유신문, 2019. 12. 14).

이제 국회의원 선거가 다가오고 있다. 무너진 안보는 그대로 방치해도 되는가? 꽉 막힌 한미동맹은 어찌해야 하나? 반일 정책은 계속해야 하나? 파탄 난 경제, 전교조에 맡겨진 편파교육, 청년의 일자리 창출, 제왕적 민주노총은 그대로 방치해도 되는가? 자사고, 외국어고, 특목고를 꼭 일반고로 전환해야 하는가? 원자력 발전은 끝내 폐기처분해야 하는가? 우리는 이러한 무능정권을 계속 지지해야 하는가?

6. 북한은 우리가 해방시켜야 할 지구상의 가장 불행한 조폭, 노예국가다

북한은 인민민주주의 국가가 아니고 백두혈통을 고집하는 왕조국가, 전제주의 국가다(강명도).

북한은 그 정체성이 주체사상에 기초한 민족주의국가이다. 북한은 전체주의적 민족국가에서 부분적으로 시장경제를 수용하는 등 권위주의적 민족국가로 이행하는 과정에 있다. 김정은 체제가 시작되면서 2013년 핵·경제 병진노선으로 진화했고, 실천적으로는 핵실험과 대륙간탄도미사일 실험을 성공적으로 완수하였다.

김일성 수령제일주의를 고집하면서, 정치범을 둘러싼 인권문제는 점점 더 심각해지고 있다. 북한은 사회주의 사회에서 사회주의 봉건사회를 거쳐 노예사회로 퇴행하고 있다. 태영호 전 영국주재 북한공사는 그의 저서 「3층 서기실의 암호」에서 이렇게 주장하고 있다. 또한 북한은 핵심계층과 동요계층, 적대계층으로 분류된 신분제사회라고 강조한다. 적대계층 중에서 북한사회에 저항하거나 반발한 주민은 처형하거나 수용소로 끌고 가는 등 온 나라가 감옥화, 병영화됐다고 한다. 무엇보다 북한에는 수령숭배 외에 종교의 자유, 신앙의 자유란 존재하지 않는다.

북한은 간부자녀는 간부, 광부 자녀는 광부를 해야만 하는 신분세습 사회다. 이제는 경제적 '부익부 빈익빈'까지 더해져 중세적 노예사회로 퇴행하고 있다. 북한에서는 고2 정도의 나이가 되면 10년 의무복무를 해야 한다. 그러나 군부대 운영비를 내면 자택 복무를 허락받는다. 고위 당간부 자녀들은 뇌물을 주고 재택근무를 살 수 있는 나라다. 이런 식으로 부익부 빈인빈이 만연하며 돈을 버는 사람보다 뇌물을 받는 사람이 더 많은 사회에 과연 어떤 미래가 있을까?(장원재, 2020).

태영호 공사는 증언한다. 북한에는 인간의 기본권인 의사표현의 자유, 이동의 자유, 생산수단 보유의 자유는 물론이고, 자기 자식을 관할할 자유조차 없다면서 나라 전체가 오직 김일성 가문만을 위해 존재한다고 한다. 따라서 북한은 하루빨리 무너뜨려 흡수통일을 해야 할 '악의 체제'라고 주장한다.

북한에서 가장 두려워하는 것은 종교이고, 특히 기독교는 어떤 종교보다 철저히 숙청하였다. 1990년대 외부선전용으로 봉수교회와 칠곡교회를 세워 외부선전용으로 활용하였는데, 남한의 목사님들이 이들 교회에서 설교하고 북한을 방문하는 대가로 가져다 바친 헌금들은 지하교회 교인들이라 불리우는 통일전선사업부 공작요원들을 위한 생활비조차도 아닌 오직 김정일의 호의 호식과 북한의 핵개발, 김일성, 김정일의 우상화를 위한 사업에 쓰여졌을 뿐이다.

하나님의 아가페적 사랑을 자처하는 눈먼 지원(헌금)은 북한의 힘없는 백성들을 더욱 더 고통스럽게 만들고 있다(이애란, 2013). (남한에는 지금도 북한의 지하교인 수십만 명, 지하교회 일만 개 이상이 있다는 거짓말이 유통되고 있다).

김정일 치하에서 탈북해 남한에 와 탈북 1호 박사가 된 이애란(2013)은 북한주민들 사이에 다음과 같은 말이 회자되고 있다고 말했다.

"북조선에는 3개의 태양이 있다. 자연의 태양과 20세기 위대한 태양 김일성 태양, 그리고 21세기의 김정일 태양이다. 이러한 세 개의 태양 때문에 온난화로 뜨거워진 세계 어느 곳보다 훨씬 더 뜨겁다.

자연의 태양 하나만으로도 세계가 온난화 때문에 농사가 흉년이 어렵다고 하는데 북조선에는 두 개의 태양이 더 비추고 있으니 식물이 마르다 못해 타버리고 있다. 그리고 북조선 사람들은 3개의 태양 때문에 너무 뜨겁다. 그런데 남조선 사람들은 우리에게 왜 햇볕까지 비춰주어서 이렇게 힘들게 하는가? 북한주민들에게 비춰진 우리의 햇볕은 북한주민들을 위한 사랑의 빛이 아니라 지옥의 무저갱 유황불가마에서 타들어가며 고통당하고 있는 북한주민들을 태우는 곁불일 뿐이었다."

북한에서는 수령이 모든 문제를 좌우한다. 발전이 있었다면 수령의 령도 때문이고 핵무기를 개발했다면 그것도 수령 덕분이다. 이 논리대로라면 북한이 한국과 비교할 수 없을 정도로 비참한 지경에 빠지게 된 것도 수령 때문이라는 결론에 이르게 된다. 그래서 북한 정권은 한국의 실상이 주민들에게 알려지는 것을 극도로 경계한다. 북한주민들이 중국 드라마나 심지어 미국 드라마까지 보는 것은 어느 정도 허용되지만, 한국 드라마를 보면 엄중한 처벌을 받는다. 북한 사람들이 해외에 나가서 가장 주의해야 할 대상도 한국인이다.

1983년 김정일이 중국을 방문했을 때 덩샤오핑은 실사구시 원칙에 따라 '사상을 개방'하라고 권했다. 덩샤오핑의 권유에도 불구하고 김정일은 '수령 유일체제'를 위태롭게 할 우려가 있다며 개혁·개방을 하지 않았다. 북한이 진짜 변하려면 먼저 '사상을 개방해야 한다.' 북한의 종교로 되어 있는 주세사상을 개방하려면, 선대부터 해온 거짓말이나 그들의 과오를 시인하고, 또한 선대의 교시로 부정해야 하는데, 이는 결국 세습자인 자기 자신을 부인하는 것이기 때문이다.

실제로 북한 정권은 개방 개혁에 매우 취약하다. 북한 정권이 거짓말과 과장과 왜곡으로 쌓아올린 모래성 같은 존재이기 때문이다. 북한은 역사조작을 통해 김일성 일가를 우상화해 왔다. 항일 투쟁 당시의 북한의 김일성은 신(神)과 같은 존재로 묘사되고 있다.

6·25 전쟁도 중공군이 아니라 김일성의 탁월한 리더십으로 미국을 격퇴하고 승리를 쟁취했다고 주장해 왔다. 북한은 인민의 낙원인 동시에 남한은 인민의 지옥이라고 선전해왔다. 김일성이 백두산을 근거지로 항일투쟁을 했다거나 김정일이 그곳에서 태어났다는 것도 거짓말이다. 그럼에도 북한은 백두혈통을 운운하며 세습독재를 정당화하고 있다.

북한은 세습독재 체제를 유지하기 위해 주민들을 철저히 통제한다. 즉 물리적 통제, 정보 통제, 사상통제가 그것이다. 주민은 핵심계층, 동요계층, 반동계층으로 구분하여 철저히 감시하며 모든 언행을 통제한다.

당의 노선에서 조금이라도 어긋나면 가차 없이 처벌받으며 연좌제에 따라 친척까지 처벌받는다. 다음으로 철저한 정보통제를 한다. 북한은 대외접촉을 금지함으로써 외부정보 유입을 차단하며, 북한의 모든 매체는 노동당의 선전수단에 불과하기 때문에 주민들은 나라 안팎 소식에 깜깜하다. 마지막으로 사상을 통제한다. 가정, 학교, 직장을 통해 어릴 때부터 김일성 일가에 대한 우상화 교육을 받는다. 북한정치범 수용소에는 20여만 명이 억류되어 있고 고문, 살인, 강간, 구타 등이 자행되고 있다.

태영호 공사의 증언에 의하면, 북한 정치범 수용소에는 반체제 활동이나 탈북을 시도했거나 기독교를 믿다가 잡힌 사람들이 약 22만 명 정도 구금되어 있으며, 그들은 고문, 굶주림, 강압적 중노동, 성폭행, 영아살해, 생체실험, 공개처형 등 처참하게 인권을 유린당하며 죽어가고 있다.

어느 탈북 여성이 고백한 바 있다. "세상에서 우리 탈북자들보다 더한 고통과 불행을 겪는 사람들은 없다. 지금도 북한에서는 많은 주민이 하나의 거대한 감옥에서 굶어 죽고 맞아 죽고 얼어죽고 있다. 그리고 중국에서 물건처럼 팔려다니며 인간 이하의 멸시와 천대를 받고 있다. 우리 모두는 단결하여 힘을 모아 독재정권을 하루 빨리 몰아내고 북한 주민들에게 희망과 자유를 안겨주어야 한다. 역사는 오늘을 기억할 것이며 또 심판할 것이다. 진정한 애국자는 나라의 통일과 북한의 민주화를 위해 싸우는 사람들이다."

북한의 개혁·개방과 민주화를 위해서는 절대 권력의 해체 또는 획기적 축소가 필수적이다. 또한 정치 제일주의와 군사 우선주의에서 경제제일주의로 국정의 우선순위가 바뀌어야 한다. 북한이 중국수준의 개혁·개방을 한다는 것은 통제와 감시를 전반적으로 풀어 주민들에게 상당한 자유를 허용하는 것을 의미한다. 그렇게 되면, 북한주민들이 수십 년 동안 김일성 일가에 의해 기만당하고 고통받아 왔다는 사실을 깨닫게 되고, 특히 '인민의 지옥'이라고 했던 한국이 너무도 자유롭고 잘 살고 있다는 사실을 알게 되면 북한정권에 대한 분노가 폭발하게 될 것이다.

북한이 당면한 위협은 미국의 군사위협보다는 풍요롭고 자유로운 대한민국의 존재 그 자체다. 수많은 북한 주민들이 남으로 밀려 내려온다면 북한체제가 과연 유지될 수 있을까? 북한 정권이 인구이동 통제, 정보통제 등 극단적 통제로 되돌아가지 않는 한 북한체제는 급속히 붕괴되고 말 것이다.

• 한기총 대표회장 전광훈 목사가 광화문 광장을 이승만 광장이라 명명하고 종교의 자유를 억압하는 공산화에 반대해 개신교, 불교, 천주교가 동참하는 주사파 정권 퇴진운동을 주도하고 있다. 김문수 지사, 김동길 교수, 김진홍 목사가 문재인 퇴진 촉구 운동에 합세했다.

06
우리는 어디로 가야 하는가?

깨어나라! 대한민국

＊

문재인 정권의 핵심세력은 김일성주의와 레닌주의로 무장, 스스로를 '촛불혁명 정권'으로 규정, 안으로는 '계급투쟁론적 민주주의'를 '정의'라고 우기면서 국가의 정통성과 정체성과 법치를 허물고, 북한정권과는 '종북주의적 민족주의'로 결탁, 이른바 '민족공조' 노선으로 안보에 구멍을 내고 있다(조갑제, 2019).

북한은 지금도 남한을 해방시킬 대상으로 보고 있다. 적화통일이 되어 김정은을 수령으로 모시고 살아간다고 상상해 보라. 주체사상 외에 다른 종교를 믿는 사람, 특히 역사의 주관자가 되시는 하나님을 믿는 기독교인들, 다른 정치적 견해를 가진 사람은 처형당하거나 정치범 수용소로 보내진다. 사회주의와 민주주의의 서로 다른 체제가 북쪽과 남쪽에서 경쟁을 벌이고 있다. 노예국가와 자유국가가 한반도에서 대치하고 있다. 상황이 엄중한 것은 남한(남조선)에서 자유민주주의와 주사파 세력 간의 갈등이 심화되고 있다는 데 있다. 지금까지 70년간 자유민주주의를 누려왔던 대한민국에서 인민민주주의를 추구하는 사회주의자들 앞에 자유민주주의자들이 신체적, 안보적, 경제적 안위를 위협을 받고 있다.

남한의 자유민주주의 체제가 우월하다는 것이 만천하에 입증된 지 오래다.

남한의 경제력이 북한보다 50배에 육박하고 있다고 하지 않는가! 그런데도 좌파에게 정권을 빼앗긴 후 우리나라는 급격히 주사파들에 의해 좌경화되고 있다.

탈북시인 도명학은 말했다. "북한에서 나온 사람들이 성경을 접하고 처음 말하는 것은 사람이 기독교를 모방해서 우리를 속였구나하고 바로 진단해버린다. 성경이 들어가면 북한 사람들의 정신을 뒤흔들 수밖에 없다." 이러다보니 북한에서 기독교는 단순 신앙의 문제를 넘어 체제 유지와 직결된다. 북한이 다른 공산국가보다 기독교를 유독 탄압하는 이유가 여기에 있다. 기독교와 공산주의는 절대로 양립할 수 없다.

1. 친북으로 가야만 하나?

민주주의 국가에는 긍정적인 면도 많지만, 부정적인 면도 많은 것이 사실이다. 자본주의의 병폐는 "빈부의 격차로 인한 계급간의 감정의 대립, 착취와 억압, 인간성의 소외, 집권층과 부유층의 부정부패, 인민, 대중의 이름하에 자행되는 다수의 횡포, 증대해가는 사회적 범죄(살인, 강도, 파괴, 방화, 테러, 착취, 마약중독, 알코올중독, 성도덕의 타락, 부녀자 인신매매, 가정윤리의 파탄) 등이 그 부정적 측면이다. 공산주의도 사실은 이러한 사회적 모순과 병폐를 일소하기 위해 출현하였던 것이다. 그러나 모순과 비리가 없는 이상사회를 실현하자는 목표를 가지고 시도되었지만, 그 결과는 마르크스의 기대와는 다르게 비참한 실패로 끝나고 말았다. 자본주의의 병폐는 자유민주주의의 그림자처럼 따라다니고 있다. 주체사상 전문가 이상헌(2017)은 이기적 개인주의가 민주주의사회의 정치, 경제, 사회, 문화, 교육, 예술, 학문 등 모든 영역에 침투해 있는 것이 문제라고 진단하고, 이타적 개인주의를 부패한 민주주의와 자본주의에 대한 대안적 해답으로 제시하고 있다.

"새로운 개념의 개인은 이웃을 사랑하고, 타인에게 봉사하기 위해서, 남의 개성과 인격을 존중해 준 연후에 자기의 개성과 인격이 존중받으며, 남의 자유와 권리를 보장해 준 뒤에 자기의 자유와 권리를 보장받게 되는 개인인 것이다…형제주의적 자유민주주의가 대안적 해답이다." 이타적 개인주의의 주체는 기독교이다. 기독교의 핵심가치는 인류에게 주어져 있는 보편적 항존법인 십계명에 반영되어 있다. 하나님을 사랑하고, 자신을 사랑하고 이웃을 자신처럼 사랑하라는 것이다. 자유와 평등은 똑 같이 중요한 가치이다. 자유민주주의는 자유를 우선적 가치로 추구한다. 그러나 사회주의는 평등을 우선적 가치로 내세운다. 문제는 사회주의자들이 사회를 하향 평준화시킨다는 데 있다.

1945년 해방 이후 지금까지 한 반도에는 자유민주주의와 공산전체주의라는 두 체제 간의 싸움이 멈춘 적이 없다. 앞으로도 어느 한 체제로 통일되기 전까지는 이 갈등이 결코 멈추지 않을 것이다. 지금 이 순간에도 주사파가 장악하고 있는 현 정권은 자유민주주의체제를 붕괴시키려는 공세를 계속 벌이고 있다. 대한민국은 자유민주주의와 시장경제를 기본질서로 하는 나라다. 그런데 문재인 정권이 집권한 이후 자유보다는 평등, 그것도 하향평등을 추구하는 사회주의체제로의 전환이 이뤄지고 있다.

통합진보당의 이론가 이정훈(2018)은 주체사상은 실천철학이요 수양철학이고 생활철학이라고 생각한다면서, 통일을 위해서도 북을 바로 알아야 하며 주체사상을 알아야 한다고 주장하고 있다. "주체사상은 북한(조선)의 경험을 토대로 여기서 한발 더 나아가 인민민주주의의 정권이 사회주의 정권으로 성장, 진화한다는 이론을 내놓았다. 민중민주주의(PD) 노선을 지향하는 사람들도 크게 보면 민주주의 혁명을 사회주의 혁명으로 발전시켜야 한다는 견해를 갖고 있다…한국사회를 전반적으로 규정하는 정권의 성격은 해방이후 지금까지 친미자본주의 정권이다. 베네수엘라처럼 정권이 자본주의를 부정하고 사회주의를 지향하면 사회 전체가 사회주의로 가게 된다."

탈북자단체대표 박상학(2019)은 「우리가 탈북한 이유」를 다섯 가지로 요약하였다.
1. 대한민국이 진짜 조국이라고 믿어서
2. 북한에 없는 자유를 찾아서
3. 자유민주주의 사회에 살고 싶어서
4. 예수 그리스도를 자유롭게 믿으며 신앙생활을 하기 위해서
5. 굶어죽지 않고 경제적으로 풍요로운 삶을 살고 싶어서

북한은 지상에서 인권상황이 최악인 나라다. 자유민주주의, 자본주의 시장경제 체제가 주체사상이 지배하는 사회주의 북한체제보다 모든 면에서 우월하다는 것은 만천하에 드러났다. 대한민국은 세계에서 가장 행복한 나라는 아닐지라도 북한보다 50배는 더 잘 사는 나라다.

충남기독교지도자들이 시국선언문(2019)에서 진단한 것처럼, 문재인 정권이 집권한 이후, "대한민국의 안보, 외교, 경제, 인권, 민주주의가 후퇴하고 있다." "자유 민주주의 체제와 자유 시장경제를 흔들고 있고, 표현과 양심의 자유를 억압하는 포괄적 차별금지법 제정을 추진하고 있다. 동성애와 이슬람을 옹호하고 있고 기독교 적대 정책을 추진하고 있다."

문재인 정권은 정의와 공의, 평등을 주요 가치로 출범하였다. "기회는 평등하고, 과정은 공정하고, 결과는 정의로울 것"이라고 약속하였다. "지금까지 아무도 경험해 보지 못한 나라"를 만들겠다고 약속했다. 지난 정권의 적폐를 청산한다는 명목으로 두 전직 대통령을 투옥시켰으며, 5명이 넘는 유명인사들이 스스로 목숨을 끊게 만들었다. 그러나 조국 사태에서 보듯이 좌파, 자기파 사람들에게는 거짓말을 하고 위조하고 어떤 범죄를 저질러도 혐의가 있을 뿐이라고 눈감아주는 이중 잣대를 적용하고 있다. 386 주사파 정권은 집권 2년 만에 스스로 아주 불의하고 부도덕한 정권이라는 것을 보여주고 있다.

한국계 일본인 이상철(2019)이 현 상황을 압축해 표현하였다. "한국은 완전히 종북좌파의 세상이 되고 말았다. 문 정권이 이런 무리수를 두는 것은 보수우파의 재기를 봉쇄하고 좌파정권을 계속 유지하기 위해서다. 적폐 청산의 각종

위원회에는 종북세력으로 분류되는 사람들도 포함되어 있다. 사태는 매우 심각하다."

문재인 대통령은 강남좌파, 사회주의자, 성격장애자 조국을 법무부 장관으로 임명하여 온 나라를 조국수호파와 조국을 감옥으로 보내라는 반조국파로 갈라놓고 있다. "조 장관 자녀가 연루된 입시부정, 학사관리 비리 의혹은 한 둘이 아니다. 동양대 표창장 위조를 비롯해 웅동학원 운영비리, 서울대 공익인권법센터의 허위 인턴 의혹, 연세대 대학원 입학서류 실종, 고려대 입학 시 제출된 병리학 제1저자 논문, 부산대 의전원 2학기 유급인데도 6학기 연속장학금 특혜, 서울대 환경대학원 장학금 지급 미스터리, 서울대 의전원 1차 합격의혹 등이 규명되어야 한다. 연루 대학이나 기관만 10곳이 넘는다."(조선일보, 2019.10.4.). 이것이 문 대통령이 표방하는 평등, 공평, 정의인가!

2019년 개천절인 10월 3일 서울 도상에서 조국 법무부 장관 구속과 문재인 대통령 퇴진을 요구하는 대규모 집회가 열렸다. 이를 두고 조선일보는 "상식 배반 대통령 한 명이 불러일으킨 거대한 분노"라는 제목의 사설을 썼다. 참석자들은 "조국 장관이 거짓말을 너무 많이 해서 나왔다." "나라 망가져 가는 것을 더 볼 수 없다." "조 장관의 위선과 조로남불 화가 난다." "검찰 개혁을 핑계 삼아 거짓말쟁이를 감싸는 문 대통령에게 실망했다." 남녀노소 할 것 없이 참석자들은 "화가 나서 참을 수가 없었다"고 분노를 표출했다.

어떻게 대통령이란 사람이 조국과 같은 파렴치한 인물을 감싸 들 수 있는지 상식으로 지금 벌어지는 일들을 도저히 납득할 수 없는 국민이 개천절 서울 도심으로 몰려나온 것이다. 조국 사태는 이미 조국으로 막기 어려운 지경으로 가고 있다. 누가 상황을 이 지경으로 만들었나? 조국 한 사람을 지키겠다는 대통령의 아집과 어리석음이 자초한 일이다.

현 정권의 소득주도성장정책, 최저임금의 급격한 인상, 주 52시간 근로제, 친노동정책, 기업 지배구조 개혁, 법인세 인상, 연구개발비, 세액공제축소, 국민연금제에 대한 주주권 행사 강화 등이 한국경제를 총체적 재앙 상태로 빠뜨리고 있다(장성민, 2019).

    문 대통령의 소득주도 성장으로 인한 경제실정, 인사 실패, 대북굴종, 국민 편가르기, 탈원전 등 상식으로 이해할 수 없는 문제들을 참고 또 참던 국민이 마침내 폭발한 것이다. 대통령 한 사람이 이렇게 많은 문제를 만들고 국민을 두 동강 내 거리의 싸움터로 내몰고 있는 것이다.

    문재인 정부가 태양광 발전소를 만든다며 갈아엎은 산림면적은 여의도의 15배에 달한다. 그런데도 태양광 발전은 전체 발전양의 2.2%, 원전 2기 발전량도 되지 않는다. 탈원전 정책으로 돈도, 사람도, 환경도 잃었다. 그런데도 문재인 정부는 탈원전 고집을 꺾지 않고 산업경쟁력의 핵심인 국가 에너지 파워를 허물어뜨리고 있다. 반대여론이 빗발쳤는데도 정부는 국무회의에서 신고리 5-6호기 건설 중단과 탈원전 정책을 밀어붙였다.

    2019년 12월, 원자력안전위원회는 월성1호기 영구정지 결정을 내렸다. 7,000억원을 들여 수명을 연장했는데, 끝내 멀쩡한 월성1호기에 사형선고를 내렸다.

    문재인 대통령은 취임식에서 "한 번도 경험해 보지 못한 새로운 나라"를 만들겠다고 국민에게 약속했었다. 그러나 집권 반환점을 앞둔 2019년 11월 9일 조선일보는 대통령이 "경제·사회·인사 등 내치는 물론이고 외교·안부와 대북관계에서도 동시에 위기를 맞고 있다"고 보도하였다. 빈부격차를 넘어 모두가 가난해지고 있으며, 나라는 불황의 늪에 빠져들고 있다. 자살률은 급증하고 있고 많은 국민이 하루하루 불안해하고 있다. 미국과 일본과의 관계는 소원해지고 있으며, 중국과 북한 그리고 북한과 이념적으로 가까운 나라들과 상대적으로 더 가까이하는 외교가 이뤄지고 있다. 안보, 경제, 외교가 모두 흔들리고 있다.

    교과서에서는 '자유민주주의'에서 '자유'를 삭제하려 시도하고 있고, '대한민국건국'을 '대한민국 정부수립'으로 수정하고 있다. 2018년 헌법개정안에서는 '국민'을 '사람'으로 고치고, 대통령의 '국가원수' 자격을 삭제하였다. 고등학교

윤리 교과서는 '국민주권'이라는 말 대신에 '인민주권'이라는 말이 등장하고 있다. '인민민주주의'를 강조함으로 '고려연방제통일'을 대비하는 것이 아닌가 의구심을 자아내고 있다.

2. 대한민국의 자유민주주의와 법치를 지켜내야 한다

닭의 목을 비 틀어도 새벽은 온다(김영삼).

우리 헌법에는 '자유'가 수 없이 등장한다. 헌법 전문에는 '자유민주적 기본질서,' '자유와 권리에 따르는 책임과 의무,' '우리들과 우리들의 자존의 안전과 자유와 행복'이 언급되고 있다. 본문에 '자유민주적 기본질서'가 다시 등장하고, 정당 설립의 자유, 신체의 자유, 거주 이전의 자유, 직업선택의 자유, 주거의 자유, 사생활의 자유, 양심의 자유, 종교의 자유 등 수없이 많은 자유가 열거되어 있다.

그러나 문재인 정권이 출범한 이후 적폐청산과 개혁이라는 미명 하에 자유민주주의와 법치를 위협하고 직권을 남용하며 인권을 유린하는 사례가 속출하였다. 이에 교수, 변호사, 판사, 외교관, 종교인 등이 한 목소리로 공무원들에게 헌법에 충성하고 권력에 충성 하지 말 것을 경고하기도 하였다. (조선일보,2020. 1.22. 광고)

현 정부가 자행한 위헌적 정책과 직권남용, 그리고 인권유린 사례는 다음과 같다. 공수처법, 공직선거법 의결 강행, 검찰 코드인사 단행, 탈북어민 강제북송, 탈원전, 4대강 보 해체, 소득주도 성장 론에 의한 급격한 최저임금 인상 및 주 52시간 강행 국민연금을 동원한 경영권 개입, 좌파적 역사해석, 김원봉 등 사회주의자 독립유공자 추진, 자유를 삭제한 헌법개정 시도, 전 대법원장, 전 국정원장 등 무차별 구속, 민노총 불법행위 수수방관, 청와대 영장집행 거부,

김정은 미화, 간첩검거사실 미발표 등 북한 눈치보기 형태. 울산시장 청와대 하명 선거공작, 유재수 감찰 무마 비리, 우리들 병원 특혜 대출 사건, 조국 가족 범죄 비오 등이 정권의 비리를 끝이 없이 이어지고 있다.전원책 변호사는 현 정권을 취한 운전자가 아닌, 만취한 운전자에 비유하고 있다.

사회정의를 바라는 전국교수모임은 2019년 11월 26일 위와 같은 제목으로 성명서를 발표하였다(조선일보). 나는 이것이 좌파 우파를 떠나 국민의 마음을 대변한 지식인들의 호소라고 믿고 있다.

- 문재인 정권은 주사파 대법원장을 통해 징용배상 판결을 통해 일본정부에 배상을 요구하고 지소미아 파기(후에 연장)를 선언함으로 반일감정을 노골화했다. 일본은 한국을 화이트 리스트에서 제외함으로 경제보복에 나섰고, 한국은 일본제품 불매운동으로 대응함으로 양국관계는 악화되고 있다. 현 정권은 반일 종족주의를 따르고 있다.

국민의 자유가 보장되고, 기회의 공정과 건전한 상식이 지배하며, 정치권력에 대한 헌법적 견제와 균형이 작동하고, 공직 윤리가 살아있는 사회는 우리 공동체의 지향점이고, 이것을 이루고 지키는 일은 모든 국민의 책임이다.

그러나 문재인 정권은 정상적인 대한민국 국민이라면 동의해 마지않는 위와 같은 가치들을 훼손했다. 우리 교수들은 "조국사태"를 계기로 이러한 위기상황이 더욱 가속화되고 있는 현실을 목도하면서, 각자의 양심과 지성의 부름에 응답하여 대통령과 정치권, 헌법기관과 국민들에게 호소하고자 한다.

우선 우리 교수들은 오늘의 자유민주주의의 위기와 사회적 분열이 편향적 이념과 정치적 이득만을 달성하기 위해 국가정책을 일방적으로 강제하는 정부와 집권세력의 독선과 독재에 기인함을 고발한다. 아울러 국회의 패스트트랙의 사·보임의 불법성 여부에 대한 국회의원과 정당의 권한쟁의 및 가처분 신청에 대해 헌법재판소가 결정을 지연함으로써 대한민국은 헌정적 위기에 처했음을 직시한다.

대통령은 누가 봐도 법무장관의 자리에 올라서는 안 될 조국 장관 임명을 강행했고 집권당과 일부세력은 조국이 밀려 사임할 때까지 옹호하였다…이러한 몰상식, 비윤리, 파렴치한 작태에 대한 국민들의 비판과 분노의 목소리는 친여 관제 언론들에 의해 왜곡되어 보도되고, 조국 비판자들에 대한 마녀사냥식 공격은 일상화되었다.

국민을 상대로 한 어떠한 자세한 설명도 하지 않고, 의견도 듣지 않은 채 밀실, 야합으로 만들어진 고위공직자비리수사처(이하 공수처) 설치 및 선거제도 개편 법률안은 철저한 정치적 거래의 대상으로 전락하였다. 여기에 대한민국의 미래를 위한 어떤 고민이 담겨 있는지 정부여당과 이 야합의 당사자들은 진지하게 답해야 한다. 선동과 구호만으로 답이 될 수 없다.

지금의 공수처 법안들에서는 제2, 제3의 조국과 그 가족을 비호하고, 정적을 탄압하는 정권친위 사찰기구로 공수처를 만들려는 의도 외에 다른 목적을 읽을 수 없다. 공수처 법원 곳곳에 숨겨둔 독소조항들은 대한민국의 자유민주주의를 질식시키기에 충분하다....

연동형 비례제는 독일에서 보듯이 시행되더라도 내각제에 적합하다. 이미 우리는 대통령 중심제 비례대표제를 더하고 있는 남미국가들에서 그 폐해의 심각성을 보고 있지 않은가.

우리는 선출된 권력이라는 미명하에 전횡과 고집으로 일관하는 '조국스러운' 국정운영이 아직도 진행되는 일련의 사태 속에서 전체주의적적 야만과 광기마저 느끼지 않을 수 없다. 여러 세대의 대한민국 국민이 하루하루 일궈온 자유민주주의의 긍지와 법치주의 가치가 일개 소수 권력집단의 음모와 정치적 공작에 의해 하루아침에 무너져 내릴 수도 있다는 위기의식을 절감하고 있다.

더 늦기 전에 조국을 결사 옹위하는 세력, '조국스러운' 국정을 끝끝내 밀고 나가는 세력의 지향점이 무엇인지, 그 과정은 정당한지, 그 결과는 우리 번영된 미래와 헌정질서에 합치되는지에 대한 국민적 판단이 내려지고 이 세력에 대한 반대행동이 전개돼야 마땅하다.

우리는 다시 한 번 대통령과 정치권에 촉구한다. 지금 계류 중인 법률안이 정말로 우리 국가의 장래를 위해 필요한 것이라면 입법을 날치기로 강행할 것이 아니라, 책임 있는 자세로 그 상세한 내용, 배경 및 지향점에 대해 국민 앞에서 설명하고, 토론하며, 대안을 모색하는 과정을 거쳐야 할 것임을 강력히 요구한다....

손톱에 가시가 박히면 하던 일을 중단하고 가시부터 뽑아야 하듯, 지금은 우리의 미래와 건강한 민주 헌정에 가시가 박히는 통렬한 아픔이 있다. 우리 교수들은 이 고통을 느끼는 많은 국민들과 함께 역사의 현장에서 책임을 다할 것을 다짐하며 다음을 요구한다.

1. 고위 공직자 비리 수사 명목으로 대통령에게 제왕적 독재 권력 부여하는 반헌법적 공수처 설치 법안을 즉각 폐지하라.
2. 헌법재판소는 정권 눈치 보지 말고 패스트트랙 과정 중에 있었던 날치기 강제 사보임(辭補任) 결정에 대한 권한쟁의심판에 대하여 신속히 가부간

결정을 내리는 책임 있는 자세를 보여라.
3. 제1야당을 배제한 채 소수야당과 연합해 남북연방제 헌법 개정을 이루어 대한민국을 해체하게 될 공직선거법 개정을 통한 준연동형비례대표제 법안을 즉각 폐기하고 선거법 협상을 재협상하라.

문재인 정부는 임기 2년 반 동안 적폐청산이라는 이름으로 전 정권를 때려잡고 쓸어내리는데 모든 에너지를 쏟았다. 남은 2년 반은 정권을 빼앗기지 않기 위해서, 혹시라도 정권을 빼앗길 경우에라도 후일의 안전을 도모하는 데 힘을 모으는 분위기다. 자신들이 전 정권에 저질렀던 그 잔혹한 보복이 부메랑처럼 돌아오는 것을 피하기 위해서라면 무슨 짓이라도 서슴치 않을 태세다. 그러나 정권에 대한 심판은 대비책을 세운다고 막아지는 게 아니다(김창균, 조선일보, 2020. 1. 2).

국민의 대표들은 국민의 의사를 반영하여 국가를 이끌고 나가야 한다. 그런데 대표들이 국민들이 원치 않는 방향으로 나라를 이끌고 가면 주권자들인 국민들이 그러면 안된다고 의견을 표출해야만 한다. 이 일은 남녀노소, 빈부귀천, 종교 출신지역 등에 상관없이 대한민국 국민아라면 누구나 할 수 있다. 헌법이 이를 보장하고 있기 때문이다.

그리스도인들은 어떤 경우에 정부와 정부 지도자들에게 항거해야 하는가? 정부에 복종하는 것이 하나님께 불순종하는 것이 되면 그 때는 순종하지 않아도 된다. 국민이 선출한 지도자가 하나님과 국민이 원하는 것에 반대되는 일을 하고 국민들을 탄압하면 기독교인들은 비폭력으로 항거해야 한다. 특히 사회주의, 공산주의로 가면 안된다고 소리를 내야 한다.

3. 그래도 우리나라 앞날은 희망적이다

우리나라에서 우파 보수는 우리나라 구성원리인 자유민주주의 시장경제를 지키려는 사람들을 뜻한다. 보수 우파 소설가 복거일은 말한다. "우리나라는 스스로 세운 나라가 아니다. 대한민국 토대는 미군정 3년 동안 결정됐다. 건국, 자유민주주의, 경제발전…미국에 절대적인 빚이 있다. 그런데도 우리는 반미를 외쳐야 지식이 대접을 받는 나라다. 이해하기 힘들다. 나는 아마 우리나라 지식인 중에서 유일한 친미주의자일 것이다." 아니다. 보수적인 지식인들이 사회 곳곳에 잠복해 있다.

기독교보수주의를 표방하는 트루스포럼(Truth Forum).
　기독교보수주의를 표방하는 젊은이들의 모임이 있다. 기독교 보수주의를 한 문장으로 표현한다면, "기독교는 진리이고 보수주의는 태도이며 그것은 곧 감사이다." 트루스포럼의 다섯 가지 핵심가치는 주사파의 좌파이념과 수령제일주의 세계관을 능히 물리치고도 남을 수 있는 것들이다.
　(1)대한민국 건국과 산업화의 가치를 인정하고 선배세대에게 감사한다; (2)단순한 군사동맹을 넘어 자유민주주의 체제와 기독교 전통 등의 가치 동맹으로써 굳건한 한-미 동맹을 지지한다; (3)자유민주주의 체제 하의 통일의 결과로 북한주민의 해방을 추구(촉구)한다; 북한 해방이 우리 민족의 사명이다. (4)법치주의(적법절차)의 관점에서 박근혜 대통령 탄핵과정의 부당성을 인식한다; (5)개인의 종교는 다를 수 있지만 기본적으로 유대-기독교적 가치관을 존중한다.
　서울대 김은구 트루스포럼 대표는 트루스포럼을 전국 60여개 대학으로 확산시켰다. 1000명의 재학생 및 졸업생들이 참여하고 있다. 서울대 트루스포럼은 창설이래 거의 매달 저명인사들을 초청, 현대사와 이념문제에 대한 스터디를 계속하고 있다.
　이 연속선상에서 지난 2년여 동안 김은구 대표는 문재인 정권 퇴진을 요구하는 태극기 집회는 물론, 한미동맹 강화, 오토 웜비오 추모, 탈북 북한 어부 강제송환 규탄, 동성애 반대 등과 관련된 각종 집회에 적극적으로 참여하거나 행사를 주도해 왔다.
　2019년 10월에는 '공산치하에 있는 북한주민들을 잊지 말자'던 이승만 전 대통령의 정신을 바탕으로 한 '리멤버 NK'상을 제정, 미국의 북한인권운동가인 수잰 솔티 여사와 김성민 자유북한방송 대표에게 수여한 바 있다.

북한주민들을 어떤 의식을 갖고 있는가? 북한의 교육은 "미제와 남조선 괴뢰들을 비롯한 우리의 원쑤들과 언제든지 한 번은 결판을 봐야하며 놈들과 싸워 반드시 이겨야 한다"라며 호전성를 가르친다. 북한의 정치사상 교육은 김일성, 김정일, 김정숙, 김정은 4인에 대해 소학교에서는 어린시절, 초급중학교에서는 혁명활동, 고급중학교에서는 혁명역사를 공부한다. 북한의 모든 교과 수업은 형식상 김일성, 김정일, 김정은의 교시로 시작하는데 마치 신학교에서 기도로 수업을 시작하는 것과 유사하다.

북한은 잔혹한 독재 병영국가다. 미 국문장관 폼페오는 북한을 다녀온 후 북한을 'enigmatic country'(어떤 때는 멀쩡하게 행동하다가 미친 짓을 하는 수수께끼 같은 나라)라고 하였다. 북한은 군사제일주의 국가로서, 반드시 연방제를 통해 북한중심으로 남북을 통일하겠다는 뜻을 바꾸지 않고 있다.

우상화된 3대 세습과 당의 지배에 대한 절대복종은 북한 주민의 생활준칙이자 지배이념으로, 거기에는 자유나 인권은 없고 오직 국가노예만 존재한다. 민주주의는 허울이고 민노(民奴)주의가 실상이다. 북한은 내부 단속을 위해 온갖 거짓과 위협, 감시와 처벌로 지탱되는 사회다. 현재 김정은 정권 등장 이후 반

• 2019년도 북한의 기독교박해지수는 세계1위였고, 2002년부터 18년째 연속 기독교탄압세계 1위이며, 세계 민주화지수는 조사대상 167개국 중 167위에 올랐다. 북한은 최악의 인권국가로서 세계 노예지수는 167개국 중 1위를 기록하고 있다.

인권적 행위나 핵실험 등으로 해방과 통일은 더 멀어지고 있는 상황이 전개되고 있다. 결국 수령 체제가 대체되어야만 북한주민들은 노예상태에서 해방되고 남북은 교류와 협력을 시작할 수 있을 것이다(심대한, 2019).

현재 대한민국에는 사회 전 영역에서 국가와 교회 해체를 적극적으로 시도하는 세력이 있다. 이런 상황에서 올바른 현실인식과 국가관을 가지고 배경, 관심사, 은사와 재능 또는 소명이 매우 다른 대학생, 대학원생 및 직업인들이 정기적으로 모여 인물중심이 아닌 '가치 중심적' 모임을 갖고 있다. 이들은 전체주의 세습독재체제를 반대하며, 맹목적 통일이나 정치적 용어로 오-남용되기 쉬운 '평화주의' 연방제 통일에 대한 경각심을 가지고, 진정한 복음통일, 자유통일은 오로지 자유민주주의체제 즉 '복음이 전파될 수 있는 정치체제' 안에서만 이루러져야 한다고 믿고 우파적 가치관을 갖고 모임을 갖고 있다.

정교모(사회정의를 바라는 전국교수모임)**가 나섰다.**

기회는 평등하고 과정을 공정하며 결과는 정의로울 것이라는 슬로건을 내건 문재인 정부의 가장 상징적 인물 중의 한 사람은 바로 조국 교수였다. 문재인 정부 탄생에도 큰 역할을 했으며, 정부 출범 후 민정수석실을 맡아서 정부 주요 정책의 골격을 이루어온 사람이기도 하다. 그런데 그 조국 교수가 법무부 장관에 지명되면서 쏟아져 나온 비리와 부정은 전 국민을 경악시켰다. 조국 교수의 비리가 가장 많이 연계된 곳은 대학이었다.

9월 13일부터 시작된 '조국 법무부 장관의 임명으로 사회정의와 윤리가 무너졌다'는 서명에 짧은 시간 동안 전국 377개 대학의 6,214명의 교수가 참여하였다. 우리나라 역사상, 가장 많은 교수들이 서명에 참여한 것이다.

지난 11월 2일 정교모는 미국의 해리티지 재단처럼 씽크탱크(Think Tank)로서의 역할을 수행하는 모임으로 새롭게 발족하였다. 그 후 「공수처 설립에 관한 10가지 질문」의 소책자를 발간하고, 공수처 설립에 반대하는 두 번의 기자회견을 가졌다. 또 문재인 정부가 주장해온 많은 정책이 얼마나 거짓된 것인지를 밝히는 [문재인 정부의 10대 거짓]에 대한 의견을 정리하고 있다. 또한 정교모는 정권과 상관없이 이 사회가 지켜야 할 진리를 밝혀 나가면서, 거짓과의 전쟁을 수행해 나갈 계획이다(제양규, 2020).

지금 많은 국민이 자신들의 비리를 덮기 위해 검찰 수사팀을 공중분해시키는 등 불법과 무도한 일을 서슴치 않는 정권형태에 분노하고 있다.

6000명의 교수가 한 번도 경험해보지 못한 거짓의 나라라고 하고 130명의 변호사가 법치 유린 이라고 성명을 발표했다. 판사들도 정권과 추 장관의 직권남용을 질타하고 나섰다. 지식인과 양심세력이 살아 있는 한 우리나라의 장래는 희망적이다.

4. 연방제 통일은 바람직한가?

다른 사람들에게 자유를 부인하는 자들은 스스로 자유를 누릴 자격이 없다.
Abraham Lincoln.

2017년 5월 대통령 선거 당시에 문재인 후보는 국회에서 연방제 수준의 지방분권을 공약하였고, 그 후로도 여러 차례 연방제 수준의 지방분권을 약속하였다. 2012년 대통령 선거 당시 문재인 후보는 "낮은 단계의 연방제는 정권교체를 통해 다음 정부 때 반드시 이루겠다"고 선언한 후 대선공약으로 내세웠다. 그러나 그가 주장하는 연방제의 모습은 아직 제대로 제시된 적이 없어 궁금증과 불안감을 더하고 있다.

일찍이 정치학자 양동안 교수는 우리나라 정치체제에 대해 장기예측을 한 적이 있다. "처음에는 좌익세력과 제휴한 세력의 정권이 들어서고, 그 다음에는 좌익세력이 주도하는 연합세력의 정권이 들어서고, 궁극적으로는 완전한 공산정권이 들어설 것이다." 좌익과 제휴한 정권이란 김영삼 정부이고, 좌익이 주도하는 연합세력 정권이란 김대중·노무현 정권을 뜻할 것이다. 궁극적으로 들어설 완전한 공산정권이란 아마도 문재인 정부나 그 후 닥칠 상황으로 지목된다(조우석, 2019).

현재 남북은 둘이 하나 되기 직전의 국면까지 왔다. '우리민족끼리'의 반외세주의로 이미 하나가 된 변형된 좌파 민족주의자 문재인과 평양의 김정은이 이미 수차례의 회합을 평양과 판문점에서 가졌지만, 이들은 남북관계 대전환을 정치 이상의 최종목표로 삼고 있다.

통일이란 대통령 한 사람이 마음대로 할 수 있는 일이 결코 아니다. 국민 절대 다수가 동의해야 하고 초당적 합의가 있어야 한다.

북한의 고려연방제 통일 방안은 남북 간 사상과 제도를 상호인정하면서 두 지역 정부가 동등하게 참가하는 '1민족 1국가 2체제 2지역 정부' 방식의 연방국가를 구성하며, 제도적 통일은 후대로 미루기로 하고 있다. 즉 남과 북이 '고려민주주의인민공화국'이라는 국호 아래 대외적으로 중립국가를 표방하고, 남북 동수로 구성되는 최고민족연방회의(통일의회)와 남북의 지역정부를 관할하고 정치, 외교, 군사 등 연방국가 업무를 담당하는 통일내각을 둔다는 것이다.

더구나 북한은 연방제 통일방안을 제시하면서 여러 가지 까다로운 전제조건을 제시하고 있다. 즉 남한의 '민주정부(북한에 우호적인 정권)' 수립, 국가보안법 폐지, 폭압통치기구(국정원, 기무사, 경찰 보안수사대 등 안보수사기관) 해체, 북한과 미국 간 평화협정 체결, 주한미군 철수, 모든 정당 및 사회단체 인사들의 자유로운 정치활동 보장(공산당 합법화) 등을 내세웠다. 이 같은 전제조건에는 결국 북한이 주한미군을 철수시킨 후 한국사회를 분열과 혼란으로 몰아넣어 한국의 체제를 전복시키려는 의도가 내포되어 있다고 본다. 따라서 연방제는 대남적화 전략의 일환이라 볼 수 있다.

황장엽 전 북한 노동당 비서는 2006년 한 인터뷰에서 북한의 적화통일 전략과 관련하여 "북한은 무력에 의한 남친 공격보다는 친북반미세력 육성을 통한 남북연방정권 수립을 목표로 하고 있다"고 밝힌 바 있다. 한편 태영호 공사는 2017년 2월 「월간 조선」과의 인터뷰에서 "연방제 통일이라고 하는데, 그건 남한 국론을 분열시키기 위한 기만술입니다. 통일을 한 번에 할 수 없으니 단계적으로 가자. 통일 정부를 만들어서 외교, 안보를 담당하게 하고, 남과 북 사이에 차이점이 없어지면 통일로 간다? 이것은 완전히 기만입니다. 북한 사람치고 그걸 믿는 사람은 한 명도 없습니다"고 말한 바 있다.

대법원은 지금까지 국가보안법 폐지, 주한미군 철수, 연방제 통일 선전선동 행위를 "자유민주적 기본질서를 위태롭게 하는 행위이며, 연방제는 반국가단체의 활동을 찬양, 선전하여 국가의 존립, 안전이나 자유민주적 기본질서를 위태롭게 한다"는 판례를 유지해왔다.

이와 관련, 유동열 자유민주연구원 원장은 2018년 6월 13일 「미래한국」과의 대담에서 이렇게 말했다. "낮은 단계 연방제에는 함정이 있다. 남북이 낮은 단계 연방제로 통일하게 되면, 남북이 하나의 국가를 형성하는 것이기 때문에 먼저 남한에 있는 외국군(미군)의 철수 문제가 자연스럽게 제기되어 미군이 철수해야 한다. 공산당의 활동을 합법화시켜야 하고 북한 자치정부를 고무, 찬양 등의 이적행위를 처벌하는 국가보안법도 폐지되어야 한다. 결국 낮은 단계 연방제로 느슨한 통일을 한 다음, 우리 내부의 체제 보위 장치를 하나 둘씩 해체하여 우리 내부의 군사적 공백과 사회혼란을 조성한 후 남한 내부혁명을 성사시키거나, 북한 자치정부에 의한 남침전쟁으로 공산화 통일을 성사시키려는 의도이다." 요컨대 '낮은 단계 연방제'는 북한의 기만적인 적화통일에 불과하다는 것이다.

교류와 협력을 확대해 나간다고 해서 통일이 되는 것이 아니다. 왜냐하면 진보진영의 통일론에는 물과 기름처럼 너무나 이질적인 남북체제를 어떻게 통합할 것인지에 대한 명확한 해답이 없기 때문이다. 한국의 자유민주주의와 북한의 수령절대주의를 절충할 수 있는 제3의 국가체제란 있을 수 없다.

문재인 대통령은 폭스뉴스와의 인터뷰에서 인위적 통일도, 흡수통일도 안 한다고 하면서 (한반도) 평화가 굳어지면 어느 순간엔가 통일도 하늘에서 떨어지듯 자연스럽게 찾아오게 될 것이라고 말한 적이 있다. 적지 않은 사람들이 연방제든 국가연합이든 통일만 되면 좋다고 생각한다. 통일을 만병통치약처럼 여긴다. 그러나 통일이 밝은 미래를 보장할 수 있으려면 자유, 민주, 인권이 보장되어야 한다. 한 마디로 대한민국 주도의 통일만이 우리에게 밝은 미래를 보장한다는 것이다. 우리 체제가 우월하다는 것이 입증되었는데, 왜 전체주의 국가로 흡수통일이 되어야 하는가! 우리는 자유민주적 기본질서에 입각한 통일을 추구해야 한다.

문 대통령이 2019년 4월 야당과 여론의 반대를 무릅쓰고 김연철을 문재인 정권의 2대 통일부 장관으로 임명하면서, 문 대통령이 어떤 대북정책과 통일정책을 펴려는 것인지 궁금증이 커지고 있다. 한국과 북한은 같은 민족이라는 것을 제외하고는 모든 것이 너무도 다르다. 북한은 유례없는 병영국가이고, 모든 주민은 통제받고 감시받는 노예국가이다. '평화경제'는 구호처럼 쉽게 이뤄질 사안이 아니다. 북쪽 노동자들이 몰려 내려와 우리 사회의 일짜리를 차지하면 남쪽의 저임금 노동자들은 어떻게 될까? 평양의 주체사상탑과 전국적으로 수만 개에 이르는 김일성과 김정일 동상은 존속되어야 하는 것일까?

문재인 정권의 공약과 정책들을 관찰해보면 '불변의 방향성'과 '무서운 일관성'을 발견할 수 있다. 모든 것이 평양을 향하고 있음을 발견할 수 있다. 출범초기부터 헌법에서 '자유'를 삭제하려 했고, 토지공개념을 포함하는 개헌을 시도했고, 1948년 대한민국 건국을 부정하는 방향으로의 근대사를 재정의하고 있으며, 대기업들에게 칼날을 들이대면서 반시장, 반기업 친노동 정책을 쏟아냈다. 좌파적 수정주의 노선을 고집하면서 동맹을 흔들고, 한일관계를 최악으로 몰고갔고, 동맹의 핵심고리인 전작권-연합사 해체를 허물기 위해 국방부를 재촉하고 있다.

북한에게 있어 남조선 혁명과 적화통일이라는 목표 달성의 최대 장애물은 한미동맹이다. 문 정권이 추진하는 동맹 약화와 전작권의 조기전환 및 현 연합사 체제의 해체는 북한의 숙원사업이다. 한국을 한미일 안보공조 체제로부터 떼어내는 것도 동맹해체를 바라는 북한의 숙원사업이며, 미국의 인도-태평양

전략을 무력화시키는 것은 중국의 간절한 바램이다. 문정권이 그 길을 가고 있다(김태우-신원식, 2019).

북한은 지금의 정전협정을 평화협정으로 바꾸고 남북연방제를 도입하자고 주장한다. 종북좌파는 이를 연방제 통일을 위한 선제적 장치라면서 열광할지 모르나, 합의과정을 거치지 않는 반북-반공폐기론은 최악의 경우 내란으로 폭발할 수도 있다(조우석, 2019).

무조건 통일이 아니라 모두에게 자유와 행복을 보장할 수 있는 통일이어야 한다. 통일은 역사적 대업이기 때문에 결코 진보세력만의 노력이나 우리 민족끼리 타협으로 해결될 일이 아니다. 국민통합 없이 통일 없고, 배타적 민족주의에 갇힌 외교적 무능하에서도 통일은 불가능하다(김충남, 2019).

5. 울분사회, 대한민국 : 이대로 지속 가능한가?

'울분사회', 대한민국을 설명하는 새로운 수식어다. 한국인의 43.5%가 만성적인 울분상태이며 심한 울분을 기준으로 하면 독일의 4배 수준이라고 한다. 전국적인 울분은 10월 3, 9, 25일에 광화문 집회로 표출되었다.

「조선일보」는 12월 19일에 열린 100년 포럼에서 한국인의 사회심리적 특성을 다음과 같이 요약했다. "한 국가의 운명을 사람 일생에 비유하자면, 한국 사회는 지금 격한 '사춘기'를 보내는 중"이며, "계층, 세대 간 반목, 헬 조선 논란, 사회 전반에 만연한 분노 등 지금의 혼란과 갈등을 어떻게 넘기느냐에 앞으로 청, 장년이 될 한국사회의 미래가 달려 있다"(허태균, 2019).

울분은 분노와 다르다. 울분은 분노에 무력감이 결합된 복합적인 감정이다. 분노는 때로 거대한 사회적 변화를 일으키기도 한다. 노태우 정권에서의 6.29 선언을 불러왔고 최순실 국정농단은 2016년 겨울에 촛불민심으로 표출되었다. 문재인 대통령은 "아무도 경험하지 못했던 새로운 나라"를 약속하였으나, 정치, 경제, 안보, 외교 모든 분야는 과거 어느 정권 보다 악화되었다.

20대 우울증이 올해 12만 5,000명이 넘었다고 한다. 20대 조울증 환자도 1만 7763명으로 늘어났다. 조울증은 우울한 기분이 생활에 지장을 줄 정도로 자주 생기는 우울증과 기분이 들뜬 상태인 조증이 번갈아 나타나는 증상이다. 전문가들은 심각한 청년실업과 이성 문제 고민, 가족 갈등으로 마음의 병이 생긴 청년층이 급증했다고 분석하고 있다(조선일보, 2019. 11.29).

배제와 분열의 대상이 된 반쪽 국민은 무력감과 신경증을 호소하며 복수심을 키우고 있다. 책임지는 정부는 반응하는 정부다. 문 정권은 자신을 찍지 않은 60%의 국민의 요구에 무반응으로 일관하고 있다.

지난 9월 발표한 한겨레경제사회연구원의 조사에 의하면, '정치·경제·사회·환경 등 종합적으로 판단했을 때 우리 사회의 지속 가능성'을 질문했을 때, 낙관적으로 응답한 사람은 21.7%, 비관적으로 응답한 사람은 42.1%였다. 특히 20대는 60대와 함께 앞날을 가장 비관적으로 응답했다. "열심히 노력해도 별로 달라지지 않을 것 같아 답답하고 불안하다. 미래가 불안하다보니 결혼할 엄두도 내지 못한다." 20대 여성 대다수가 무력감으로 울분에 찬 사회, 미래를 비관하는 사회가 지속할 수 있을까?

나는 이 모든 게 좌파정부의 잘못된 정치철학과 잘못된 정책으로 인해 생겨난 현상이라고 본다. 사회주의 정권에서나 채택할 정책, 이미 역사적으로 성공한 적이 없는 정책을 고집스럽게 추진한 결과다.

북조선(북한)은 하향평등 신분사회이다. 저들은 자유민주주의처럼 개인의 자유를 중시하지 않는다. 북한 헌법은 '하나는 전체를 위하여, 전체는 하나를 위하여'라고 정의함으로 전체는 오직 수령만을 우상숭배하는 전체주의국가를 지향하고 있다. 주체사상은 수령제일주의를 기본이념으로 내 세우는 사이비종교다. 개인은 그저 독재자와 공산주의 일당을 위한 도구에 불과하다.

자유민주주의는 국민주권론을 대의제 민주주의를 통해 제도화시킴으로써 개인들은 '자유 속에 평등'을 누릴 수 있게 된다. 전체주의체제 하에서 개인의 자유는 소멸되고 만다. 김씨 가문의 지배를 받는 북한사람들에게는 김일성을 우상화할 자유만 있을 뿐이다. 북한 사람들은 김정은을 빼고 모두 평등하다. 그러나 그것은 '노예 속의 평등'일 뿐이다.

마르크스나 레닌이 종교를 "인민의 아편"으로, 그리고 자신들의 무신론을 "전투적 무신론"으로 규정해 놓았기 때문에, 오늘에 이르기까지 공산주의 핵심분자들은 이 기본입장을 추호도 포기하지 않고 있는 것이다. 따라서 기독교 지도자들은 사상적으로나 신앙적으로 보수우파의 입장에 서서 반공, 반사회주의 운동에 앞장섰던 것이다(이상헌, 2017).

북한은 노동당 규약에서 남한적화를 명시해두고 있는 '혁명적 전체주의 체제'이다. 지금도 북한 정권이 설정한 전략적 목표는 한반도의 적화통일이며, 이를 달성하기 위한 기본방침으로 북한 전역을 전쟁기지화하고, 대한민국을 극도로 약체화하며, 국제혁명역량을 조성해 대화적 지지기반을 확보한다는 것을 설정해놓고 있다(이항구, 1985).

남과 북의 갈등은 종교적인 갈등이라고 해도 과언이 아니다. 주사파에게 사회주의와 주체사상은 사실상 양보할 수 없는 종교적 신념이다. 주체사상은 인본주의를 기본가치로 하는 사이비종교다. 김일성 수령 숭배 외에 다른 종교를 허용하지 않는다. 대한민국의 미래는 '자유인'으로 사느냐 '노예'로 사느냐 둘 중의 하나가 있을 뿐이다. 북한은 수령 우상화에 반대하는 사람은 정치범수용소로 보내진다. 그 인권의 참상은 필설로 표현하기가 어렵다. 그래서 강철서신의 저자 김영환도 김일성을 직접 만나본 후에 자유민주주의 체제로 전향한 것이 아닌가! 신앙의 자유가 허용되지 않는 북조선과 같은 생지옥을 우리 후손에게 물려줄 수는 없다.

2019년 대한민국에선 공감과 연민은커녕 생각이 다른 이들을 난폭한 말로 서로 난자했다. 존재의 의미를 탐색해야 할 언어가 흉기가 되어 서로를 베었다. 하늘을 찌른 진영간 적대와 증오 앞에서 사람을 사람답게 만드는 마음자리가 초토화되었다. 진영논리가 비판적 사유와 사상력을 질식시켰다. 오직 '우리

편' 여부만 따지는 세태 속에서 정치는 전쟁으로 타락하고 정의는 허공에 흩어졌다. 자기성찰과 공감 능력이 사라진 곳에 인간다운 멈칫과 부끄러움이 남아날 리 없다. 만인의 만인에 대한 투쟁으로 한국사회는 벌거벗은 동물의 세계로 추락했다. 말 그대로 헬조선이 되었다(윤평중, 2019).

'종교가 된 정치' 구도에서 "국민의 절대 다수는 그런 '정치 종교'를 외면하거나 혐오하는 무신론자"다. 더불어 민주당도 아니고 자유한국당도 지지하지 않는 무당파가 늘어나고 있다. 온·오프라인을 망라하며 이뤄지는 '정치 부흥회' 혹은 "'정치 종교'의 주역은 유튜브에서 활동하고 있는 소수의 사제(司祭)들과 열성 신도들"('정치를 종교로 만든 사람들' 중)이다. 주체사상은 이를 따르는 주사파에게 하나의 종교요 신앙이다. 우리는 크고 작은 선택을 요구받고 있다.

2019년 충청남도 지도자 1,248인은 정부여당의 잘못된 정책으로 대한민국의 안보·외교·경제·인권 민주주의가 후퇴하고 있는 절박한 현실에서…청와대와 여당에게 직언을 하고자 한다며, "우리나라 헌법 제1조는 '대한민국의 주권은 국민에게 있고, 모든 권력은 국민으로부터 나온다'고 선언하고 있다. 그런데 왜 정부여당은 주권자인 국민이 원치 않는 안보, 외교, 경제, 인권정책을 강행하는 것인지 묻지 않을 수 없다. 그러면서 중국이나 북한의 말 한마디에 절절 매는 것을 보면, 중국과 북한이 대한민국의 주권자인지 의아해하지 않을 수

• 조국의 별명 중 하나가 '단톡방 브레이커'다. 조국 사태 이후 친구, 지인, 동창회 단톡방에서 쌈박질이 일어났고, 입장이 다른 사람은 나가기 버튼을 눌렀다. 심지어 가족 단톡방에서도 그런 일이 있었다고 한다.

없게 된다. 부디 국민의 목소리에 귀를 기울이는 소통하는 정부가 되어 주십시오"라고 호소하고 있다.

"차별금지법을 만들어야 한다고 주장해 온 조국 법무부장관은 청문회에서 사회주의를 지지한다고 밝혀 충격을 주었다. 대한민국 헌법의 자유민주주의 체제와 자유시장 경제를 흔들지 말아주십시오. 표현과 양심의 자유를 억압하는 포괄적 차별금지법 제정시도를 중단해 주십시오. 대통령께서는 조국 법무장관직을 그만두게 한 후, 수사를 받는 데에 전념하게 해주실 것을 요청드립니다. 동성애를 옹호해온 서울대 인권 교수 3인방의 민낯에 얼굴이 뜨거워질 정도입니다."

사이버 공간은 행동주의로 무장한 이들의 놀이터가 됐다. 강준만 전북대 신문방송학과 교수는 저서 〈정치를 종교로 만든 사람들〉에서 "댓글 세계는 '종교전쟁의 공간'"이라고 일갈했다. 이어 그는 "정치 신도들은 끼리끼리 모인다. 조금 다른 견해가 등장하면 '댓글 알바'라고 공격하면서 유일신앙의 존엄을 재확인한다"고 썼다. 이와 같은 구도에서는 열혈 지지층에 터를 잡은 진영논리가 시간과 비례해 강도를 키워갈 수밖에 없다.

문재인 정부 들어 이와 같은 양상은 더욱 짙어졌다. 정치원로인 윤여준 전 환경부 장관은 "과거에도 진영논리가 종종 심할 때가 있었지만 문재인 정부 들어서서 만큼 심하지는 않았다"고 말했다. 윤 전 장관은 그러면서 '적폐청산 vs 반(反)적폐청산' 구도가 문재인 정부 들어 정치와 지지층의 양극화를 불러온 이유라고 분석했다.

"과거 오랫동안 집권해온 세력 입장에서는 정부가 자신들을 청산 대상으로 여긴다고 봤을 테니 완강히 저항할 수밖에 없다. 이 정부가 남북관계 진전을 상당히 급속도로 진행시키니 그에 대한 불안감을 가지고 있던 세력이기도 하고. 그러나 촛불의 위력에 눌려 얼마간 숨도 크게 못 쉬고 있었다. 그런데 문재인 정부의 정책적 무능이 드러나니 국민의 기대가 많이 식었다. 숨죽이며 분위기를 살피던 세력이 반격을 시작했다. 복합적 이유로 완강히 저항하니까 (정치

가) 딱 양쪽으로 갈라진 것이다.

한 서울대 명예교수는 '문재인 정권 1년 평가'에 대해 묻자 이렇게 대답했다.

"문재인이 대통령이 된 것은 단순히 보수정권에서 좌파정권으로 바뀐 것, 즉 '정권교체'가 이뤄졌다고 보는 사람들이 많습니다만 전혀 그렇지 않습니다. 사실은 지금 한국에서 일어나고 있는 것은 '체제전환'인 것입니다."

주사파, 즉 주체사상파로 대변되는 사회주의 계획경제 세계관과 자유민주주의 시장경제를 대변하는 기독교적 세계관이 충돌하고 있다고 해도 과언이 아니다.

어느 민족 누구 게나 결단할 때 있나니
참과 거짓 싸울 때에 어느 편에 설 건가
악이 비록 성하여도 진리 더욱 강하다
주가 주신 새 목표가 우리 앞에 보이니
빛과 어둠 사이에서 선택하며 살리라

좌파 주사파 추종자들에게 가장 중요한 가치는 무엇인가? "최우선 가치는 평등이며, 그 밖의 가치들은 모두 하위개념이다." 자유, 신앙과 예배의 자유를 우리는 주사파 세력에 양보할 수 없다. 자유는 너무나 소중한 가치다. 오죽하면 자유 아니면 죽음을 달라고 하겠는가!

'사랑의 언어' 중 하나는 한 편이 되는 것(being on the same side)이다. 남편과 아내가 한편이 되는 것은 가정의 화목에 있어 매우 중요하다. 마찬가지로 국가의 통합을 위해서는 국민이 한 편이 되는 게 중요하다. 문재인 대통령은 취임당시 "나는 국민 모두의 대통령이 되겠다"고 공언하였었다. 국민은 부적격자 조국을 법무장관에 임명한 것 때문에, 거짓과 진실 사이에 선택을 강요당하고 있다.

2019년 9월 28일에는 서초동 검찰청 앞에서 "조국 수호" 집회가 열렸고, 10월 3일에는 광화문에서 "조국 사퇴" 집회가 열렸다. 주사파 사회주의 정권을 지지하는 '5만 명'과 자유민주주의를 선호하는 '300만 명'이 대조를 이루었다. 우리나라는 자유민주주의 국가이다. 대한민국 대통령은 민주주의 원칙에 따라

다수의 음성에 귀를 기울여야 한다.

좌파든, 우파든 인간에게 궁극적 가치는 무엇인가? 자유와 행복과 재미라고 한다. 보고들을 수 있는 자유, 생각하고 감정을 느낄 수 있는 자유, 생각과 감정, 소원을 표현할 수 있는 자유 등이다. 자신의 책임 하에 선택할 수 있는 경제적 자유, 자신의 의견을 두려움 없이 말하고 쓸 수 있는 표현의 자유, 자신이 원하는 존재를 믿을 수 있는 신앙의 자유, 자신이 원하는 지도자를 선택할 수 있는 정치적 자유, 적법 절차에 의하지 않고는 신체가 구속되지 않을 자유 등은 우리가 창조주로부터 물려받은 기본적 자유다. 우리에게는 행복과 자유, 인권을 추구할 권리와 자유가 있다.

평등과 자유는 자주 충돌한다. 특히 결과의 평등과 자유는 절대로 함께 할 수 없다. 평등을 위한 정책들은 '평등을 위한 계획'이라고 명명할 수 있다. 일단 어떤 사회에서 평등을 위한 정부의 개입, 즉 평등을 위한 계획이 광범위하게 확장되기 시작하면 이는 자유의 상실로 이어진다. 평등을 구현하려면 누군가 혹은 어떤 그룹의 자유를 빼앗아야 하기 때문이다. 평등을 위한 계획이 실행되고 있다는 것은 한 사회의 대다수 구성원이 노예로 가는 길에 들어서 있음을 뜻한다. 좌파적 사고방식의 여러 특징 중에서 주목해야 할 점은 자유를 절대적 가치가 아니라 수단이나 도구로 이해한다는 점이다(공병호, 2018).

북한에 없는 것은 무엇인가? 사상의 자유도, 표현의 자유도, 하나님을 예배할 자유도 없다. 사회주의, 인민민주주의가 자유와 행복을 누리게 하는 지상천국이라면 왜 오늘도 그렇게 많은 사람들이 목숨을 걸고 탈북을 시도하고 자유대한민국으로 귀순해오고 있는가?

저들의 주장대로 북조선이 지상천국이라면, 왜 30,000명 이상이 목숨을 걸고 탈북을 감행했겠는가? 왜 고영환 외교관과 이애란 박사, 유혜란 박사, 강명도 교수, 정성산 감독, 태영호 공사가 죽음을 무릎 쓰고 자유대한을 찾아 귀순하였겠는가! 무슨 일이 있어도 우리는 자유민주주의와 시장경제를 지켜내야 하며 사회주의로의 적화통일을 허용해서는 안 된다.

6. 역사의 시간은 기다리지 않는다

우리 모두가 존경하는 연세대 명예교수 김형석(2019) 박사는 현 정세를 평가하며 다음과 같이 쓰고 있다.

박근혜 정부 말기에 듣던 국민들의 하소연이 되살아나고 있다. "어쩌다가 이런 세상에 살게 되었는지 모르겠다"는 걱정이다. 문재인 정권이 들어서면서 가졌던 기대와 희망이 수포로 돌아갔다는 실망감이다. 조국 장관 임명과 사퇴 과정을 겪으면서 그 실망감이 더 증폭되는 상황이다.

대통령의 취임사를 기억하는 국민들은 우리가 계승해온 민주주의 정책을 통해 나라다운 나라를 되찾아 줄 것을 믿고 지지했다. 그런데 2년여가 지난 지금은 대통령의 약속과 정치방향을 그대로 믿는 사람을 찾아보기 힘들다....지금의 청와대는 친문세력을 중심 삼는 이념정권으로 구성됐다. 민주주의는 국민을 위한 정부이지 국민을 통치하기 위한 정권이 아니다. 세계사 위치에서 보았을 때 국민을 위한 민주정치는 역사를 건설했으나 국민을 통치한 정권은 유지되지도 못했고 역사를 역행한 결과를 초래했다. 독재정권이 그러했고 이념 정권인 공산주의도 예외는 아니다. 민주주의의 뿌리에서 자란 자유민주주의와 사회민주주의가 세계 역사를 이끌어 가고 있다. 민주주의의 목표는 국민들이 원하고 선택하는 선한 가치 구현을 위한 윤리질서에 있다. 우리가 386세대 일부 운동권 출신을 걱정한 것은 19세기 후반기의 뒤쳐진 정치 경제이념을 과연 극복할 수 있을까 함이었다.

사회나 국가적으로 보았을 때 정치, 경제, 문화는 세 축을 이루고 있다. 사회의 지도층을 형성하는 인물들도 세 분야의 정신적 역할을 담당하는 사람들이다. 건전한 상식을 갖춘 지성인들이 대중을 대신하고, 그 수가 많아지면 지도층을 대변하는 책임을 담당하게 된다. 상식이 통하는 사회란 말이 바로 그런 뜻이다. 건설적인 상식이 국론을 대변하게 된다.

우리 사회 현실을 어떠한가? 지난 주간에는 한 원로 좌파 정치학자가 우리 정권과 정부를 '운동권 민주주의'라고 정의했다. 8, 90년대 운동권 학생들이 현재 '운동권 정부'를 구성하고 있기 때문이다.

민주주의 또는 민주적 정치, 경제의 방향과 과제는 엄연히 존재한다. 반(反)민주주의를 주장하는 사람은 없다. 있다면 그것은 인류의 역사를 역행하는 사회악이 된다. 민주정치의 제1조건은 국민을 위한 정부이며, 그 정권은 국민의 뜻에 따라 운영되는 정도를 걸어야 한다. 그런데 우리 정부는 운동권 출신이 주체가 되고 국민은 그 정책에 추종하든지 아니면 반대해야 하는 전제조건 밑에 놓였다. 대통령은 취임당시 국민과의 약속을 버리고 운동권 중심의 정책을 감행했기 때문이다. 지난 2년 반 동안의 정책 방향이 바뀌지 않고 장기화되면 또 다른 적폐가 되고 그 적폐가 병폐로 남게 될까를 걱정한다.

경제문제도 그렇다. 그들 중에는 재벌해체를 주장하는가 하면 자본주의에 대한 적개심 때문에 기업인들을 적대시했다. 그 대신 우군으로 삼은 세력이 노동조합이다. 투쟁해서 승리하면 그것이 정의가 된다는 가치관을 견지해 온 사람들이다. 현 정부는 법을 먼저 만들어놓고 권력으로 그 법을 추진시키고 있다. 주 52시간 근무법도 그렇고, 정규직 강요도 같은 성격이다. 그런 방법은 근로자나 평등사회를 위하는 순리적인 절차가 아니다.

가장 시급한 문제는 경제다. 지난 몇 해 동안에 경제는 정체와 후퇴를 면치 못하고 있다. 현재의 정치 무대는 법조계 출신과 운동권 계통의 사람들이 주축을 이루고 있다. 이들은 국제 감각에 뒤지고 있다. 선진국 이디에 가든지 현 정부만큼 정부가 교육과 경제를 규제하는 곳은 없다.

지금과 같은 교육정책으로는 인문학까지 위축될 가능성이 있다. 우리는 성공한 선진국의 선례를 따르면 된다. 교육과 문화를 위해서는 자유가 보장되는 선의의 경쟁이 필수적이다. 세계 역사의 흐름 속에서 선택과 노력의 책임을 소홀히 해서는 안 된다.

전교조의 주장이 백년대계를 위한 인간 교육의 전부가 못된다. 대학교육의 통제는 100년 후의 민족적 희망을 병들게 할 뿐이다. 정의만 있고 사랑의 질서가 배제되면 사회는 중병에 빠지게 된다. 우리가 적폐청산의 결과를 우려하는 이유이다. 정부와 국민이 올바른 선택을 해야 할 시점이다. 지금은 우리가 택하고 있는 자유민주주의를 육성하는 선택이 바람직스럽다(김형석, 2019).

386세대 정치인이야말로 우리시대의 사이비교주이며 탐욕가능한 제사장이다. 문재인 정부의 경제와 복지정책은 한국사회의 상위 10%에 소득과 고용안정, 복지혜택을 집중하는 것으로 귀결됐다. 공무원과 공기업, 민주노총으로 대표되는 대기업노동자가 최대수혜자가 돼 한국사회의 새로운 '양반층'을 구성했다. 저들의 의도와 상관없이 새로운 신분사회를 만들어내고 있다(신동아, 2019. 12).

문재인 정권의 국민과 소통

문재인 정부가 국민과의 소통을 강조하고 있지만 정부가 실제로 국민의견에 귀를 기울인다고 생각하는 사람은 5명 중 1명에 불과한 것으로 나타났다.

대한민국 정책평가 설문에 참여한 일반인 응답자 2,000명 중 '정부가 나의 의견에 귀 기울인다고 생각하는지 묻는 질문에 19.5%만이 그렇다고 대답했다. 정부가 시민의견에 귀 기울이지 않는다고 응답한 사람은 80.5%나 되었다(동아일보, 2019. 12.13).

대통령은 '사람'이 먼저라는 슬로건을 내걸었다. 그는 취임사에서 자기에게 투표하지 않은 국민들에게도 귀를 기울이겠다고 했다. 그러나 지난 2년 반 동안 그는 자기 편 사람들의 의견에만 귀를 기울이고 그의 정책에 반대하는 대다수 국민들의 아우성을 묵살하고 있다. 결국 그가 말하는 '사람'은 자기 편 사람, 좌파, 주사파, 전교조, 민노총, 동성애 정책을 지지하는 사람들을 의미하는 것이다.

대한민국은 우리의 조국이다. 그러나 문재인 대통령이 만들고 있는 '한 번도 가보지 않은 나라'는 우리가 바라고 원하는 나라가 아니다. 대통령은 다수의 국민이 원하는 것, 즉 민심에 귀를 기울여야 한다. 우리의 선택과 노력이 후대의 행복과 번영을 이끌어 낼 수 있기 때문이다.

강물은 끊임없이 흐르는 법이다. 우리의 잘못으로 정체나 단절을 초래해서는 안 된다. 정부가 선택한 것은 5년으로 끝날 수 있으나 국민이 선택하는 것은 반세기 동안 지속하게 된다(김형석, 2019).

7. 선택해야 할 시간이 다가오고 있다

마땅히 항의해야 할 때 침묵함으로 죄를 짓는 것은 사람을 비겁한 겁쟁이로 만들 뿐이다. Abraham Lincoln.

조국 사태로 인해 국민들은 "조국 수호," "조국 반대, 조국 퇴진" 사이에서 선택을 강요당하고 있다. 좌파, 우파가 갈라서고 있다. 자유를 중심가치로 하는 자유민주주의 체제와 평등을 핵심가치로 하는 주사파 사회주의 체제 사이에서 우리는 선택해야 한다. 2년여 동안 우리는 우군-적군을 칼같이 구분하는 편 가르기 정권의 폭주를 목격해 왔다. 반대파엔 가혹하고, 자기편엔 한없이 관대한 정권이었다.

이제 온갖 논란을 불렀던 이 정권의 정체성에 대해 결론을 내릴 때가 됐다. 문 대통령은 조국의 대통령인가, 대한민국의 대통령인가. 국민 전체의 편인가, 친문-좌파 진영 편인가! 대통령은 내편이 아니다 싶으면, 가차 없이 잘라내고 그 자리에 자기편을 갖다 앉혔다. 청와대는 주사파 운동권이 장악했고, 참여연대와 민변, 민노총, 전교조 출신들이 온갖 자리를 꿰찼다. 정권의 편 가르기 통치술이 온 나라를 두 쪽으로 쪼갰다. 공공기관은 물론 공영방송과 각종 단체 심지어 태양광 이권까지 싹쓸이 하면서 그들만의 거대한 좌파 카르텔을 완성했다. 해도 해도 이렇게까지 '코드'와 '성분'을 따지는 정권은 없었다.

이 정권의 행태는 더 이상 국민의 대리인이라 부르기 어려운 지경을 치닫고 있다. 국익과 국가 미래가 아니라 진영과 정파 이익을 우선하는 국정이 2년 내내 펼쳐졌다. 이념편향 외교로 동맹을 흔들고 우방관계를 파탄 내 여기저기서 차이고 무시당하는 나라로 만들었다. 사회주의 가치관을 따라 오로지 노동만 중시하는 반기업·반시장 정책으로 일자리를 없애고 서민경제를 무너뜨렸으며 경제를 침체에 몰아넣었다. 2년여 동안 국격은 초라해 지고 국민살림살이는 더 힘들어졌다. 급기야 자기편을 구하려 정의와 공정마저 희생시키는 일까지 서슴치 않고 있다. 대한민국이 아니라 특정 정파의 정권, 국익이 아니라 진영 이익의 대변인임을 간파하게 되었다. 우리 국민은 진실과 거짓을 구분하지 못하는 개돼지가 아니다.

　문재인 대통령은 11월 11일 청와대 참모진 회의에서 "정부는 시작부터 무너진 나라를 다시 세워 국가를 정상화했고 정의 가치를 사회의 전 영역으로 확산시켜 나가고 있다. 한반도 정세의 기적 같은 변화를 만들어 냈다"고 말했다. 대통령은 지난 11월에는 「국민과의 대화」에서 "남북관계 현황에 굉장히 보람을 느낀다. 부동산 문제는 자신이 있다고 장담한다. 소득주도 성장 정책의 효과가 분명하게 나타나고 있다"고 현실과 괴리가 있는 말을 하였다. 자화자찬이 도를 넘었다. "정의를 확산시켰다"고 하는데, 국민들은 "기회와 과정은 조국스럽고, 결과는 문재인스럽다"고 비웃고 있다.

　정부의 재정수지 적자는 올해 들어 이미 57조원까지 늘어나 통계 작성 이후 최악을 기록했다. 정부 씀씀이는 작년보다 11% 이상 늘어났다. 일자리 창출에도, 청년들에게도 무상복지로 "묻지마 세금살포"를 자행하고 있다.

　청와대와 여당은 경제가 침체로 빠져드는데, "경제가 올바른 방향으로 가고 있다"고 하고, 좋은 일자리가 사라지는데 "고용의 양과 질이 개선됐다"고 우긴다. 대다수 국민은 "이게 나라냐?"고 탄식하는데, 민주당은 "나라다운 나라, 정의로운 대한민국을 만들었다"고 논평하고 있다. 어디서도 제대로 된 반성 한마디 없고 개선의 기미는 보이지 않는다.

　오죽하면 김경율 전 참여연대 공동집행위원장이 '내부고발자'가 돼 "청와대 사람들은 모럴이 없다. 집권 386 다 퇴장해야 한다. 퇴장한 이들은 바로 권력화된 386운동권 세대다"라고 주장했겠는가!

주사파 정권은 서서히 우리나라를 사회주의 국가로 몰아가고 있다. 자유민주주의에 익숙해 있는 국민은 이것을 온몸으로 저항하고 있다. 자유민주 국민은 누구인가? 10월 3일, 9일, 25-26일, 11월 9일에 도심 광장을 꽉 메웠던 민심대폭발의 주인공들이 바로 그들이다. 한 달 사이에 네 번씩이나 수백만 국민이 거리로 뛰쳐나와 비폭력 불복종 운동을 일으켰다. 누가 좋아하든 싫어하든 수백만 국민이 문재인 정권을 반대해 도심 광장에 일시에 쏟아져 나온 것만은 아무도 부인 못할 객관적 팩트다. 오늘도 청와대 앞에선 "문재인 퇴진 철야기도회"가 이어지고 있다.

우리는 인간다운 삶과 행복의 추구, 신앙의 자유를 지키기 위해서도 자유민주주의를 사수하고 지켜내야 한다. 이 나라는 사이코패스 (psychopath) 조국 일가족을 지키기 위해 존재하지 않는다. 전에 TV조선에서 「시사탱크」를 진행하던 미래전략가 장성민(2019)은 자신이 「자유 시장 안보가 무너지다」라는 책을 기필코 출간하겠다는 결심은 "자유민주주의를 인민민주주의가 대체하여 오늘의 대한민국의 자유, 평등, 번영을 있게 한 3대 기둥이 무너지는 것만큼은 어떠한 경우에도 막아야겠다는 정치적 의지 때문이다"라고 하였다.

• 2018년 9월 이후 한국 대통령이 사라진 느낌이었다. 정치 9단 평론가들이 '청와대정부'라고 명명했지만, 실상은 '외부 그림자'가 문재인 정부를 조종하고 있다. 홍남기 부총리가 말한 "(자본주의적) 시장의 기대와 달랐던" 정책을 보완하라고 문재인 정부에 명령한 세력이 촛불 시민들에게 촛불을 비싼 값에 팔고 있다.

살인마 김일성과 세습 3대 괴수들을 수령으로 모셔 쫄망한 북한이나 에바 페론의 포퓰리즘에 빠졌던 백성들 때문에 망한 아르헨티나, 차베스의 포퓰리즘에 빠져 이를 국부로 여긴 백성들 때문에 쫄망한 베네수엘라의 사례를 알면서 뒤늦게 사회주의 통제(계획)경제를 추구하는 문재인 정권을 방관해야 하는가?

문재인 정권이 추구하는 반 기업, 친 노동, 혈세를 마구 뿌리는 '포퓰리즘'은 경제적 몰락을 몰고 온 유럽의 이탈리아와 그리스 및 남미 좌파국가 아르헨티나나 베네수엘라의 전철을 그대로 밟고 있음을, 왜 우리 국민들은 아직도 깜깜하게 모르고 살아가는 것인가?

지금 한반도에서는 신앙의 자유를 보장하는 자유민주체제와 김일성수령 제일주의만 허용하는 주체사상 사회주의체제 사이에 보이지 않는 싸움이 벌어지고 있다. 나라의 미래가 벼랑에 걸려있다. 우리는 나라가 주사파체제로 넘어가게 방치할 수는 없다. 헌법에서 자유를 삭제하는 것을 용납해서는 안 된다. 현 정권은 주사파 정권이다.

대통령을 비롯한 주사파들이 잘못된 정책을 과감히 수정하고 사회주의와 통제경제에서 정책노선을 자유민주주의와 시장경제 쪽으로 선회하지 않는다면, 우리에게 미래는 없다. 한미동맹은 유지되어야 한다. 자유민주주의와 전체주의는 절대로 조화되거나 병립할 수 없다. 북한은 인민을 폭압하는 전체주의 노예국가다. 북한을 억압과 폭정으로부터 해방시켜야지, 우리가 연방제로 북한에 흡수통일 되는 일이 있어서는 안 된다. 우리에게는 아직 선택의 자유가 남아 있다. 주사파들이 이 나라를 사회주의로 계속 이끌어간다면 우리는 이를 투표를 통해서 막아야 한다.

독재자 히틀러에게 죽음으로 맞섰던 Dietrich Bonhoeffer는 말했다. "만일 어떤 미친 자가 번화한 거리에서 인도로 차를 몰고 들어와 달린다면, 나는 목사로서 장례나 치르고 유족들을 위로나 하는 것으로 만족하지 못하겠다. 나는 그 미친 자에게 뛰어들어 핸들을 빼앗을 것이다. 미친 자에게 운전대를 맡길 수 없다."

8. 역사를 바로 알고 애국하자

　유대인들은 조상들이 겪은 역사를 모르고는 민족의식과 애국심이 생겨날 수 없다면서 역사교육을 매우 중시한다. 여성들도 기꺼이 병역의무를 자원할 정도로 애국심이 넘치는 것은 철저한 역사교육의 결과이다. 모든 국민은 "내가 군대에 나가 목숨을 걸고 싸우지 않으면 600만 유대인 학살과 같은 일이 다시 일어날 것이며, 내가 죽음으로써 나라를 지키면 유대민족이 살고 후손들이 평화와 안녕을 누리게 될 것으로 확신하기 때문에 이스라엘 군대는 필승의 군대가 되었다.
　절박한 안보여건에 처해 있는 나라라는 점에서 이스라엘은 한국과 비슷한 점이 많다. 북한과 같은 호전적인 적대국과 국경을 마주하고 있는 국민에게는 국가정체성과 체제이념에 대한 올바른 교육이 중요하다.
　1945년 8월 15일, 일본이 무조건 항복하면서 한반도는 해방되었다. 너도 나도 태극기를 들고 거리로 달려나와 만세를 불렀다. 그러나 역사의 비극은 끝나지 않았다. 38도선 경계로 남쪽은 미군이, 북쪽은 소련군이 점령하면서 분단되어 오늘에 이르고 있기 때문이다. 대한민국은 건국된 지 1년 정도 지난 시기에 소련과 중국의 지원을 받은 북한의 남침으로 200만 이상의 인명 피해를 내는 등 우리나라를 아비규환에 빠뜨렸다. 우리 조상들은 남녀노소 할 것 없이 자유를 지키기 위해 싸웠고, 미국을 비롯한 16개 우방국들의 군대도 달려와 함께 싸웠다. 우리는 전쟁의 잿더미 위에서 경제발전과 민주발전을 위해 밤낮을 가리지 않고 피와 땀을 흘리면서 러시아를 능가하는 경제력 세계 5-6위 수출대국으로 당당히 올라섰다. 이처럼 우리나라는 천지가 개벽됐다고 할 정도로 자랑스러운 나라가 됐지만, 2천500만 북한 주민들은 여전히 암흑 속에서 신음하고 있다. 풍부한 지하자원이 있음에도 불구하고, 지금 북한은 세계에서 가장 비참하고 불행한 나라로 전락했다.
　한국은 역사상 유례없는 자유와 번영을 구가하고 있지만, 주체사상으로 무장한 북한은 가장 실패한 사회주의 국가 중 하나로 전락하였다. 1970년대 초만 하더라도 한국과 비슷한 수준이던 북한의 1인당 소득은 사회주의 계획경제의 실패로 한국의 5%에 불과할 정도로 격차가 벌어졌다.

지금 국내외 정세는 구한말과 비슷하다고 걱정하는 사람들이 늘어나고 있다. 문재인 정권이 집권하면서, 안보, 외교, 경제, 등 모든 분야가 무너지고 있다. 자유민주주의 체제가 사회주의 국가로 넘어가는 것이 아닌가 대다수 국민이 불안해하는 상황이 되었다. 북한이 핵무기를 포기하고 개혁과 개방을 통해 정장국가로 바뀌어 경제발전을 이룩하고 그 연장선상에서 연방제 통일이 아니라 민주적 평화통일을 이룩하는 것이 민족의 역사적 비극을 끝내는 유일한 길이다.

좌파 역사학자들이 현대사를 객관적 시각이 아니라 저항적 민족주의 또는 국수주의 관점에서 기술하고 있다. 민족주의 관점에서 보면, 김구의 통일정부 수립 노력은 높이 평가하는 동시에 건국을 주도했던 이승만 박사의 노력은 폄훼할 수밖에 없는 것이다. 대다수 역사교과서는 대한민국 건국을 방해한 사람들을 영웅시하고 김일성과 북한정권에 대해 호의적인 해석이 적지 않은 반면, 대한민국 건국영웅인 이승만 대통령을 오히려 '분단의 원흉'으로 매도하고 있다.

역사의 흐름을 둘러싼 상반된 두 세력사이의 총칼 없는 전쟁이 벌어지고 있다. 좌파 세력은 김구와 박정희를 두 세력의 대표적 인물로 내세웠다. 두 사람

• 세계 유일의 분단국가인 대한민국에서 올바른 국가관과 역사관은 안보적인 측면에서 매우 중요한 핵심적인 역할을 하기 때문에 제대로 된 교과서를 통해 학생들에게 정확한 국가관과 역사관을 교육 시켜야 합니다.

은 한국 근현대사를 관통해 끊임없이 대립한 두 세력, 즉 '저항세력' 또는 '독립운동세력'과 '협력세력'(일본에 협력한 세력) 또는 '친일세력'을 대표한다고 주장한다. 저항·독립운동세력은 나라의 독립을 위해 싸우고 있지만, 친일·협력세력은 일제강점기에는 민족을 배반했고, 해방 후에는 살아남기 위해 일본 대신 미국에 절대적인 충성을 바치면서 통일보다는 분단을 지향해왔다고 주장한다.

좌파 역사관을 대표하는 학자 리영희는 "북한은 반민족적 친일파의 사상·인물을 청산한 반면, 남한은 청산은커녕 그 자들이 지배를 계속했다." 문 대통령의 멘토로 알려져 있는 백낙청은 '분단체제론'을 주장하면서 진보세력이 곧 민족세력이고 민주세력이며 또한 통일주도세력이라고 규정하는 동시에, 보수세력은 반민주세력이고 반민주세력이며 반통일세력이라고 매도한다. 문제는 문대인 대통령도 이 같은 역사인식을 하고 있다는 것이다.

친일인명사전을 만든 민족문제연구소에서는 「백년전쟁」이라는 영상을 통해 이승만 초대 대통령을 '악질 친일파,' 'A급 반역자,' 박정희 전 대통령은 미국의 꼭두각시이자 스네이크 박(Snake Park)이라고 비난했다. 공영방송 KBS는 지난 3월 "이승만은 미국의 괴뢰, 국립묘지에서 파내야 한다"는 좌파 학자 김용옥의 강의를 방송했다.

KBS 이사장을 지낸 이인호 서울대 교수는 이것을 객관성과 공정성을 위반한 '유해 식품'이라고 질타했다. "이승만과 박정희를 친일파 독재자, 미국의 꼭두각시로 못 박은 '백년전쟁'은 대한민국을 파괴하라는 공산진영의 주장을 그대로 반영하는 것이지 사실과는 거리가 멀다. 이승만은 1919년 임시정부 대통령으로, 1948년 대한민국 건국대통령으로 뽑힌 인물이다. 그가 친일파였다면 당시 독립운동 세력과 해방 이후 선거에서 이승만을 찍은 국민은 바보였을까. 당시를 살았던 앞 세대의 선택에 대한 존경심이 너무 없다. 박정희도 쿠데타로 집권해 절차적 정당성을 어긴 정파로 몰아붙이고 반이승만 세력은 애국자로 간주하는 의도가 문제다. 대한민국은 '태어나선 안 될 나라'라고 생각하는 사람들이 만든 영상 아닌가."

보수주의는 역사의 성공과 실패에서 교훈을 얻는다. 보수 우파는 역사를 중요시한다. 그 이유 중 하나는 애국심을 키우려는 목적이다. 성공한 나라의 역사는 후손이 자부심을 가질 만하다. 역사에 자부심을 갖게 되면 자연스럽게 나라 사랑으로 이어진다. 애국심이야 말로 국가공동체를 지탱하는 건강한 힘이 아닌가!(송희영, 2019).

보수 자유파는 이승만 대통령은 대한민국 건국의 아버지이고, 박정희 대통령은 한강의 기적을 만든 영웅이라고 생각한다. 자유파는 이승만이 없었다면 대한민국 건국 자체가 어려웠다고 생각한다. 자유파는 박정희가 이끈 한강의 기적이 우리나라의 오늘을 만들었고, 중국, 베트남, 아프리카 등 세계 여러 나라에 '하면 된다'는 희망과 방법을 알려주고 있다고 생각한다.

현 정권은 보수 세력을 '친일 → 독재편승 → 반북(북한 적대시) 냉전 → 산업화 기득권층'이라며 배척과 청산의 대상으로 인식한다. 임시정부 수립 100돌을 맞아 '특권과 반칙의 시대를 끝내야 한다'고 했다. 문재인 정권은 첫 2년을 적폐청산에 몰두했다면, 3차 연도부터 '역사전쟁'에 본격 나섰다. 더불어민주당 이해찬 대표도 '지난 100년은 일제강점기와 6.25전쟁, 남북분단 상황의 100년이었다. 올해부터 새로 시작되는 100년은 한반도 평화와 민족 통일의 역사를 새로 써나가야 한다'고 했다.

"정직하고 머리 좋은 사람은 절대로 좌파가 될 수 없다"(레이몬드 아롱). 분

• 연합군 총사령관 맥아더가 일본을 방문한 한국의 초대 대통령 이승만을 환영하는 행사를 하네다 공항에서 베풀었다. 이승만 대통령 일행은 맥아더가 보내준 전용기를 이용하여 일본에 도착했다. 1948년 10월 19일

별력이 있는 사람이라면, 절대로 김일성주의자가 될 수 없다(최광, 2019).

보수와 진보의 집단 시위는 한국의 분열상을 적나라하게 보여주고 있다. 국론통일과 남남통합 없이 남북관계 개선과 통일은 불가능하다. 지금 한국은 선진국으로 올라서고 평화통일의 시대로 나가느냐 아니면 3류 국가로 전락하여 북한과 외세에 끌려 다니는 나라가 될 것이냐는 중대한 갈림길에 서 있다.

주체사상은 보편타당성이 없는 사이비종교로 그 열매가 좋지 않다는 것이 드러나고 있다. 김정은은 선군정치를 주체사상의 핵심 가치로 채택하여, 대를 물리며 그 이론을 포기하지 않고, 이어가고 있지만 이미 그 생명력은 상실된 무의미한 사상이고 주체사상의 철학적 기반은 만든 황장엽이 탈북하여 남한으로 귀순하는 순간부터 이미 무너진 사상이다. 지금 김정은 통치하의 북한은 사상과 영성에 있어 공백상태에서 총대철학을 주장하며 선군사상에 의해 독재통치를 이어가고 있을 뿐이다(송원근, 2017).

좌파 주사파 지도자에서 여러 해 만에 전향한 구해우(2019)는 '나는 신 냉전 시대에서 중국으로 기우는 정책은 잘못됐다'고 말하면서, 현 정세를 다음과 같이 요약하였다:

"문 정권은 외교·안보에서 '난파선'처럼 됐다. 하지만 보수지도자도 별반 다를 게 없다. 사드나 중거리 미사일 배치, 주한 미군 주둔 비용 문제에 대해 '우리가 정권을 잡으면 어떻게 하겠다'는 분명한 입장과 전략을 밝힌 적이 없다...미국 쪽에 확실하게 섰을 때 새롭게 얻을 수 있는 것이 있다...북한은 4차 핵실험이 있은 2016년 '7차 당대회'에서 북한 주도 통일을 천명했다. 북한의 핵무장으로 체제 경쟁에서 우리는 역전패 했다. 그런데 문 대통령은 '평화' '탈냉전' '운전자론'을 계속 중얼거리고 있다"(구해우, 2019).

좌파 정권이 교과서를 통해 역사를 좌편향으로 바꾸려 시도하고 있다.

교과서는 역사를 있는 그대로 다음 세대에 전달하여야 한다. 그런데 현 정부는 좌파에 긍정적이고, 우파에 부정적으로 해석된 역사를 기록해 중고등학교

학생들에게 가르치고 있다. 조선일보(2019. 12.16)는 내년 고교 한국사 교과서 8종을 분석해보니 좌편향, 현 정부에 우호적 서술이 많았다고 보도했다. 집필진 상당수가 과거 역사 교과서 국정화 반대에 앞장 섰던 좌파 교수 또는 전교조 교사들이기 때문이다. 대신 보수성향의 교과서를 출판하는 교학사에서는 한국사 교과서 자체를 내지 않고 있다. 우파 학자 조갑제는 이를 문재인 정권이 역사 반역을 자행하고 있다고 평가했다.

대한민국을 '한반도 유일한 합법정부'라는 표현을 누락하고, 해방 후 남한을 '대한민국 정부수립'으로 서술하고 조선은 '조선민주주의인민공화국 수립'으로 기술했다. 대한민국은 불완전한 국가, 북한은 완전한 국가라고 시사한 셈이다.

대부분의 교과서가 경제발전과 산업화 과정은 축소하고 민주화 촛불집회는 대대적으로 다루면서, '천안함 폭침,' '연평도 포격,' 등 북한의 도발을 아예 다루지도 않고 있다. 3종은 천안함 폭침을 아예 언급하지 않았고, 다른 3종은 '천안함 사건', '천안함 침몰'로 표현해 도발주체가 북한임을 명시하지 않았다.

8종 모든 교과서가 김대중·노무현 정부에 대해 우호적으로 서술한 반면, 이명박·박근혜 정부에 대해서는 부정적으로, 북한 김정은 정권에 대해서는 우호적으로 서술하는 경향을 보였다. 역사 교육은 전교조의 좌편향 왜곡된 역사관에서 벗어나야 한다.

9. 나라의 운명이 당신의 선택에 달려있다

"내가 네 행위를 아노니 네가 차지도 아니하고 뜨겁지도 아니 하도다. 네가 차든지 뜨겁든지 하기를 원하노라. 네가 이같이 미지근하여 뜨겁지도 아니하고 차지도 아니하니 내 입에서 너를 토하여 버리리라"(요한계시록 3:15-16).

70년 세월을 건너 뛴 지금은 남의 좌파세력과 북의 김정은 세력을 모두 포함하는 평화로운 적화, 조용한 적화가 이뤄질 수도 있는 지점에 와 있다. 미국

변호사 고든 창의 지적대로, 북한이 남한을 접수하는 그림이 이렇게 순조롭고, 국민적 합의로 포장된 채 진행될 수도 있다. 우리는 "자유민주주의 대한민국 죽느냐? 사느냐?"를 놓고 지혜를 모아야 하는 결정적 분기점에 서 있는지도 모른다.

"우리 조국 대한민국이 건국 후 가장 심각한 위기에 처해 있다. 그 원인은 남로당들의 찌꺼기와 북한에서 날아온 주사파들이 결탁하여 이승만 대통령이 구축한 미국, 일본, 세계와 함께 하는 해양 동맹으로부터 북한, 중국, 러시아와 함께 하는 대륙동맹으로 가려하고 있다." 이것은 국가원로 김동길, 조갑제, 이재오, 이춘근, 김문수, 전원책, 정규재의 총체적 진단이다.

평화는 누구나 원하는 것이지만, 진실에 기초하지 않는 평화는 전쟁만큼 위험한 것이다. 평화는 목적이고 전쟁은 수단이다. 평화는 전쟁이라는 수단을 각오하지 않으면 지켜낼 수 없다. 연방제로 통일하는 것은 좋은 대안이 아니다. 중국과 홍콩이 바로 1국가 2체제로 연방제를 시도하고 있다. 그 결과를 보라. 나쁜 통일보다는 분단이 차라리 더 좋을 수 있다.

김문수 전 경기도 지사는 2019년 7월 페이스북에 자신의 심경을 다음과 같이 토로했다.

"제가 50년간 겪어 왔던 경험에 비추어볼 때, 대한민국은 이미 종북 주사파와 좌파 연합에 넘어갔다고 판단됩니다. 이런 종북주사파들이 수백만 배출되었고, 지금 마침내 청와대부터 대한민국 국가권력뿐만 아니라 사회 각계각층을 완벽하게 장악했습니다. 제가 아는 한 세계 어떤 공산혁명 때보다 더 완벽하게 국가권력을 장악했습니다. 주사파는 군사력과 무력을 쓰지 않고 촛불집회와 박근혜 대통령 탄핵·구속으로 승기를 잡았습니다."

"문재인 정권은 종북 주사파 정권이며, 김정은과 연방제 통일을 하는 것이 1차 목표입니다. 문재인 대통령이 신영복을 사상가로서 존경한다고 평창올림픽 리셉션에서 커밍아웃 한 것은 이미 주사파들이 사상이념·권력의 고지를 점령했기 때문에 과감하게 세계만방에 선포한 것입니다."

주사파의 대도박이 이들 뜻대로 과연 성공할까? 통일은 좋은 것이지만, 자유통일이 되어야지 적화통일은 안 된다. 건국 70년을 맞은 젊은 나라 대한민국이 어느 날 문닫을 수도 있는 게 현재의 엄중한 국면이다.

국제정치학자 이춘근(2005) 박사가 쓴 책「격동하는 동북아, 한국의 책략」에 따르면, 국가의 삶과 죽음이란 어찌 보면 국제사회의 일상이다. 튼튼한 울타리, 언제까지라도 계속될 것만 같은 국가라는 게 우리 고정관념과 달리 쉽게 사라질 수도 있다. 죽은 나라들은 못된 나라가 아니다. 다만 약한 나라였을 뿐이다.

물리적으로 사회생태계를 좌파 주사파가 압도적으로 장악하고 있는 형국이다. 문화권력인 소프트파워와 현실권력인 하드웨어 모두가 비정상적으로 왼쪽으로 기울어져 있는 나라가 대한민국이다. 좌파 문화권력과 그로 인한 지식 정보의 심각한 오염, 그리고 사실상 공산주의에 물든 지금 상황이란 마치 외과수술을 하듯 곪은 부위를 잘라내 버린다고 될 일도 아니다.

건국 대통령 우남 이승만은 말했다. "공산주의는 콜레라와 같아서 협력이나 타협은 불가능하다. 공산전체주의에 굴종하느냐 아니면 반대하느냐의 선택이 있을 뿐이다." 이승만이 절대 악이라고 지적했던 공산주의 망령이 눈앞에 어른거리고 있다.

사회주의는 경제적으로 위급할 때 복지포퓰리즘 정책을 쓴다. 문재인 정부는 과도한 복지포퓰리즘으로 저소득층의 환심을 사고 있다. 나는 우리 국민이 그렇게 어리석지 않다고 믿는다. 앞으로 대책 없는 세금(복지) 퍼주기에 표를 판다면, 우리나라는 그리스나 베네수엘라처럼 비참한 빈곤국가로 전락할 것은 불을 보듯 뻔하다.

지금 대한민국에 가장 부족한 영양소는 사기(士氣)다. 사기는 국가의 흥망, 기업의 성쇠를 가르는 핵심요인의 하나. 지금 현실에 대한 좌절감, 미래에 대한 자신감 상실을 느끼지 않는 국민이 몇이나 되는가! 국민의 사기를 무너뜨리는 것 중에는 국가지도자의 말이다. 모든 지표가 경기가 안 좋다는 것을 보여주고 있는데, 대통령은"소득 주도 성장 정책의 효과가 분명하게 나타나고 있다"고 한다. 대통령의 말과 사실, 말과 행동, 말과 정책이 어긋날 때 국민은 기대를 접는다. "자식들의 미래를 염려해 한국 탈출을 꿈꾸는 이웃을 만나는 게 드물지 않다. 그들이 다 떠나면 이 나라엔 민노총, 전교조, 참여연대만 남게 될지 모른다"(강천석, 2019).

엉뚱한 세력이 집권해 국가정체성을 바꾸려고 하고, 이에 눈치를 챈 국민이 분노하여 생업을 뒤로 하고 거리로 쏟아져 나오고 있다. 지금이라도 자유주의 철학과 문화, 자유주의 지식 정보를 재구성하는 큰 작업을 서둘러야 한다. 조국 수호파보다 조국 구속을 외치는 무리가 압도적으로 많다는 것은 우리에게 희망을 준다.

한국기독교총연합회 회장 전광훈 목사가 2019년 6월 8일부터 "미친 자에게 운전대를 맡길 수 없다"며, 청와대 앞에 천막을 치고, 문재인 하야를 요구하고 나섰다. 8.15 광복절, 10.3 개천절, 10.9 한글날, 10월 25-26일에 잇달아 수백만 명이 참석하는 〈문재인 하야 범국민대회〉를 성공적으로 주최하고, 〈문재인 하야 1천만 명 서명운동〉을 성공시킴으로 (민노총과 전교조가 주도한) 촛불시위 때보다 수십 배 더 많은 (주사파 세력을 제외한) 국민이 문재인의 퇴진을 원하고 있다는 것이 드러났다. 12월 7일 집회에서는 국가전복을 기도하다 구속되어 있는 「이석기를 석방하라」는 반국가세력과 애국세력 간의 충돌이 있었다.

애국 기독교 지도자들은 11월 29일 시국선언문에서 묻고 있다. "국민 여러분! 지금 광화문 광장에서, 청와대 앞 도로변에서 연일 외치며 기도하는 연인원 수백만의 국민들은 배가 고파서 나온 것이 아닙니다. 집단적 이기나 민원해결을 위함도, 혹은 무슨 억울한 사연이 있어 저렇게 나와서 문재인 퇴진을 외치고 있는 것이 아닙니다. 그들은 오직 이 나라 자유 대한민국을 지키려고, 우리나라가 북한식 사회주의 공산주의로 넘어가는 것을 온 몸으로 막아내고자 저렇게 나온 것입니다. 그리고 이 엄청난 음모를 중단하지 않고 헌법과 국법을 어기며 집요하게 추진하고 있는 문재인 대통령을 퇴진시키기 위함입니다. 그래야 나라를 위기에서 구할 수 있기 때문입니다."

광화문 이승만 광장과 청와대 앞 광장을 중심으로 대한민국을 북한 조선민주주의 인민공화국에 넘겨줄 수 없다는 의지를 표명하기 위해 수만 명의 애국시민들이 수개월째 모여 자유민주주의, 시장경제 체제를 지키기 위해 "태극기로 뭉치고, 헌법으로 싸우고, 진실로 이기자!"고 외치고 있다. 대한민국바로세우기 국민운동본부에서는 「국민혁명공약」을 발표했다(2019년 11월 19일).

- 우리는 대한민국의 헌법의 최고가치인 자유민주적 기본질서를 수호하고 공산주의를 반대한다.
- 우리는 북한노동당 정권과 촛불혁명 세력을 자유의 적, 헌법의 적, 국민의 적으로 규정한다.
- 우리는 문재인 정권의 헌법 유린 행위를 정권에 의한 반역으로 간주, 헌법의 권능으로 단죄할 것을 다짐한다.
- 우리는 국군이 헌법 제5조의 국가안전보장과 국토방위의 신성한 의무를 다할 것을 요구하며 이를 방해하는 세력을 헌법의 적으로 규정한다.
- 우리는 국민이 헌법 유린 행위에 저항하고 헌법 수호에 나설 때 정권이 이를 탄압하는 것을 국헌문란의 내란죄로 규정한다.
- 우리는 국민이 나라의 진정한 주인이 되는 국민혁명으로 우리의 생명, 재산, 자유를 지켜내고, 자유통일을 이룩하여 세계 평화에 이바지함으로써 제1조의 명령인 한반도 전체의 민주공화국을 완성한다.
- 태극기로 뭉치고, 헌법으로 싸우고, 진실로 이기자! 대한민국 만세, 국군 만세, 자유통일 만세!

애국가 4절" 이 기상과 이 맘으로 충성을 다하여 괴로우나 즐거우나 나라 사랑하세." 나라를 사랑한다면, 주체사상의 뿌리 김일성 수령에게 충성을 맹세하지 않을 것이다.

주체사상과 사회주의 공산주의로 학습된 종북 좌파들이 국정의 요직을 장악하고 이제는 노골적으로 자유 대한민국을 북한식 공산화로 만들어 김정은 체제의 낮은 연방제 통일 국가로의 전복을 획책하고 있다. 그 대오의 맨 앞에 놀랍게도 문재인 대통령이 키를 잡고 있다(조선일보, 2019. 11. 29). "배부른 돼지와 굶주린 늑대의 경쟁이 벌어지고 있다"(구해우, 2019).

영국의 파이낸셜타임즈(Financial Times)가 한국경제가 50년 만에 최악의 상황에 처했다고 최근 보도했다. '소득주도성장'(세금주도성장)이라는 독소 가득한 경제정책은 나라 경제를 무너뜨려 가계를 파탄으로 몰아가고 있고, 청년 일자리를 파괴해서 청년들을 복지에 목매달게 한다. 국가 경제의 엔진인 기업을 억누르고 옥죄어서 가동이 멈출 지경에 이르렀다.

국민에게서 세금을 착취해 좌파 100년 집권을 위한 매표에 통 크게 풀어서 국고를 고갈시킨다. 적과 우방을 혼동한 외교로 나라를 국제적으로 고립시키고, 평화를 증진한다면서 국방을 파괴해서 5000만 국민의 생명을 김정은에게 인질로 제공했다(서지문, 「조선일보」, 2019. 12. 3).

"경제 포퓰리즘이 황폐화시킨 한국 경제 모습을 중국의 경제전문가는 이렇게 진단하고 있다. 나라의 안보·외교 정책은 도끼로 제 발등을 찍고, 경제·교육·복지 정책은 제 살 뜯기 방향으로 온 대한민국 선장실이 물에 잠기고 있다 배는 바닥부터, 나라는 꼭대기부터 샌다는 법칙은 이번에도 어김이 없다"(강천석, 「조선일보」, 2019. 12. 7).

내년 4월 15일에 이루어지는 총선은 대한민국이 해체되느냐 대한민국을 지켜내느냐에 대한 결전이 될 것이다. 우리나라를 사랑하는 국민이라면 "대한민국은 어디서 와서 어디에 서 있으며 어디로 가고 있는가?" 자문하고 선택해야 할 것이다.

정치평론가로 활동하는 홍성걸(2019) 교수가 「한국 보수주의, 미래는 있다」는 책에서 보수정치세력이 추구해야 할 기본방향과 가치를 제시했다. 현 좌파 주사파 세력에서는 찾아보기 어려운 가치들이다. 우리가 보전하고 추구해야 할 가치들이다. 큰 국민과 작은 국가, 힘찬 성장과 공정한 분배, 튼튼한 분배와 당

당한 평화, 따뜻한 공동체와 준비된 미래. 자유, 민주, 공정, 포용, 그리고 이를 아우르는 중심가치로서의 도덕성.

좌익교육감들이 학교에서 시험을 없애버리면서 수학, 과학, 읽기 등 점수가 모두 중국과 일본에 밀리고 있다. 학력이 급격히 저하되고 있다. 우리나라 학생들의 삶에 대한 만족도는 최하위권을 벗어나지 못하고 있다. 좌익의 뿌리 전교조를 하루 빨리 제거하기 위해 전교조법을 폐지시키고 학생성적을 공개하여 학생성적에 연동된 교원평가제와 성과급제를 시행해야 한다. 국민들은 좌익의 선동에 속지 말고 좌익을 잠재울 수 있는 단합된 힘을 보여주어야 한다(조원룡, 2019).

역사는 개인의 자유를 확대하는 방향으로 흐르는데 좌익 주사파 정부는 집단주의를 강화하면서, 종국에 가서는 1인 절대주의로 변한다. 개인의 자유를 말살하므로 세계사를 거스르는 반동이고, 쓰레기통으로 들어가야 할 이념이 바로 사회주의, 공산주의, 계급투쟁론이다. 대한민국이 선진국으로 전진하느냐, 북한-쿠바처럼 빈민국으로 전락하느냐 갈림길에 있다.

좌파들의 반자유주의, 친북 좌파 정책을 이제 저지해야 한다. 반일·반미 선동을 중지하고, 한·미·일 동맹을 반드시 되돌려놓아야 한다. 원자력 폐기 정책을 비롯해 친 노동, 반 기업의 모든 정책을 뒤집어 이 나라를 바로 잡아야 한다!

원로 철학자 김형석(2019) 교수는 조언하고 있다. "공산국가식의 권력에 의

• 국회청문회에서 검사출신 김진태 의원의 질문에 전 법무부 장관 조국이 '나는 사회주의자'라고 자신의 정체를 밝히고 있다.
추미애와 박원순도 토지공유화를 주장하는 사회주의자인것이 드러났다.

한 평등 이념은 나치의 사회악으로 전락된 지 오래다. 지금은 우리가 택하고 있는 자유민주주의를 육성하는 선택이 바람직스럽다"(동아일보, 2019. 12.20).

자유민주주의와 사회주의, 종교의 자유가 보장되는 나라와 수령제일주의 주체사상밖에 허용되지 않는 나라, 창조론과 진화론, 친미와 친중, 자유와 평등(하향 평등), 희망과 절망, 행복과 불행, 당신은 어느 쪽을 선택하겠는가? 당신의 선택에 우리 개개인의 운명과 나라의 운명이 달려있다!

공기를 호흡하고 있을 때는 공기의 소중함을 모르고 공기 자체를 느끼지 못한다. 그러나 공기가 희박한 곳에 가면 아주 괴로워하며 공기라는 문제가 있다는 것을 몸으로 느끼게 된다. 자유민주주의도 공기와 마찬가지다(도태우, 2019). 실수는 5년이 아니라 10년이 갈 수도 있으며, 한 번 잘못 선택한 지도자로 겪어야 할 고통의 대가는 자손대대로 후회할 수 있음을 명심하라(시인 김지하).

의미요법의 창시자 빅터 프랭클(Victor Frankl)은 말했다. "나치가 내가 가진 모든 것을 송두리째 빼앗아 갔다 할지라도, 나에게는 나의 태도를 선택할 수 있는 자유가 남아 있다."

21세 총선은 자유민주주의냐, 인민민주주의냐; 자유통일이냐 적화통일이냐를 가르는 중대선거다. 독일식 자유통일인가? 베트남식 공산통일인가? 자유민주주의 대한민국 죽느냐? 사느냐? 이것이 문제다!

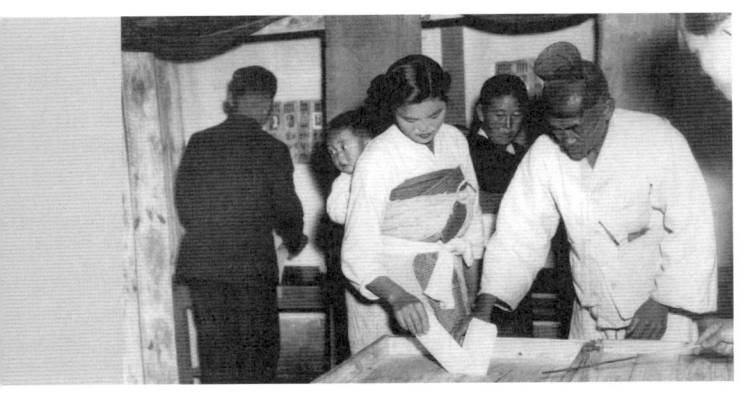

• 5월 10일 선거 투표 광경. 당시 높은 문맹률을 반영하듯 선거 기호를 아라비아 숫자가 아닌 막대기 숫자로 표시했다.

• 5월 10일 선거 투표 광경. 당시 높은 문맹률을 반영하듯 선거 기호를 아라비아 숫자가 아닌 막대기 숫자로 표시했다. 일본 독감의 유행으로 마스크를 쓴 선거 관계자와 천진스럽게 앞을 바라보고 있는 소년의 표정이 인상적이다. 1948년 5월 10일

참고도서

강명도. 「내가 본 남과 북 이제는 말할 수 있다」. 킹덤북스, 2017.
강진웅. 「주체의 나라 북한」. 도서출판 오월의 봄, 2018.
고재석. "정치 종교화 '친문 행동대'의 집단심리." 「신동아」. 9월호, 2019.
고대훈. "사회주의와 전체주의 나라로 가고 있나." 「중앙일보」. 2019. 11. 15.
고병철. "주체사상의 형성과 사상체계 분석." 「북한개론」. 을유문화사, 1990.
공병호. 「좌파적 사고 왜 열광하는가」. 공병호연구소, 2019.
권석만. 「긍정심리학」. 학지사, 2008.
―――. 「공병호가 만난 하나님」. 21세기북스, 2014.
구해우. 「미중패권전쟁과 문재인의 운명」. 글마당, 2019.
김대호. 「7 공화국이 온다」. 타임라인, 2020
김명세. 「주체사상의 인간개조론에 대한 기독교적 평가」. 침례신학대학교 신학대학원 논문, 1996.
김명진. "'강철 서신' 김영환, 日 언론 인터뷰서 '문정권, NL 출신 많아 北 비판 소극적."
―――.「*M.Chosun.Com*」. 2019. 10. 20.
김명환. 「대한민국수호예비역 장성단 대국민시국성명서」. 2019. 1. 30.
김병로. 「북한, 조선으로 다시 읽다」. 서울대학교출판문화원, 2016.
―――.「북한사회의 종교성: 주체사상과 기독교의 종교양식 비교연구」. 통일연구원, 2000.
―――.「북한 종교정책의 변화와 종교실태」. 통일연구원, 2002.
김문수. "주사파가 집권한 대한민국?" 「조선일보 전면광고」. 2019. 8. 14.
―――. "주사파가 집권한 대한민국?" 「조선일보 전면광고」. 2010. 1. 1.
김수길. 「최순실 언니 박근혜」. 간석출판사, 2016.
김상도. "이승만 건국 대통령 서기 53주년 기념 구국기도회," 2018. 11. 25.
김세의. 「좌파가 장악한 대한민국」. 가로세로연구소, 2019.
김용태. 「문재인 포퓰리즘」. D., 2017.
김영재. "복음과 정교분리." 「월드뷰」. 2019년 11월호.
김영호. 「미중패권전쟁과 위기의 대한민국」. 북앤피플, 2019.
김일성. 「우리 당의 주체사상과 공화국 정부의 대내외 정책의 몇 가지 문제에 대하여」. 조선로동당출판사, 1972.
―――.「위대한 수령 김일성 동지께서 안겨주신 정치적 생명을 귀중히 간직하고 빛내어가는

것은 우리 인민의 최대의 영예이며 의무이다」. 조선로동당출판사, 1975.
———.「김일성 저작집 27권」. 조선로동당출판사, 1984.
———.「세기와 더불어 4」. 조선로동당출판사, 1993.
김장겸.「정권의 품에 안긴 노영방송 MBC」. 팬앤북스, 2019.
김재성. "인간의 종교성과 숭배의 대상,"「바른 신앙 4호」. 유사종교상담소, 2000.
김정일.「주체사상 교양에서 제기되는 몇 가지 문제에 대하여」. 조선로동당출판사, 1987.
———.「주체사상에 대하여」. 조선로동당출판사, 1991.
———.「친애하는 지도자 김정일 동지의 문헌집」(주체사상에 대하여). 조선로동당출판사, 1992.
———.「친애하는 지도자 김정일 동지의 문헌집(맑스-레닌주의와 주체사상의 가치를 높이들고 나가자)」. 조선로동당출판사, 1987.
김주환.「회복탄력성」. 위즈덤하우스, 2011.
김창균. "워터게이트 '토요일 학살', 그때 닉슨을 흉내내나,"「조선일보」. 2020. 1. 2.
김충남.「한국의 10대 리스크: 내일이 있는 나라를 위한 제언」. 오름, 2019.
김철경. "자사고는 고교 공교육의 모범,"「조선일보」. 2019. 12. 16.
김태우·신원식. "문재인 정권의 안보와 국방파괴,"「대한민국 파괴되고 있는가」. 북앤피플, 2019.
김형석. "운동권 민주주의, 운동권 정부,"「동아일보」. 2019. 12. 20.
김홍기.「트럼프 대통령에게 보내는 편지」. 캐나다필그림교회, 2020.
김희일.「인민의 아편」. 민청출판사, 1959.
"박근혜 탄핵소추는 대국민사기극…헌재는 사기공범!"「조선일보」전면광고, 2019. 9. 27.
김철홍. "나는 어떻게 좌파를 버렸나?" 사랑침례교회 강연」. 2019.
김형석. "역사의 시간은 기다리지 않는다,"「동아일보」. 2019. 10. 25.
남정욱.「뽀빠이 전교조」. 북앤피플, 2012.
노재봉.「한국 자유민주주의와 그 적들」. 북앤피플, 2018.
도태우.「도전: 법치와 자유민주주의를 향한 치열한 가치전쟁」. 세이지, 2019.
도희윤. "북 김일성 6.25 남침 전후 김익두 목사 외 수천명 처형 이유."「월간 조선」. 2020년 1월호.
로재선.「종교는 인민의 아편이다」. 민청출판사, 1959.
———.「미제는 남조선에서 종교를 침략의 도구로 이용하고 있다」. 로동당출판사, 1959.
류여해.정준길.「탄핵은 무효다」. 실레북스, 2019.

맹용길. 『기독교의 미래와 주체사상』. 기독교문사, 1990.
박광서. "교회 지도자들이여! 이젠 제자리를 찾자," 『코람데오』. 2019.
박정훈. "그들만의 리그, 그들만의 대통령," 『조선일보』. 2019. 10. 11.
―――. "이게 '사회주의' 아니면 뭐란 말인가," 『조선일보』. 2019. 12.13.
박재규. 『새로운 북한 읽기를 위하여』. 법문사, 2005.
백원규. 『종교도덕의 반동성』. 민청출판사, 1959.
―――. 『생활과 미신』. 조선여성사, 1959.
변진흥. 『주세사상과 종교의 공존은 가능한가』. 기독교사상, 2018.
서영숙. 『공개처형 목격담』. 북한인권국제연대, 2006.
송원근. 『남북통일 준비: 주체사상 펼쳐보기』. 청미디어, 2015.
―――. 『주체사상 더 살펴보기』. 청미디어, 2017.
―――. 『북한의 종교지형 변화』. 청미디어, 2013.
―――. 『체제분석적 관점에서 이해한 주체사상』. 기독교통일포럼발표논문, 2014.
시노하라. "문재인 북한노동당충성서약서," 『월간 Hanada』. 2019년 10월호.
신영하. 『유교철학의 전파와 그 해독성』. 사회과학출판사, 1976.
안찬일. 『주체사상의 종언』. 을유문화사, 1997.
이상헌. 『김일성 주체사상 비판』. 성화출판사, 2017.
이춘근. 『격동하는 동북아, 한국의 책략』. 백년동안, 2005.
임현수. 『내가 누구를 두려워 하리요』. 규장, 2019.
대한민국바로세우기국민운동본부. 『호남이여 일어나라』. 조선일보 2019. 8.14 광고.
KBS 북한백과, 2019.
"문재인 정부의 졸속정책의 백지화를 바라는 〈충남기독교지도자〉 1,248인의 시국선언문,
―――." 『조선일보 전면광고』, 2019. 9.28.
박광서. 『시대의 징조를 분별하라』. 누가출판사, 2018.
―――. "바른 교육부, 바른 교과서," 〈종교문화쇄신위원회 기자회견문〉. 한교총, 2019.
박성엽. 『북에서 남파한 고정간첩의 증언』. 도서출판 퓨리탄, 2019.
방인혁. 『한국의 변혁운동과 사상논재 : 마르크시즘 · 주세사상 · NL · PD 그리고 뉴라이트까지』.
    소나무, 2009.
―――. 북한신앙과 종교의 자유국제연대. 2019. 6.14.

서영숙. 「공개처형 현장 목격담」. 북한인권국제연대, 2000.
서은국. 「행복의 기원」. 21세기북스, 2015.
서재진. 「주체사상의 이반: 지배이데올로기에서 저항이데올로기로」. 박영사, 2006.
서지문. "교사들에게서 학생을 구출해야 하는 나라," 「조선일보」. 2019. 10. 29.
성인경. 「세계관 전쟁」. 예영커뮤니케이션, 2004.
성창경. 「미친 언론」. 나눔사, 2018.
손봉호. "이념 중독증." 「월드뷰」. 기독교세계관학술동역회, 2018년 3월호.
손석춘. 「흔들리는 촛불」. 철수와영희, 2019.
송원근. 「남북통일준비: 주체사상 펼쳐보기」. 청미디어, 2015.
―――. 「주체사상 더 펼쳐보기」. 청미디어, 2017.
송희영. 「진짜 보수, 가짜 보수」. 21세기북스, 2019.
수잔 솔티. 「평화와 정의의 천사: 수잔 솔티」. 남신우 역. 좋은 이웃, 2008.
심대한. "북한교육의 특징과 북한해방 전후 교육의 방향," 「월드뷰」. 2019년 11월호.
심주일. 「성경에서 훔친 주체사상」. 문광서원, 2016.
안민석. 「끝나지 않은 전쟁: 최순실 국정농단 천 일의 추적기」. 위즈덤하우스, 2017.
안점식. 「세계관과 영적 전쟁」. 죠이선교회, 1998.
―――. 「세계관 종교 문화」. 죠이선교회, 2008.
양동안. "우익은 죽었는가," 월간 「현대공론」. 1988년 6월호.
―――. 「벼랑 끝에선 한국의 자유민주주의」. 인영사, 2017.
위고 슈탐. 「사이비종교」. 송순섭 역. 홍성사, 1997.
오츠, 웨인. 「현대 종교심리학」. 정태기 역. 대한기독교서회, 1994.
와다 하루끼. 「와다 하루끼의 북한 현대사」. 남기정 역. 창비, 2014.
유종원. "영혼 구원을 위한 크리스천 청년의 정치의식," 「월드뷰」. 2019년 11월호.
유혜란. 「탈북민을 통하여 본 북한체제-트라우마 불안연구」. 연세대신학대학원논문, 2012.
이대혁 외 4인. "소주성 최저점...의욕만 앞선 정책," 「한국일보」. 2019. 11. 4.
이동호. "좌파의 불편한 진실."
이상원. "해체되어 가는 한국사회," 「월드뷰」. 2020. 1.
이상철. 「김정은이 만든 한국대통령」. 글마당, 2019.
이성로. 「북한사회 불평등 구조의 성격과 심화과정」. 중앙대학교대학원, 2000.

이승만. 『독립정신』. 박기봉 교정. 비봉출판사, 2018.
이애란. 『사람, 참 안죽더라』. 모리슨, 2013.
이언주. 『나는 왜 싸우는가』. 글통, 2019.
이원규. 『한국교회 어디로 가고 있나』. 대한기독교서회, 2000.
———. 『머리의 종교에서 가슴의 종교로』. KMC, 2012.
이영훈. 『반일 종족주의』. 미래, 2019.
이인호. "문재인 대통령과 주변 386세대들 역사관 위험하다." 『시사저널』. 2019. 6.18.
이정훈. 『87, 6월 세대의 주체사상 에세이』. 사람과 사상, 2018.
이정훈. 『교회 해체와 젠더 이데올로기』. 킹덤북스, 2018.
이항구. 『북의 실상과 허상』. 안보교육연구소, 1986.
이형문·김상돈. 『벼랑길 굴러가는 대한민국』. 유나미디어, 2019.
대한민국 애국헌장. 『자유일보』. 문재인하야 총궐기 국민투쟁본부, 2019. 12.14.
자유시민본부. 『공수처는 헌법파괴』. 독립유권자조직 자유시민본부, 2019.
장성민. 『자유 시장 안보가 무너지다』. 기파랑, 2019.
장원재. "사회주의의 수도 평양은 평등하지 않다." 『월간 조선』. 2020년 1월호.
장진성. 『수령 연기자 김정은』. 비봉출판사, 2017.
장한길. 『편지』. 북한인권국제연대, 2001.
전국교수모임 기자회견. (국회정문 앞). 2019. 10. 22.
전영기. 『過猶不及 대한민국』. 커뮤니케이션북스, 2019.
전옥현. 『위대한 보수, 영원한 평화』. 도서출판 선, 2019.
정규훈. 『한국 근대와 기독교』. 그리심, 2004.
정동섭. 『어느 상담심리학자의 고백』. IVP, 1996.
———. 『구원파를 왜 이단이라 하는가』. 죠이선교회, 2010.
———. 『부부연합의 축복』. 요단, 2015.
———. 『행복의 심리학』. 학지사, 2016.
정대일. "북한의 종교정책연구: 북한의 국가종교의 성립과정을 중심으로." 『한중일 삼국의 종교정책 2011년 국제학술대회』. 한국종교학회/한국학중앙연구원 문화와 종교연구소, 2011.
정우상. "김정은 사랑한다는 김용옥." 『조선일보』. 2019. 12.2.
정종기. 『북한선교개론』. 아세아연합신학대학교출판부, 2019.

정진홍. "누가 토네이도에 스핀을 걸었나?", 「조선일보」, 2019. 11.13.
제양규. "거짓과의 전쟁에 뛰어든 정교모," 「월브뷰」, 2020. 1.
조갑제. 「종북백과사전」, 조갑제닷컴, 2012.
조상엽. 「분노한다! 이 잡것들아」, 자유민주주의를 위하여, 2019.
조우석. 「좌파문화 권력 3인방: 백낙청, 리영희, 조정래 비판」, 백년동안, 2019.
조원룡. 「거대한 음모, 세월호의 침몰」, 도서출판 광화, 2019.
조용래. 「또 하나의 가족: 최태민, 임선이, 그리고 박근혜」, 모던아카이브, 2017.
조중학. 「남조선에 류포되고 있는 현대부르죠아철학 및 사회학 비판」, 조국사, 1966.
조평세. "미국 독립선언문에 나타난 기독교세계관," 「월드뷰」, 2019년 12월호.
지해범. "중국에 줄 섰다가 맞게 될 한국의 미래." 「조선일보」, 2019. 10.9.
찰스 암스트롱. 「북조선 탄생」, 서울, 2006.
채명성. 「탄핵 인사이드아웃」, 기파랑, 2019.
———. 「지나간 탄핵, 다가올 탄핵」, 기파랑, 2019.
천영식. 「천영식의 증언: 박근혜 시대 그리고 내일」, 옴미리브르, 2019.
최 광. 「대한민국 파괴되고 있는가」, 북앤피플, 2019.
———. "좌파와 목숨걸고 싸울 '자유투사'거병해야," 「신동아」, 2020.1.
최도영 · 김강원. 「좌파 정권 10년 방송은 이런 짓들을 했다」, 비봉출판사, 2013.
최봉익. 「봉건시기 우리나라에서의 불교철학의 전파와 그 해독성」, 사회과학출판사, 1976.
최성환. "정신과 전문의가 본 조국은 '사이코 패스'." 「자유일보」, 2019. 9.9.
최원국 · 서유근. "조국펀드 권력형 범죄 가능성…참여연대, 증거갖고 있다" 「조선일보」, 2019. 10/2.
최인호. "인헌고 학생들 긴급기자회견." 학생수호연합, 2019.
최인철. 「굿 라이프: 내 삶을 바꾸는 심리학의 지혜」, 21세기북스, 2018.
탁지일. 「이단」, 두란노, 2014.
태영호. 「3층 서기실의 암호」, 기파랑, 2018.
통일부통일연구원. 「북한이해 2010」, 양동문화사, 2010.
"한국은 386의 나라," 중앙일보, 9월 23일, 2019.
한정화. "대한민국, 위기의 본질과 대응," 「월드뷰」, 2020. 1.
함태주. 「주체사상의 내면화 실태와 북한선교」, 장로회신학대학교 대학원, 2000.
황경구. 「분노한다! 이 잡것들아」, 자유민주주의를 위하여, 2019.

황장엽. 『인간중심철학의 몇 가지 문제』. 시대정신, 2000.
———. 『나는 역사의 진리를 보았다』. 한울, 1999.
———. 『북한의 진실과 허위』. 시대정신, 2006.
———. 『민주주의와 공산주의』. 시대정신, 2009.
현문근. 『이단백신 칼럼 100』. 바울선교회, 2019.
Albert Wells, Jr. *Inspiring Quotations : Contemporary & Classical.* Nelson, 1988.
Anna Fifield. *The Great Successor.* Public Affairs, 2019.
Gary R. Collins. *The Search for Reality.* Abingdon, 1994.
J.H.Wright, M.R.Basco &. M.E.Thase. *Learning Cognitive-Behavior Therapy.* American Psychiatric Publishing, 2006.
Thomas Belke. *Juche: A Christian Study of North Korea's State Religion.* Living Sacrifice Book Company, 1999.
Timothy Keller. *Making Sense of God.* Penguin Books, 2016.